JN025447

民事執行・保全入門

［補訂第2版］

■ 中野貞一郎 [著] ■

青木 哲 [補訂]

有斐閣

補訂第2版　はしがき

　民事執行法改正に向けて検討が進められていた2017年に，本書の著者，中野貞一郎先生は他界なされました。先生が旧版において主張された，財産開示制度の実効性の強化や，子の引渡執行における「子本位での子の福祉」の理念は，2019年の民事執行法等の改正に結実しています。

　法改正後も本書が永く出版されることを願っていたところ，思いがけず，担当編集者である一村大輔氏から必要最小限の補訂のご依頼をいただきました。その能力も資格もないので躊躇する気持ちがありましたが，ご子息の中野俊一郎先生（神戸大学教授）から後押しする言葉を頂戴し，協力をさせていただくことになりました。

　本書の補訂版が刊行された2013年以降，法令の改正として，消費者裁判特例法の成立（平成25年法律第96号），民法（債権関係）等の改正（平成29年法律第44号・第45号），民法等（相続法）の改正（平成30年法律第72号），民事執行法等の改正（令和元年法律第2号），民事執行規則等の改正（令和元年最高裁判所規則第5号）などがあり，これらの改正に対応して記述を改め，追加しました。また，新しい判例をいくつか紹介し，書式例や統計を更新しました。

　一村氏には，補訂部分だけでなく全体を通じて，法改正への対応などについて綿密なチェックをしていただき，有益なご指摘をいただきました。本書の補訂という機会をいただいたこととともに，厚くお礼を申し上げます。

　2022年7月

青　木　　哲

補訂版　はしがき

　新しい春を三たび重ねることになった今，若干の補訂をさせていただく。

　最近の民事執行では，とくに金銭債権に対する強制執行の領域で，最高裁判所の判例を含めた多くの新しい問題が殺到しており，動産執行の閉塞が著しい状況とも並んで，債務者の財産開示を求めて効果が得られない現状にも早急の改革が切望されている。今回の補訂により多少の方向を修正して頂ければと思う。なお，旧版の引用文献でその後に変更されたものについては，それに従って修正した。

　本書の補訂についても，有斐閣京都支店の一村大輔さんに，綿密なチェックを加えて全体に行き届いたご協力をいただいた。厚くお礼を申し上げる。

　　2013年3月1日

中 野 貞 一 郎

初版　はしがき

　本書は，民事執行・民事保全の「入門」であって，いわゆるファースト・ステップの本ではない。

　前著「民事裁判入門」の後を受けて，登山道の途中まで通う1台のバスを作りたいというような気持ちで書いている。本書では，民事裁判で認められた権利たちが実現を目指して，どんな法の道筋を歩き，途中の難所はどのように越えて，目的に到達するのかを実見していただければと思う。

　技術的な部分が多く専門用語がとび交う分野ではあるが，実現されるべき権利の種類によってかなり手続が違う面もあるので，必ずしも各章の順序にそのまま従って読み進まれる必要はない。冒頭の「民事執行の世界」を読まれたあとは，不動産執行からでも債権執行からでも非金銭執行からでも，まず関心のあるところから読み始めて，いろいろと説明を必要とする点が出てくれば，それらにつき前述部分あるいは後述部分を読むかたちで参照を繰り返しながら読まれてもよいであろう。

　大学で強制執行法の講義を始めたばかりのときに，強制執行制度改革の端緒となった法務省の執行吏調査（昭和31年・32年）の一部に参加して，動産執行や不動産競売の実態があまりにも教科書や法条からのイメージと違うのに驚き，現実と対決する実務を正しく理解する必要があることを痛感した。その後も，債権執行と不動産競売の実態調査の機会が与えられたほか，地裁・高裁の執行・保全判例からは多くの教示を受けてきた。民事執行法および民事保全法が立派な成果を挙げつつある現在においても，民事執行・民事保全の領域では，学説は実務に対して常に謙抑でなければならないと信じて

いる。本書の記述もその線に沿ったつもりである。

　数年前，法科大学院が出発して間もないころに執筆の依頼をいただいたが，旧著を離れた新たな構想もまとまらず，不満足な記述を重ねたすえに筆を折ってしまった。法科大学院を下りてから，気を取り直して改稿に専念し，おそらくはなお不備を多分に残しながら，ようやく形を整えて本書が今ここに陽の目を見る。遅滞と転回を許していただいた有斐閣編集部，および，あきらめずに私を励まし終始万端のお世話を続けていただいた有斐閣京都支店の一村大輔さんに，厚く御礼を申し上げたい。一村さんからは，綿密なチェックに基づく多くの有益な助言をいただき，読者側からの得難い所見も引き出して下さったうえ，当方からの度重なる無理な要求にも応えていただいている。そのうえ，校正の段階に至って，下村正明教授（関西大学）が本書の全体を通読し，実体法と手続法とをとわず，行文の隅々に至るまで厳しく精査して下さった。教授から数多くの貴重な指摘をいただき，これに従って随所に修正・補充を加えることができたのは，まことに望外の大きな幸せであった。これらの方々のご厚意に対して，幾重にも心から深い感謝を捧げるとともに，今後さらに努力して研鑽の成果を期したいと切に念じている。

　2010年1月15日

中 野 貞 一 郎

目　　次

図・表　目　次

ケース　目　次

略　語　表

1　法令名の略記

会更	会社更生法		年法律134号）
会社	会社法	税徴	国税徴収法
家事	家事事件手続法	船主責任制限	船舶の所有者等の
仮登記担保	仮登記担保契約に		責任の制限に関
	関する法律		する法律
刑訴	刑事訴訟法	続改善法	民事関係手続の改
憲	日本国憲法		善のための民事
公証人	公証人法		訴訟法等の一部
国賠	国家賠償法		を改正する法律
裁	裁判所法		（平成16年法律162
執行官	執行官法		号）
自賠	自動車損害賠償保	滞調	滞納処分と強制執
	障法		行等との手続の
借地借家	借地借家法		調整に関する法
社債株式振替	社債，株式等の振		律
	替に関する法律	地税	地方税法
商	商法	電子債権	電子記録債権法
消費者被害回復	消費者の財産的被	ド民訴	ドイツ民事訴訟法
	害等の集団的な	動産債権譲渡	動産及び債権の譲
	回復のための民	特例法	渡の対抗要件に
	事の裁判手続の		関する民法の特
	特例に関する法		例等に関する法
	律（令和 4 年法		律
	律59号による改	破	破産法
	正後の法令）	犯罪被害保護	犯罪被害者等の権
人訴	人事訴訟法		利利益の保護を
新担保・執行法	担保物権及び民事		図るための刑事
	執行制度の改善		手続に付随する
	のための民法等		措置に関する法
	の一部を改正す		律
	る法律（平成15	非訟	非訟事件手続法
		不正競争	不正競争防止法

不登	不動産登記法	民訴費	民事訴訟費用等に関する法律
民	民法		
民再	民事再生法	民調	民事調停法
民執	民事執行法	民保	民事保全法
民執規	民事執行規則	民保規	民事保全規則
民訴	民事訴訟法	労基	労働基準法
民訴規	民事訴訟規則	労災	労働者災害補償保険法
民訴旧	旧民事訴訟法（大正15年法律61号）		

【例】民97Ⅰ＝民法97条1項，裁33Ⅰ①＝裁判所法33条1項1号

（ⅠⅡⅢ…は項，①②③…は号を指す）

2　主要文献の略記

基本コメ民執	浦野雄幸編・基本法コンメンタール民事執行法〔第6版〕（日本評論社，2009年）
裁判所データブック2021	最高裁判所事務総局編・裁判所データブック2021（法曹会，2021年）
執保百選〈初版〉	伊藤眞＝上原敏夫＝長谷部由起子編・民事執行・保全判例百選〈別冊ジュリスト177号〉（有斐閣，2005年）
執保百選〈2版〉	上原敏夫＝長谷部由起子＝山本和彦・民事執行・保全判例百選〔第2版〕〈別冊ジュリスト208号〉（有斐閣，2012年）
執保百選〈3版〉	上原敏夫＝長谷部由起子＝山本和彦編・民事執行・保全判例百選〔第3版〕〈別冊ジュリスト247号〉（有斐閣，2020年）
司研・諸問題	司法研修所編・執行関係等訴訟に関する実務上の諸問題（法曹会，1989年）
条解民保規	最高裁判所事務総局民事局監修・条解民事保全規則〔改訂版〕（司法協会，1999年）

瀬木・保全法〈新訂第2版〉	瀬木比呂志・民事保全法〔新訂第2版〕（判例タイムズ社，2020年）
竹下・研究	竹下守夫・不動産執行法の研究（有斐閣，1977年）
中野・民裁入門	中野貞一郎・民事裁判入門〔第3版補訂版〕（有斐閣，2012年）
中野=下村〈改訂版〉	中野貞一郎=下村正明・民事執行法〔改訂版〕（青林書院，2021年）
中野編・概説	中野貞一郎編・民事執行・保全法概説〔第3版〕（有斐閣，2006年）
民執実務	相澤眞木=塚原聡編著・民事執行の実務　債権執行編・下〔第4版〕（金融財政事情研究会，2018年）
民保講座Ⅱ	中野貞一郎=原井龍一郎=鈴木正裕編・民事保全講座　第2巻（法律文化社，1996年）
民保実務・上下	江原健志=品川英基編著・民事保全の実務上・下〔第4版〕（金融財政事情研究会，2021年）
要件事実講座Ⅱ	伊藤滋夫=長秀之編・民事要件事実講座　第2巻　総論Ⅱ──多様な事件と要件事実（青林書院，2005年）

3　裁判例・掲載誌の略記

大判	大審院判決
最大判	最高裁判所大法廷判決
最判	最高裁判所判決
高判	高等裁判所判決
地判	地方裁判所判決

（「判」のかわりに「決」とあるのは「決定」の略）

民集	大審院民事判例集
民集	最高裁判所民事判例集
家月	家庭裁判月報

下民集　　下級裁判所民事裁判例集

金商　　　金融・商事判例

金法　　　金融法務事情

高民集　　高等裁判所民事判例集

重要判解　重要判例解説〈ジュリスト臨時増刊〉

判時　　　判例時報

判タ　　　判例タイムズ

判評　　　判例時報添付の判例評論

判リマ　　私法判例リマークス〈法律時報別冊〉

【例1】岩原紳作・電子決済と法〔有斐閣，2003年〕313頁以下
　　　　└著者名　└書名　　　　　└出版社と発行年　└掲載頁

【例2】執保百選〈3版〉24事件［名津井吉裕］←
　　　　　　　　　　└事件（項目）番号　　└執筆者名

※事件（項目）番号は該当文献の目次に記してある。

著者・補訂者紹介

●著　者

中野　貞一郎 (なかの　ていいちろう)

1925年6月24日生まれ

　　　　東京大学法学部卒業　　司法修習生（5期）
　　　　大阪大学法学部教授のほか司法試験委員・法制審議会委員などを歴任
　　　　大阪大学名誉教授

2017年2月20日逝去

　〈主著〉

訴訟関係と訴訟行為（弘文堂，1961年）

強制執行・破産の研究（有斐閣，1971年）

判例問題研究　強制執行法（有斐閣，1975年）

過失の推認〔増補版〕（弘文堂，1987年）

民事手続の現在問題（判例タイムズ社，1989年）

民事訴訟法の論点Ⅰ・Ⅱ（判例タイムズ社，1994年・2001年）

解説新民事訴訟法（有斐閣，1997年）

民事執行・保全法概説〔第3版〕（編著，有斐閣，2006年）

民事裁判入門〔第3版補訂版〕（有斐閣，2012年）

新民事訴訟法講義〔第3版〕（共編，有斐閣，2018年）

民事執行法〔改訂版〕（共著，青林書院，2021年）

●補訂者

青木　哲 (あおき　さとし)

1976年生まれ

　　　　東京大学法学部卒業，神戸大学大学院法学研究科助教授を経て

現　在　神戸大学大学院法学研究科教授

　〈主著〉

給付訴訟における権利能力のない社団の当事者適格と本案の問題について・
　伊藤眞先生古稀祝賀論文集・民事手続の現代的使命（有斐閣，2015年）

請求の目的物の所持者に対する判決効について・松本博之先生古稀祝賀論文
　集・民事手続法制の展開と手続原則（弘文堂，2016年）

Introduction

法の果実をめざして

「執行は，法の終局であり果実である」。よく引用される古くからの法諺ですが，これほど簡潔に美しく強制執行を表現したものはないでしょう。法が，その備えられた起伏の多い道の果てに，ようやく到達する法の果実が強制執行である，というのです。

しかし，どうすれば，法の果実を手に収めることができるのでしょうか。目的とされる強制執行も，やはり，それ自体が多くの道筋に分かれ，それぞれが多くの問題を抱えながら，われわれの選択を待っているようです。

紛争を抱えた人は，よく「こんな場合，法律はどうなっているのか」と尋ねたりしますが，「法律ではあなたに権利がある」とか「相手に請求できる」と答えても満足してくれません。金銭を請求できる権利があると分かっても，それでもって金が入るというわけではないからです。請求できる権利をもっていても，相手がその義務を履行しようとしない場合に，自分で実力を行使することは許されない（自力救済の禁止）。それが現在の法であり，公の権力によらなければ自分の権利を実現することはできません。しかし，公の権力によって私的な権利の実現を図ることにも，厳格な法の規整があって，そのための手続が縦横に定められています。手続の実施に巻き込まれる人たちの保護や社会への影響についての配慮も施されています。その全体にわたる景観を確保したうえで「法の終局」に到る道を進んでください。

法はどこまで強制できるか

「十二表法」といえば，紀元前450年ころに出たローマ最古の法典で，「全ての公法・私法の源泉」として後代の法律の基礎を築いたとされます。この十二表法にも，すでに強制執行の規定があります（第三表）。債務を認めた判決が下された場合，それから30日の猶予期間内に債務者が全額を支払うか彼のために支払を保証してくれる人が法廷に出てくれないと，債権者は債務者を拿捕して政務官の前に連行することができ，債務者は60日間鎖あるいは足枷で束縛される。その間，債権者は債務者を3日続く開市日に市場に引き出し，親族や友人が債務者のために乗り出してくるのを待つが，だれも支払ってくれないまま第3の開市日に至れば，哀れな債務者は奴隷としてティベル河を越えた国外に売却されるか，あるいは，債権者たちが望むなら債務者を殺害してバラバラにすることもできる。もし債権者が自分の分け前より多く切断しても少なく切断しても責任を問われることはない，と定めているのです。もっとも，この法律によって身体の分割をした実例があったかどうかは不明で，このような手続にみられるものは，「ローマにおいては，つねに追求者と拘束された者との妥協の機会をあたえ，拘束された者を追求者の恣意から保護しようという趣旨」であり，十二表法の成立後まもなく，債権者のもとで債務奴隷として働いて請戻金に相当する労働を行うことが一般的慣行となった，というのです（佐藤篤士・改訂 LEX XII TABULARUM〔早稲田大学比較法研究所，1993年〕48頁以下・58頁以下参照）。現在のわれわれからみれば，人間の身体あるいは労働力を対象とするような執行（対人執行）は，苛烈なだけで実効に遠く，人権の保障とか適正・迅速という現在の執行理念からは到底容認できるものではありません。強制執行が，債務者の財産を対象としてしか認められなくなったのは，当然です。

しかし，債務者の「財産」から債権を回収するのも，決して容易なことではありません。「財産」というのは，「人間の経済的・社会的欲望を満足させる有形無形の手段」（有斐閣・新法律学辞典による）だそうですが，債権者の金銭的満足の手段となるような債務者の財産は，「金銭または金銭に換価することのできる物または権利」でなければならない。そんな財産がどこにどんなかたちで存在するのかが分からない場合も多く，分かってもどういう方法と手続で金銭化すればよいのか，あるいは，その財産をめぐって種々の関係を結んでいる人たちの利害ともぶつかって複雑な処理が必要となるなど，多くの問題があって，強制執行の制度を構築するための努力がそれぞれの時代に重ねられてきましたし，現在もまだ，続けられています。

　民事執行法の定める民事執行（⇨ **1** - **2**(1)）の主力は，金銭債権の満足のための執行（強制執行および担保権の実行としての競売等）であり，そのなかで，最も重要な機能を果たしているのは不動産競売です。

　この不動産競売というものは，すでに，われわれの身近にまで接近しています。お宅に届けられる日刊新聞の中に時々掲載されている裁判所の「不動産入札公示」を見てください。紙面を埋めているたくさんの土地付建物・マンション等の不動産の1つ1つについて，その所在や最寄りの駅，売却基準価額，面積，建物の種類・構造・築年などが記載され，全体について，物件明細書等の閲覧期間や入札期間，入札の方法，代金納付期限予定日などの公示があるほか，入札を希望される方への行き届いた案内があり，裁判所のインターネットアドレスやFAX情報サービスへのアクセスまで出ています（現在では，日刊新聞への掲載やFAX情報サービスの提供をしていない裁判所もあります）。このようにして差押不動産の競売が実施され，最

高価の買受申出をして売却許可決定を得た買受人が売却代金を支払えば，売却代金から債権者への配当がされて，債権の満足となりますが，不動産の所有権は買受人に移転し，執行の債務者やその家族には裁判所の引渡命令とその執行が待っています。差し押さえられた不動産は，こうして再び一般の取引社会に流れていくのであり，学者がいうように，強制執行は，「国民経済的にみれば経済生活の連鎖の一環」となっているのです。

　金銭債権ならば，債務者の財産を差し押さえて売却するなどの処分により出てきた金銭で債権の満足を強制的に実現することができますが，土地家屋の明渡しや特許等の侵害行為差止めのような，金銭の支払を目的としない請求権は，どうなのでしょうか。ここでは，請求権の内容に対応して，金銭執行とは全く違った多様な執行方法が認められています。

　債権者としては，自分のもっている請求権の実現のためにどのような執行方法を選ぶかを，法定のカタログから自分で決めなければなりません。

民事執行は訴訟とどう違うか

　民事執行の主力である強制執行の規定の多くは，民事執行法（昭和54年法律4号）以前には，旧民事訴訟法（明治23年法律29号）の第六編に入っていて，大学でも強制執行法は民事訴訟法の講義の一部になっていました。「訴訟」が，公権力により，対立する利害関係人を当事者として関与させて紛争の解決・調整を図る手続である（定義）とすれば，強制執行も「訴訟」に属することになるわけです。しかし，判決手続に代表される訴訟と強制執行は，違うのです。

　どう違うのか。

　それを一言でいえば，訴訟は，争っている当事者の間でどっちに

権利があると判断されるかという「観念」の世界であるのに対して，強制執行は，もっている財産とか利益があちらからこちらに動くという，社会生活の中の「現実」の世界なのです。

訴えの提起があっても，「訴訟係属」が始まるだけですし，判決が確定しても，既判力などが発生するだけで，当事者の現実の生活は今までどおりで何も変わりません。これに対して，差押えがあったとなると，自分の所有財産なのに自分では処分ができず，やがて売却されてしまうし，明渡しの強制執行なら債務者は住んでいる家を出なければなりません。強制執行によって権利状態なり事実状態の変動が現実に生ずるのです。

権利関係の存否を争って原告と被告とが対等に攻防を展開する訴訟手続とは違って，民事執行の手続は，すでに存在が認められた債権者の権利について，その満足を目的とするため，債務者の手続上の地位は執行を受けるだけにとどまり，執行機関の職権による執行処分の実施を主要な内容として進行します。また，訴訟が訴えの提起から判決確定に至るまで同一の訴訟物をめぐって同一の手続内で進められるのに対し，民事執行では，同じ債権の満足を目的として異種・異別の財産を対象として複数の執行手続が相互に無関係に進行し，同一の財産に対する同一の執行手続のなかでさえ，差押え・換価・配当の各段階で執行機関が異別になる場合もあります。各個の執行申立てによる個々の財産に対する執行手続が完結しても，債権の完全な満足に至らなければ，全体としての執行手続は終了しないのです。

同一の債権についての訴訟手続と執行手続が並行して行われる場合もあり（民執22②・④参照），すでに執行手続が開始した後に執行の阻止・是正・排除を目的として訴訟手続が開始される場合もあります（⇨ **9 - 1**）。

民事執行の手続に関しては，特別の定めがある場合を除き，民事訴訟法の規定が準用されますが（民執20），両手続の本質的な差異を無視することはできません。

民事執行から民事保全・倒産を見る

　債権がある，請求権があるといっても，それは目にみえないので，それが目にみえるように判決などをもっていかないと強制執行をしてくれない。といって，判決などを手にいれるために延々と訴訟をやってれば，その間に債務者はもっていた財産を処分してしまって影も形もなくなる。そのようなことがごく自然に起こってしまうので，そうならないように，債権者は，強制執行の対象となるべき債務者の財産を債務者が勝手に処分できないようにしておかなければならないでしょう。債権回収以外にも，権利を実行するために，債務者が現状を変更するのを強力にストップしなければならない場合などもあります。そのための手段となるのが民事保全（仮差押え・仮処分）です。民事保全法が，民事執行法とも連携しながら，民事保全の制度を規定しています。

　実際には，民事保全の段階で彼我の勝負が決まってしまうこともあり，民事保全によってできた状態が権利関係に対して決定的な影響をもつことにもなります。仮差押えと仮処分は，実務上きわめて重要な役割を担うものであって，理論的な問題も少なくありません。十分な理解のための準備をしたいと思います。

　さらに，民事執行と民事保全が働いている平原の彼方に倒産の山並みがくっきりと見えます。

　各種の倒産手続は，それぞれに民事執行が関わってくるので，そのあたりを観察しておく必要があります。たとえば，債務者が弁済期に達した債務を支払わず，債権者が債務者の財産を差し押さえた

ところ，その債務者について法的な倒産手続が開始された場合，その倒産手続が破産であれば，強制執行は破産手続との関係では効力を失いますが（破42Ⅱ），民事再生であれば強制執行の手続が中止されるだけです（民再39Ⅰ）。担保権の実行としての競売等であれば，破産手続や民事再生手続が開始されても，そのまま続行することができ，担保権者は優先弁済が得られることになります（破2Ⅸ・65，民再53。ただし，民再31Ⅰ）。本書で立ち入ることはできませんが，多様な倒産手続における債権者・担保権者の地位はどうなるのかといったことも心得ておく必要があります。

出発点に立って

民事執行は，現実の世界に直結していますので，学者の理論的研究も純理を追うことは許されません。つねに理論の実際的適応を考慮しなければならないのです。

民事執行および民事保全の領域では，現実の要請に応えつつ動いている実務は，現実の結果を直接に左右するものであり，その認識と実践上の努力は，われわれにとってまことに貴重なものです。実務に裏付けられた合理性と実効性，それを理論としても学んでいきたいと思います。ささやかな入門書ながら，本書としては，まず，われわれにどのような民事執行の仕組みが与えられているかを理解し，それをもって，どのような事態に対してどのように対処できるか，多様な手段のうちのどれが当面の事態を処理するのに必要であり適切であるか等の問題を考える基本的な視点を確保すること，それを目指して出発したいと思います。

1 民事執行の世界

1-1 民事執行のパノラマ

(1) 権利の強制的実現

債務不履行——こちらに債権があり，すでに期限が来ているのに，いくら催促しても債務者は一向に履行してくれない。債権者としては，途方にくれる思いがある。眉を上げて債権の強制的実現を目指すとき，実現へと向かう多くの道筋の走る広い視野が浮かぶ。

正規のどんな道筋があるのか。

道筋は，すべて，法律によって定められている。その定めは，(ⅰ)執行によって実現されるべき権利（執行債権）の種類と(ⅱ)執行の対象財産と(ⅲ)執行の方法，という3つの区分に従って，多岐に分かれる。

（まず一度，基本法典である民事執行法〔昭和54年法律4号〕の「目次」なり後出の〔M1〕（⇨ *1-3*）に目を通して全体の構成をみておこう。なお，「……についての強制執行」とあるのは執行債権を，また，「……に対する強制執行」とあるのは執行対象を示すことに注意。）

わが国では，いわゆる「執行順序」の定めはない（ただし，民執174Ⅱ）。「強制執行は債務者やその家族の生活の本拠である土地や家屋は後回しにして動産に対する執行から始めなければならない」というような制限はなく，債権者としては，その選択により，どの財産に対してどのような執行手続を求めれば迅速・確実に債権を回

収できるかを考えて申し立てればよく，複数の財産に対する執行手続を並行して行うこともできる。債権者が執行の対象財産と執行の方法を決めて「執行機関」（執行裁判所・執行官）に申し立てれば，強制執行は，執行機関が職権で執行の道筋を1段，また1段と進め，債権者の満足をもって完結する。

以下に，よくある事例を選んで執行の略図を描いてみよう（専門的な用語の説明は後に譲る。とりあえず鵜呑みにして進んで下さい）。

(2) 貸金の取立て

> ケース1 Gは，近い親戚のSに頼まれて1,000万円の資金を貸し付けた。Sの始めた食品加工業は，その後，順調に経営を拡大し，Sは，自宅と工場の土地・建物のほかに，小さな賃貸マンションも所有している。最近，Sの経営は不況のなかで急速に下降し，Gは，すでに期限が到来している貸金の返済をSにたびたび催促してきたが，未払の状態が続く。

貸金であれ，売買代金であれ，損害賠償であれ，何であれ，とにかく金銭の支払を目的とする債権（金銭債権）についての強制執行（金銭執行）は，その執行対象や執行方法がどんなに違っても，執行手続に共通のパターン——差押え⇨換価⇨満足——がある。国（執行機関）が債務者の財産を差し押さえて債務者が処分できないようにし，差し押さえた財産を売却等によって金銭に換え，得た金銭を債権者の満足にあてる，というかたちである。

しかし，債務者のもつ財産には多種多様なものがある。そのなかで，どの財産に対するどの方法での執行が債権者の満足のためにどれだけ役立つか，あるいは，役立てるのにどれだけの時間と費用が要るかといったことは，各個の事案において著しく異なる。また，同じ執行対象財産であっても，どの執行方法をとるかによって違う

結果ともなるのである。債権者の採るべき手段を，ケース1に即して考えてみよう。

(a) **不動産からの債権回収**　不動産は，資産価値も高く，債権回収の最も重要な手段となる。債務者の所有する不動産からの回収には，正規の執行方法として，債務者の不動産を差し押さえ，売却してその代金から債権の弁済を受けるもの（強制競売・担保競売）と，債務者の不動産を差し押さえ，その管理によって得られる収益から債権の弁済を受けるもの（強制管理・担保不動産収益執行）がある。

　GがSに貸し付けたさい，Sの所有する土地・家屋に抵当権の設定を受けていたとしよう。Gは，抵当権の設定登記に関する登記事項証明書を執行裁判所に提出して「担保権の実行としての競売」（担保競売）を申し立てることができる（民執181Ⅰ③）。Gが抵当権の設定を受けていない場合でも，貸付のさいにSとともに公証役場に赴いて貸金の執行証書（民執22⑤）を作成しておれば執行証書に基づいて強制競売を申し立てることができる。もし執行証書を作成していなければ，Gが競売申立てをするにはSを被告として貸金返還請求の訴えを提起し，勝訴の確定判決あるいは和解調書・調停調書などの債務名義（⇨ **2 - 4**）を手に入れなければならない。

　不動産競売の手続は，重たい。競売開始決定による差押えは，登記されなければならず，他の債権者のために配当要求の終期を定め，対象不動産の現況調査と評価を行い，物件明細書を作成して，買受希望者を誘引するために物件情報を公開する等の準備を重ねて入札を実施するが，その後になお売却決定期日を開いて売却の許可・不許可の決定をし，代金納付後には配当手続と引渡命令の手続が待っている。全体として，手続進行にそれなりの時間を要するし，また，優先債権者がおれば手続が打切りになることもあり（民執63参照），申立債権者が十分な成果を収めうるとは限らない。

債務者の所有する不動産からの債権回収には，いきなり不動産の本体を売却するのではなしに，裁判所の選任する管理人に管理させ，不動産から上がる収益をもって少額ながら気長に売却の時機を待ちつつ債権の弁済を受ける方法もある。不動産の強制管理（民執93〜111）・担保不動産収益執行（民執180②・188）がそれである。強制競売・担保競売と強制管理・担保不動産収益執行を同じ債権回収のために併用することもできる（民執43Ⅰ・180）。ケース1では，Ｓは賃貸マンションを所有しているというのであるから，この方法も可能である。

　Ｓが工場に備え付けている機械等は，工場とは別に，動産執行（⇨(b)）の対象となるし，乗用車やトラックなども，準不動産執行（民執規86〜97）の対象となる。

　(b)　**動産からの債権回収**　家財道具など，債務者が身近に保有している一般の動産に対する強制執行（民執122〜142・190・191）は，最もクラシックな執行方法である。

　動産執行の申立てを受けた執行官が，現地で売却に適当な動産を選んで差し押さえ，所定の手続により売却し，売得金が債権の満足に充てられる（民執122〜142，民執規99〜132）。しかし，動産執行には，取引価値の高い美術品などの例外を除き，確かな実効を期待できない場合が多い。わが国では，古い器物があまり尊重されず，新しい消費財が大量に生産されるうえ，日本の執行官には差押物件の運搬手段も保管施設もなく，公営の競売場もない。一般の家財に対する差押えは，実質上，いま自宅にあるものが差し押さえられ売られてしまったら困るという状況におかれた債務者の任意弁済（民執122Ⅱ参照）を促すという作用（「間接強制的機能」）しかない場合が多いのである。

　(c)　**債権その他の財産権からの債権回収**　現代の社会生活では，

債権が財産の重要な地位を占めており，債権に対する強制執行は著しく増加している。債権は，目にみえない観念的な存在であり，これを対象とする執行手続も，観念的な処分により迅速に完結に至る。

ケース1では，Ｇが，債務名義に基づいて，Ｓの財産である銀行預金債権や取引上の商品代金債権に対する執行裁判所の差押命令を得て，銀行や注文主から取り立てることができるし（民執145・155），差し押さえた債権につき転付命令（民執159）をとって，いわば代物弁済のように，自分の債権にしてしまうことができる。とくに，債務者の銀行預金債権を差し押さえて転付を受けるのは，あらゆる執行手段のなかで最も手っ取り早い。第三債務者は銀行なので，無資力という危険もない。他の債権者の差押えや配当要求が出てこないうちに差押命令と転付命令を一緒にとれば，独り占めの満足を受けることができる。しかし，債権差押えの申立てをするには，差押えの対象となる預金債権等の所在を知り，他の債権と区別できるように特定する必要があり，そのための情報が必要な場合も多い。財産開示手続（民執196〜203）や第三者からの情報取得手続（民執204〜211）の活用が期待される。債務者が給与生活者であるような場合には，債権者は，債務者が勤め先に対して有する給料債権等を差し押さえて，債務者の生活のための差押禁止の枠を超えた部分からの回収を重ねて債権全額の完済に至るのが，最も確実な道である（民執151参照）。

Ｓが振替社債，特許権・実用新案権・意匠権などの知的財産権，あるいはゴルフ会員権などをもっておれば，Ｇは，それらを差し押さえて債権の回収を図ることができる。その執行手続は，おおむね債権執行に準ずる（民執167）。

(3) 家屋の明渡し

> ケース2　Sは，3階建ての小さな賃貸マンションを所有しているが，2階部分を賃借し居住しているMが，Sに無断でNに転貸し，現在ではNとその家族が入居している。Sは，Mに対し無断転貸を理由として賃貸借契約を解除し，MとNにマンションの明渡しを迫っている。Mは争わないが，Nは応じない。

　金銭の支払を目的としない請求権についての強制執行（非金銭執行）では，金銭執行とはガラリと違う様相が展開する。

　ケース2では，Sは，Nを被告として所有権に基づく明渡請求の訴えを提起することができ，Nに対してその占有するマンション部分の明渡しを命じた判決あるいは和解調書・調停調書等の債務名義に基づいて執行官に明渡執行の申立てをすることができる。執行官は，期限を定めて明渡しの催告をした後，Nあるいは催告後に入った別の占有者の占有を排除してマンション部分の占有を，現地に出頭しているSまたはその代理人に取得させる（民執168・168の2）。Nあるいは家族その他の第三者が座り込みや器物を用いるなどして抵抗するならば，執行官は，実力を行使してよく，手に負えないときは警察上の援助を受けて抵抗を排除し，執行を完遂するのである（民執6）。

　ケース2のように，債務者が現に居住している建物の明渡しの強制執行では，抵抗する債務者を執行官が実力を行使して排除する直接強制の方法よりも，間接強制の方法（民執172）で債務者の自発的な立退きを促す方が効果的な場合もある。民事執行法は，権利の実現に最も利害関係をもつ債権者が，具体的事案から判断して，直接強制と間接強制のどちらでも自由に選択して申し立てることがで

きることにしている（民執173）。

(4) 不正競業の差止め

強制執行には，金銭債権とか物の引渡しを求める請求権についての強制執行だけでなく，債務者に対して「するな」と求める請求権についての強制執行もある。「するな」という不作為を求めるのであるから，「支払え」「引き渡せ」という金銭執行や物引渡執行とは執行方法が違っている。

ケース3　食品加工業者 S が数年前に「SS 健康食品」という名称で売り出した新種の食品は，広く消費者に迎えられ，大きく業績を伸ばしていった。その状況をみた同業の Q が，類似の食品を「SSS 健康食品」の名称で，S の食品と同じサービスマークを使用して，低価格で売り出し，それに押されて S の商品のシェアが急速に大きく落ち込んだ。S の受けている損害は大きい。

S は，Q の類似食品販売を不正競争防止法の定める営業主体混同行為にあたるとしてその侵害の差止めを請求することができ（不正競争2Ⅰ①・3Ⅰ），営業上の利益を侵害されたとして損害賠償を請求することもできる（不正競争4）。損害賠償の請求については，債務名義を得て金銭執行に至る道筋は貸金の取立てと異ならない。侵害差止めの請求については，S は，Q に対して侵害をやめることを請求できる（狭義の差止請求権）だけでなく，（結果除去・予防請求権として）「債務者の費用で，債務者がした行為の結果を除去し，又は将来のため適当な処分をすべき」旨を命ずるよう裁判所に求めることができる（民執171Ⅰ②）のであり，Q が S のサービスマークを使用して製造した加工食品の廃棄や「SSS 健康食品」の表示や広告の削除・撤去などを請求することができる（不正競争3Ⅱ）。S が Q に対する債務名義を得たうえで行う狭義の差止請求権についての強

制執行は，間接強制（民執172）の手続によるが，結果除去・予防請求権についての強制執行は，代替執行（民執171）または間接強制の手続による（民執173）ことになる。

1‑2　民事執行の構成

(1)　民事執行

(a)　現代では，自力執行は禁止され，国家による，法的に整序された執行の全面的な支配がある。民事紛争が，裁判所にもち出された場合に限らず，当事者間の和解等によって自主的に解決される場合においても，そこで認められた権利を強制的に実現するには，つねに国家の強制執行権の行使によらなければならない。法の定める執行の機構と手続に従わなければならないのである。

　一般に，法の予定し要求するところを実現する国家作用を執行という。それが民事上の権利を強制的に実現する手続としてされる場合を総括して民事執行とよぶことができる。民事執行は，全面的に法律と規則によって規整されており，現行の基本法規は，**民事執行法**（昭和54年法律4号）と**民事執行規則**（昭和54年最高裁規5号）である。民事執行法は，民事執行手続の基本となる事項および当事者その他の関係人の権利義務に重要な影響のある事項を規定し，それ以外の，民事執行の手続に関し必要な事項を民事執行規則その他の最高裁判所規則の規定に委ねている（民執21）。

(b)　民事執行法では，「**民事執行**」として，強制執行・担保執行（「担保権の実行としての競売等」）・形式競売（「留置権による競売」および「民法，商法その他の法律の規定による換価のための競売」）・債務者の財産状況の調査（財産開示手続と第三者からの情報取得手続）の4種を定める。民事執行法は，この4種を併せて「民事執行」とよぶので

あり（民執1），民事執行という名称の執行手続はない。

　民事執行の主軸は，**強制執行**（民執22〜177）であり，強制執行は，請求権の強制的満足のために債務名義（⇨ **2 - 4**）に基づいてされる執行である。

　民事執行法は，強制執行を，執行によって満足を与えられるべき請求権の種類によって，(i) **金銭執行**＝「金銭の支払を目的とする債権についての強制執行」と，(ii) **非金銭執行**＝「金銭の支払を目的としない請求権についての強制執行」に大きく区別する。金銭執行については，執行の対象となる財産の区別（不動産・準不動産・動産・債権その他の財産権）に応じて，それぞれに詳密な規定をおく（民執43〜167の16）。非金銭執行については，11か条の規定（民執168〜177）をおくにすぎないが，各条の内容は多彩である。

　担保執行（民執180〜194）は，抵当権・質権・先取特権の実行として目的財産を売却その他の方法で強制的に換価し，被担保債権の満足を図る手続である。

　形式競売（民執195）は，留置権による競売と，民法・商法その他の法律による換価のための競売（形式的競売と呼ばれる。民258・497，商524，家事194など）を含む。対象財産の価値保存のための換価に尽き，請求権の満足を目的とするものではない。

　債務者の財産状況の調査のうち，財産開示（民執196〜203）は，金銭債権者の申立てにより，裁判所が債務者に財産の開示をさせる手続であり，第三者からの情報取得手続（民執204〜211）は，金銭債権者の申立てにより，裁判所が公的機関や金融機関等の第三者に強制執行をするのに必要な情報を提供させる手続である。強制執行に出ようとする債権者のために，執行対象となるような債務者財産の所在・内容などに関する情報へのアクセスを図る（⇨ **7 - 5**）。執行準備のためだが，独立の手続であり，強制執行の一部ではない。

(2)　執行の方法と手続

（a）　民事執行は，債権者の申立てにより，裁判所または執行官が行う（民執2）。民事執行には，執行債権や執行対象により，手続が裁判官の観念的処分（裁判）によらなければならないものと現地での事実的行為が必要なものがあり，それに応じて裁判所と執行官の職分が分けられているのである。申立てなしに職権で民事執行を実施することはなく，執行の内容・対象・方法・限度も執行申立てによって特定され，申立てを超えた執行は許されない（民執20，民訴246）。

（b）　債権者の満足に至るための強制執行の方法には，（ⅰ）執行機関がその権力作用により（債務者に有無をいわせず）直接に執行の目的である利益状態を実現する方法（**直接強制**），（ⅱ）第三者が債務者に代わってやれる作為債務（建築物の取壊しなど）につき，裁判所が債権者に授権して第三者に作為をさせ，作為の実施費用を債権者が債務者から取り立てるという方法（**代替執行**），（ⅲ）裁判所が債務者に対して履行を命ずるとともに，いつまでに履行しなければ不履行に対する制裁としていくらの金銭を債権者に支払え，と命ずることによって意思を圧迫し，債務者による履行を強いる方法（**間接強制**），の3種がある。

執行方法としては，直接強制が最も適切かつ効果的とされる。債務者を無用に煩わせることも痛めつけることもなく，執行機関だけで直接に執行債権の満足を果たすことができるからである。民事執行法の定める強制執行のほとんどは，直接強制による（民執43〜167の14・168〜170。担保執行や形式競売も同じ。民執180〜195）。しかし，直接強制の方法がとれない性質の債権については，代替執行または間接強制の方法によらざるをえない（民執171〜173）。

直接強制・代替執行・間接強制という3種の執行方法の適用範囲

について，伝統的な見解は，「間接強制の補充性」を認めてきた。直接強制のできる債権についての強制執行では代替執行・間接強制を許さず，直接強制・代替執行ともに機能しえない債権についての強制執行だけに間接強制が認められると説き，それが債務者の人格尊重の理想に合するとされた。しかし，平成の司法制度改革の動きは，このドグマを否定し，権利の実効性を確保する観点から間接強制の補充性を緩和する。非金銭執行では物の引渡義務や代替的作為義務について，さらに金銭執行についても扶養義務等に係る金銭債権について，間接強制の方法によることができるものとなったのである（⇨ **7**‑**3**，**8**‑**1**⑴）。

令和元年改正により子の引渡しの強制執行について規定が設けられ，執行裁判所が決定により執行官に子の引渡しを実施させるという直接的な強制執行の方法，または間接強制の方法で行うこととされた（民執174Ⅰ）。

⑶　2つの支柱

これらの執行方法によって行われる手続が適正かつ迅速に行われて目的を達することができるように，民事執行法は，2つの支柱を構えている。

それは，「裁判機関と執行機関の分離」と「権利判定手続と執行手続の峻別」である。

民事執行は，これを受ける者の実体的な生活圏に踏み込んで法益を侵害する実質をもつので，執行を担当する国家としても，それを正当化する法的な根拠となるべき債権や担保権の確定なしにその民事執行権を発動するわけにはいかない。といって，執行を開始する前に権利判定手続を必ず先行し，その判定に当たった機関が引き続いて執行に当たる，という建前（国税徴収法による滞納処分はその例）を貫くことは，できない。権利の判定と執行では行為の性質も違う

し，同一の機関に担当させるのでは執行の迅速と能率を図れないからである。そこで，権利の判定をする裁判機関と執行機関を分離する。裁判機関から制度的に分離された執行機関が，債権者の執行申立てを受けたさい，自らあらためて執行債権なり執行担保権の存在を確定するための実質的審理をすることなく，直ちに権利の実現に着手し，執行を実施できるように，債権者にはその権利を高度の蓋^{がい}然性でもって証明できる形式的資料の提出が要求される。その証明力じたいが争われて紛糾することがないように，法は，この形式的資料については厳格な制限を加え，原則として法文列挙の，一定の格式を具えた，権利を表示する文書に限った。こうした格式文書で法的効力をもつものを，執行法は，「名義」といい，執行機関は，このような執行名義に基づいて民事執行を開始し，実施する。執行名義の代表が，強制執行における債務名義（民執22）である。担保執行においても，不動産に対する担保権の実行では一定の格式文書等が提出されたときに限り開始するほか（民執181），実行される担保権によりその存在を証する一般の文書や担保動産等の提出が要求されるものもある（民執190・193Ｉ）。

　民事執行の停止・取消しについても，同じような構成がある。執行が開始された後に，債務者が執行債権・執行担保権の不存在や期限の猶予等を主張して執行の停止・取消しを求めてきても，執行機関としては，実体的な審理・判定はできず，それに立ち入るとなれば執行の迅速と能率を期することができない。そこで，法は，執行名義にカウンター・パンチをくらわせる執行反対名義の提出を債務者に要求する。執行の停止・取消しを求める債務者は，執行債権や執行担保権の不存在等を高度の蓋然性でもって証明できる形式的資料として，裁判機関によって発せられた執行の不許・停止の裁判などの形式的資料を執行機関に提出しなければならず，債務者がそれ

を提出しなければ執行機関は執行の停止や取消しはしないのである（民執39・40・183）。

スッキリいえば，裁判機関と執行機関を分離し，権利判定は裁判機関に任せて，執行機関を執行に専心させることにより執行の迅速と能率を確保し，執行の正当性の確保（不当執行の排除）は，債権者の執行名義提出責任と債務者の執行反対名義提出責任を重ね合わせることによって図ろうとする。それが，過去の歴史と現実の要請に支えられた現行制度の基本的建前にほかならない。

1‒3　民事執行の機能

民事執行は，経済的には，投下資本の強制的回収を主要な任務とする。

資本主義的な継続的経営にとっては，法運営の形式的合理性（予測可能性）が必須である。自由な契約により相手方を義務づけても，相手方が任意に義務を履行しない場合に権利の実現が相手方の恣意や周辺の事情によって決定的に左右されるというのでは，資本投下は不可能である。権利実現の見込みと回収上のリスクがあらかじめ客観的に計算でき，最終的には，どんな障害があっても，義務者の任意履行があったのと同一の利益状態を強制的に確保することが法的に保障されなければならない。そのために，裁判が客観的な法の適用により独立の裁判官によって行われて裁判内容をほぼ確実に見込めることが必要であるのと同様に，裁判等に基づく権利内容の事実的実現のための執行の機能をあらかじめ確実に予測できることが必要で，この予測に応える執行の実施が確保されなければならないのである。

しかし，他の国家作用と同じように，民事執行も，国全体では大

きな集団現象として現れてくる権利実現の要求を，限られた人的・物的機構によって処理しなければならない。執行上とるべき手段・方法についても，その国における社会的・経済的・文化的諸理念による制約があり，民事執行のあり方は，多面的に対立しつつ錯綜する諸利益の調整によって定まる。執行は，実体法に従い債権者の権利を適正・迅速に実現しなければならず，執行の遅延・停滞は，実体法上の権利の実効性を害し，信用取引の基礎を危うくするが，違法執行や不当執行による侵害を誘発する危険に対する十分な予防と救済の手段が与えられなければならない。債務の不履行は，つねに債権者を害するが，債権者側には経済的余裕がある場合が多いのに対し，債務者側では，往々，執行を受けることにより生活は困窮し，経営に支障を来たし，事業の存続を脅かされるような事態に至る。苛烈・酷薄な強制執行は，債務者の生存権（憲25）を危うくし，ひとりの債権者の満足のために生じた債務者の困窮に対する救済をそのまま国家・社会の負担とすることは必ずしも当をえない。執行の実施にさいしては，債権者側の事情と債務者側の事情の双方を衡量しての適切な処理が要請される（⇨ **6 - 2** (1)，**7 - 1** (1)(c)，**7 - 3** (3)，**8 - 1** (3)など）。

　明治の民事訴訟法（明治23年法律29号）および競売法（明治31年法律15号）により主としてドイツ法を継受して導入されたわが国の強制執行制度は，甚だしい機能不全を厳しく批判され続けながら，90年に及ぶ長い年月を放置されてきたが，ようやく**民事執行法**（昭和55年法律4号）の成立・施行によって新しく生まれ変わり，近代化されて，従前とは打って変わった良好な実績を重ねている。さらに，最近に至って，急激な展開がある。平成に入ってバブル経済が崩壊し，金融システムの不安が続き，膨大な額にのぼる不良債権の処理が社会問題ともなった。そのなかで，民事執行は，正規の執行機関

が行う公正な手続による堅実な債権回収手段として注目され，枢要な地歩を固めていく。民事執行事件は増加し，それとともに，実務では，執行事件の迅速かつ実効的な処理のために種々の運営改善の工夫・努力が重ねられ，大きな成果を挙げている。斬新な手法を盛った新立法による手続改革（新担保・執行法＝平成15年法律134号，続改善法＝平成16年法律152号など）も，相次いで実施された。IT 機器の導入により，不動産の競売市場も大きく拡大する形勢にある。これと並行して，民間の債権回収実務として行われてきた担保不動産の任意売却に代わるべきものとして，執行競売よりも迅速で効率的な売却を民間資金等の活用により実施する等の新たな方向への検討も進む。今後の動向に期待が大きい。

　債務名義をもっていない債権者のために，やがて来るべき強制執行が成果を挙げるための基礎を固めあるいは現在の損害や危険を防ぐ**仮差押え・仮処分**（**民事保全**）は，民事訴訟と民事執行の機能を現実に支える，実務上きわめて重要な制度である。ケース1 の事例で，G がいちはやく S の不動産や銀行預金などに対する仮差押えをしたかどうか，ケース2 の事例で，S が M・N に対して占有移転禁止の仮処分をしたかどうか，ケース3 の事例で，S が Q に対して競業差止めの仮処分をしたかどうか等によって，本執行の成否なり成果が決まり，あるいは大きく異なる結果にもなりうる。民事保全は，旧民事訴訟法から分かれ，さらに民事執行法から分かれて独立した**民事保全法**（平成元年法律91号）の定めるところである（⇨ **10〜13**）。

　強制執行の主軸である金銭執行は，金銭債権の強制的実現の手段として，**破産**その他の**倒産手続**（**民事再生・会社更生・清算株式会社の特別清算**）と機能的に競合する。倒産手続は，経済的に破綻した債務者に対する総ての債権者のために債務者の総資産を対象として実施される清算ないし再建の手続であり，複雑な構造をもち，多大の

時間と費用も必要となる。債権者の債権の規模と債務者の資産との関係でこのような倒産手続に適合しえないところで，比較的に中小規模の債務負担状態にある債務者に対する個別債権の強制的実現を果たすのが，民事執行の機能範囲に属するわけである。

　企業活動のグローバルな展開に伴い，国際的な貸付や投資が盛んに行われ，資産の国際的な分散も進む。国家を超えた権利関係の安定と実現の要請がますます強まっていく現状をバックに，**国際民事執行**がしだいにクローズアップされつつある。世界の多くの国々は，一定の要件のもとに外国判決や外国仲裁判断の効力を承認し，それに基づく自国での執行を許容してきた。その承認の要件や手続を緩和する方向での努力が重ねられつつある。すでに，EU 内部では，2004年4月に，一定の要件を満たし言渡裁判所等で「ヨーロッパ債務名義」として認証された判決・裁判上の和解・公正証書は，他の加盟国において，執行宣言を要せずに承認・執行されることが認められた。最近では，金銭債権の流動化と国際化に伴って，債権回収のために債務者の在外資産に対して執行する必要がある場合も多い。そこでは，国際執行管轄の決定規準が争われるほか，外国でされた差押命令等の効力の内国における承認や，国を異にして執行手続が並行する場合における相互の手続調整も問題となる。しかし，その解決は，今後の論議や法規整の展開にまつところが多い。

民事執行				
	強制執行			
		金銭執行	不動産執行	強制競売
				強制管理
			準不動産執行	船舶執行・航空機執行・自動車等執行・小型船舶執行
			動産執行	
			債権その他の財産権に対する執行	債権執行
				その他財産権執行
				少額訴訟債権執行
			扶養料等債権についての間接強制執行	
		非金銭執行	物の引渡しを求める請求権についての強制執行	
			作為・不作為を求める請求権についての強制執行	
			子の引渡しを求める請求権についての強制執行	
			意思表示を求める請求権についての強制執行	
	担保権の実行			
		担保不動産競売		
		担保不動産収益執行		
		準不動産競売・動産競売・債権その他の財産権に対する担保権の実行		
	形式競売			
		留置権による競売		
		民法・商法その他の法律による換価のための競売（形式的競売）		
	債務者の財産状況の調査			
		財産開示手続		
		第三者からの情報取得手続		

〔M2〕 民事執行事件・民事保全事件・破産事件の新受件数

年次	不動産執行事件	動産執行事件	債権執行事件	不動産等引渡事件	仮差押え事件	仮処分事件	破産事件
平成元年	48,334	253,963	99,620	14,344	27,365	15,290	10,319
5	62,891	222,949	130,853	13,301	36,767	13,074	46,216
10	78,538	161,993	174,997	20,186	40,639	11,569	111,067
15	74,857	136,101	165,934	28,713	29,889	9,060	251,800
20	67,201	73,519	124,411	25,962	17,554	7,120	140,941
23	43,595	44,470	111,500	27,140	12,119	7,004	110,451
26	28,085	23,675	120,169	22,878	10,034	6,595	73,370
29	21,969	24,405	120,403	22,749	9,152	6,407	76,015
令和2年	17,705	13,788	119,710	23,344	7,551	6,041	78,104

（裁判所データブック2021 46〜50頁）

（注）　仮差押え事件と仮処分事件は、地方裁判所及び簡易裁判所の合計の数値である。

2 強制執行の組立て

2-1 強制執行の基礎

(1) 強制執行権・執行請求権・執行債権

強制執行の基礎に，国家・債権者・債務者の間の三面的な法律関係（「執行法律関係」）がある。

〔M3〕 強制執行の構造

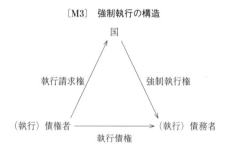

強制執行をする権利（「**強制執行権**」）を有するのは，現在の法律では，国しかない。実体法上の請求権を有する者（債権者）は，自力救済が許されない代わりに，国に対して，法律の定める執行要件のもとに，強制執行の実施を請求する権利（「執行請求権」）をもつ。**執行請求権**は，憲法上の「裁判を受ける権利」（憲32）に含まれる公法上の権利である。これに対し，債権者が申し立てた強制執行により実現されるべき実体法上の請求権を，「**執行債権**」（実務では

「**請求債権**」）という。その執行債権を表示した債務名義が，執行要件の基軸となる（⇨ (2)）。

執行債権は，原則として，私法上の請求権である。

執行「債権」といっても，実体法にいう債権（的請求権）に限らず，物権その他の支配権や身分権・知的財産権等に基づいて発生する請求権を含む。請求権として法的に成立していれば，強制執行によりその内容を実現できる強制可能性をもつのが原則である。例外として，責任なき債務（破253参照）があり，また，作為・不作為請求権などには，その内容上，強制執行に親しまないものがある（⇨ **8** - **3** (1)）。

公法上の請求権は，その実現のための執行を民事上の強制執行の手続に関する法令の規定に従って行うものがあるだけで（刑訴490，民訴189・303），一般には，行政上の義務の履行確保は行政上の強制執行による。公租・公課請求権その他の徴収金請求権については，国税徴収法による滞納処分（および，その例による執行。税徴47〜147，地税68・331，土地収用法128Vなど。執行対象および手続構造が民事執行と共通しており，滞納処分と強制執行との手続の調整に関する法律・規則もある）があるほか，行政上の代替的作為義務については行政代執行法がある。これら行政上の強制執行によりうることが明らかな公法上の請求権については，この手段によらないで民事執行法上の強制執行により請求権の実現を図ることは許されない（最大判昭和41・2・23民集20巻2号320頁）。

行政上の強制執行が認められない公法上の請求権につき，国や行政庁・公共団体が債務名義をとって民事執行法上の強制執行を求めることができるか。最高裁判例は，国または地方公共団体が財産権の主体としてでなく，専ら行政権の主体として国民に対して行政上の義務の履行を求める訴えは，裁判所法3条1項にいう法律上の争

訟に当たらず，不適法であると判示している（市が提起した建築条例違反工事差止請求の訴えにつき，最判平成14・7・9民集56巻6号1134頁）。学説には反対が強い。

(2)　強制執行の要件

強制執行の要件というのは，強制執行を実施するために必要な条件である。強制執行を求める側からいえば，強制執行をしてもらうために必要な条件であり，強制執行を実施する側からいえば，その条件が揃わなければ強制執行を実施できず，執行申立てを却下することになる。強制執行は，それを受ける者の財産権を侵害する作用なので，その実施が許容されるための要件が法律で定められているのである（憲29）。

強制執行の要件には，強制執行により行使・実現される実体法上の請求権に関する要件（実体的要件）と公的な手続の実施に関する要件（手続的要件）がある。

(a)　**実体的要件**　特定の請求権のために強制執行を実施することが許されるためには，(i) その請求権が存在すること，および，(ii) その請求権を，いま，強制執行を求める者とその相手方との間で，強制執行により実現することが法律上正当とされること（これを「執行適状」と呼んでおく），この2つを必要とする。

しかし，強制執行では，請求権の存在も執行適状も，それがそのまま執行要件となるわけではない。これらの実体的要件は，執行法上の要請に従い，「**形式化**」（書面化）されているのである。

なぜ，そして，どのように，「形式化」されているのか。

実体的要件が形式化されなければならないのは，実体的要件が目に見えないからである。そして，形式化というのは，それを目に見えるかたちにすることであり，書面にすることである。

請求権は，目に見えない。請求権があるかどうかを執行機関が執

行実施にさいして審査・判定しなければならないというのでは，その資料の収集に手数と時間がかかって迅速な執行ができないだけでなく，執行機関は裁判所だけではない（⇨ **2**‐**3**(1)）のであるから，そのような審査・判定を要件とすることはできない。そこで，「請求権があること」という要件の代わりに「請求権があるということを記載した，チャンとした法定の文書があること」で足りることにし，それをもってこいと要求する。その文書が**債務名義**（⇨ **2**‐**4**）である。

　債務名義に表示された請求権の執行適状についても同じで，形式化がされる。請求権があるということを記載した文書（債務名義）がすでに執行力を生じていること，その執行力が強制執行を求める者のためにその相手方に対して生じていること，その請求権につき債務名義に記載された条件がすでに成就していることなどは，執行機関が執行にさいして自ら審査・判定することもできないし，やってられない。そこで，その代わりに「債務名義に表示された請求権につき，いま，強制執行を求める者とその相手方との間で，強制執行により実現することを法律上正当と認めた文書があること」で足りることにし，それを債務名義に付けてこいと要求する。その文書が**執行文**（⇨ **2**‐**5**）である。

　このような形式化の要請に従って，民事執行法は，強制執行の実体的要件となる事項を，執行機関とは制度的に分離された他の機関にあらかじめ（執行開始に先立って）判定あるいは公に証明（公証）

〔M4〕　**強制執行の実体的要件**

| 実体法上の請求権の存在 | ── （形式化） ──→ | 債務名義 |

　　　　　　　　　　　　　　　債務名義の正本プラス執行文＝執行正本 ⇨ 強制執行

| 債務名義に表示された請求権の執行適状 | ── （形式化） ──→ | 執行文 |

させることとし，請求権が存在することを認めてその結果を表示した文書としての債務名義の存在，および，その債務名義に表示された請求権の執行適状を公権的に証明する執行文の存在を，執行機関に審査させることとした。しかし，確定判決などの債務名義の原本をそのまま強制執行の場にもち出すことはできないから，原本と同じ効力をもつ謄本＝「正本」（必ず作成者が「これは正本である」と記載）を利用する。強制執行は，実体法上の請求権に基づいてではなく，原則として「**執行文の付された債務名義の正本**」＝「**執行正本**」に基づいて実施されるのである（民執25）。

　しかし，請求権の存在が形式化された債務名義の表示が請求権の実体状態と一致するとは限らず，また，債務名義に表示された請求権の執行適状が執行文に記載されておらず，あるいは，執行適状がないのに執行文が誤って付与される場合がありうる。そのような場合でも，執行機関が請求権の存在や執行適状を自ら審査することができないのは同じである。そこで，ここでも，執行機関とは制度的に区別された他の機関による審査・判定によって，強制執行の停止・取消しを命じあるいは強制執行の不許を宣言する裁判がされるのを待ち，その結果を表示した公的な文書（**反対名義**）を債務者が執行機関に提出すれば，それに基づいて強制執行をストップし，あるいは取り消すことにした。それが，債務名義についての「**請求異議の訴え**」（民執35 ⇨ **9 - 3**）であり，執行文についての「**執行文付与に関する異議**」，「**執行文付与の訴え**」，「**執行文付与に対する異議の訴え**」の制度（民執32・33・34 ⇨ **9 - 4**）である。

　(b)　**手続的要件**　　強制執行手続の実施に関する要件であり，執行機関が直接に調査・判定する。

　手続的要件には，有効な執行申立てのほか，執行当事者・執行対象についてのわが国の民事執行権，執行機関の管轄，執行当事者能

力，債務名義の送達，強制執行が担保を立てることに係る場合の立担保等が含まれる。その他に，執行開始要件・執行障害とよばれるもの（⇨ **2** ‑ **6**(2)）がある。

手続的要件を欠いたまま強制執行が実施された場合には，その執行行為は，無効であり，あるいは取り消されうる。そのいずれに当たるかは，それぞれの要件が保護する利益の実質に応じて個別に検討されなければならない。執行正本なしにされた執行行為は，無効であり（通説），当事者の合意や責問権（せきもんけん）の放棄（民執20，民訴90）があっても有効とはならない。

(3) **強制執行の申立て**

強制執行は，申立てによる。申立てなしに強制執行はない。

執行申立ては，必ず書面で行う（民執 2 ，民執規 1 ）。申立書には所定の事項を記載し，執行正本を添付しなければならない（民執規21）。執行正本は，他の添付書類等とともに執行記録に綴り，執行終了後に，求めにより債務者または差押債権者に交付する（民執規62・73・129・132）。

(4) **強制執行の対象——責任財産**

(a) **執行対象の適格**　強制執行の対象は，わが法では，財産に限られる。

どのような財産が強制執行の対象となるかは，債務名義によって定まる。物引渡しの強制執行では，対象となる物が債務名義上に必ず表示されているが，金銭執行では，普通，債務名義上は特定の金銭債権を表示するだけで，執行の対象となる財産を表示していない。債務者の一切の財産が債権の実現のために用いられる財産＝責任財産となるからである。

金銭執行の対象となるのは，基本的には，執行開始の時点で執行債務者に属しているすべての財産である。しかし，金銭に換価でき

ない不融通物，帰属・行使上の一身専属権（本人が行使する前の扶養請求権〔民877〕），独立に財産的価値をもたない取消権・解除権など（民1046Ⅰの形成権としての遺留分侵害額請求権もその例）は，執行対象とならない。また，差押えを一般的に禁止される財産があり（⇨ **6 - 2**(1)，**7 - 1**(1)(c)），どんな執行債権かによって責任財産の範囲が法律上限定される場合（有限責任）もある（民922，商804，船主責任制限33など）。差押え前に債務者が処分してしまった財産は，詐害行為取消権（民424）の行使により回復しない限り，執行対象とならない。

代替執行あるいは間接強制といっても，結局は，費用・制裁金を取り立てるので，債務者の財産が引当てとなる（⇨ **8 - 1**）。

(b) **執行対象の特定**　　金銭執行では，債務名義の責任財産に属する財産のうちどれを執行対象にするかを決めなければならない。それを決めるのは，執行債権者であり，その執行申立てにおいて「どの財産」と特定する（処分権主義。動産執行は例外。民執規99・100）。

しかし，債務者の財産でないと執行できないはずだから，執行機関は，債権者が「どの財産」と決めて執行を申し立てても，それが債務者の責任財産に属しているかどうか（執行対象の適格）を執行機関として調査・判定しなければならないことになる。といっても，執行機関としては，そんなことは厳密にはやれないし，やってられない。そこで，民事執行法では，形式的な外観による判定だけで執行し，文句が出てくれば調べて是正する，ということにした（「**対象適格の形式化**」）。不動産執行なら債務者名義の所有権登記，動産執行なら債務者の占有，債権執行なら執行申立書の記載があれば，適法に差押えができることにし（民執規23，民執123，民執規21③・133），このような外観にかかわらず債務者の責任財産には属しないというのであれば，権利者の方から第三者異議の訴え（⇨ **9 - 6**）

などが出てくるのを待って，その結果に従い是正する仕組みである。

2-2　執行当事者

(1)　執行債権者・執行債務者

(a)　**だれが執行当事者か**　民事訴訟の判決手続と同様に，強制執行も，相反する利害を有する者を対立的に手続に関与させて行う2当事者対立構造をとっている。それが，「執行当事者」＝執行債権者・執行債務者である（それ以外の者は「第三者」）。

判決手続とは違って，執行手続では，もうすでに執行債権の存在についての勝負はついているのであるから，2当事者の対立といっても，執行手続上，債務者のカゲは薄い。債権者の申立てによって開始された執行手続は，その後，執行機関の職権により，法律で定められた段階をふんで粛々と進められ，完結に至る（民執41 I 参照）。

執行債権者とは「執行債権の債権者」をいうのではなく，執行債務者とは「執行債権の債務者」をいうのではない。強制執行は，「執行文の付された債務名義の正本」＝執行正本に基づいて実施する（民執25）。したがって，**執行債権者**は「執行正本において強制執行がその者のためになされることになっている者」であり，**執行債務者**は「執行正本において強制執行がその者に対してなされることになっている者」なのである。

(b)　強制執行は，私法上の請求権を実現するための手続であり，執行債権者・執行債務者には，判決手続での原告・被告と同じく，当事者能力および訴訟能力を必要とする（民執20，民訴28・29・31〜34。執行機関が職権で調査する）。

(2)　執行当事者の適格

(a)　ある強制執行について「だれが執行債権者・執行債務者にな

るのが正しいか」（当事者適格）は，「債務名義がだれのために（債権者），だれに対して（債務者），執行力をもつのか」によって定まる。

　債務名義は，だれのために，また，だれに対して執行力をもつのか。それは，執行力の主観的範囲として民事執行法が自ら規定するところである（民執23）。

　確定判決に基づく強制執行など，債務名義が既判力を有する場合であっても，執行力の主観的範囲は必ずしも既判力の主観的範囲（民訴115）と一致しない。執行当事者の適格は，債務名義に執行文を付与するに当たって調査され，執行債権者の適格をもつ者のために執行債務者の適格をもつ者に対して執行文が付与され，執行正本ができて執行実施に至る。

　(b)　債務名義の執行力はだれに及ぶか　　強制執行は，次に掲げる者のために，または対して，することができる（①〜④は判決その他執行証書以外の債務名義に共通，⑤は債務名義が執行証書の場合）。

　①　債務名義に表示された当事者（民執23Ⅰ①）　　債務名義が給付判決（民執22①・②・⑥）であれば，判決上の原告が執行適格をもち，判決上の被告が被執行適格をもつ。

　②　債務名義に表示された当事者が他人のために当事者となった場合のその他人（民執23Ⅰ②）　　主として，第三者の訴訟担当（手続担当）における利益帰属主体である。遺言執行者（民1012Ⅰ）・選定当事者（民訴30）・破産管財人（破80）を当事者とする債務名義であれば，相続人・選定者・破産者のためにまたは対して執行力が及び，訴訟脱退（民訴30Ⅱ・48・50Ⅲ）後の残留当事者間での給付判決であれば，訴訟脱退者も被執行適格をもつ。

　③　承継人（民執23Ⅰ③）　　債務名義に表示された前主（当事者または②の利益帰属主体等）の法的地位を承継した者であり，その承継が債務名義の成立後（債務名義が判決の場合または確定した執行判決付

外国判決の場合には口頭弁論の終結後，債務名義が仮執行宣言付または確定判決と同一の効力を有する損害賠償命令の場合には審理終結後）である者に限り，執行力が及ぶ。問題の所在を後に述べる（⇨(3)）。

④　**請求の目的物**（特定物給付請求の対象である動産または不動産）**を所持する者**（民執23Ⅲ）　上の①②③に掲げる者のために占有している者に限られ，自己の権利に基づいて自己のために占有する者（賃借人・質権者など）は含まれない。債務者の同居の家族，債務者法人の代表者・使用人などは，債務者の占有している物を所持あるいは使用しているだけであるから，債務者に対する執行力でフッ飛ばされる。

⑤　債務名義が執行証書である場合には，(i)執行証書に表示された当事者と，(ii)執行証書作成後のその承継人に対し，または当事者・承継人のために，強制執行をすることができる（民執23Ⅱ）。執行証書では，他人のために当事者となることがなく，特定物給付の請求については執行証書は作成できない（民執22⑤参照）ので，他の債務名義とは別の規定となったが，実質的な差はない。

(3)　承継執行ができる範囲

(a)　執行力の及ぶ承継人は，債務名義に表示された前主の法的地位に基づいて自分の法的地位を取得（承継）した者であり，その取得は一般承継と特定承継とをとわない。しかし，各種の債務名義につき，具体的にどのような事情があった場合にどの範囲の者を承継人として執行力の拡張を認めるかが問題になる。

①　既判力が及ぶ承継人の範囲（民訴115）と執行力が及ぶ承継人の範囲（民執23）は同じでない。既判力と執行力は違うし（⇨**2-4**(1)(c)①），既判力拡張と執行力拡張は性質が違う（中野・民裁入門307頁以下）。とくに，既判力拡張では，承継人は，既判力をもって確定された前主の権利義務の存在を後訴で争えないにとどまるのに反

し，執行力拡張では，承継人は，承継執行文の付与を介してではあるが，他人の債務名義により直接に自己の権利義務につき強制執行をうけるのである。

　承継人のもっている請求権が債務名義に表示されていない。あるいは，承継人に対する請求権を表示した債務名義がない。なぜ，そのように請求権がまだ確定されていないのに強制執行によって請求権を実現することが認められるのか。

　承継執行の沿革は，ローマ法源（「判決債務履行訴権は永久であり，物の請求に関し相続人のために，また，相続人に対して成立する」）に遡るが，その後の展開も，判決言渡し後に被告が死亡した場合の相続人に対する強制執行の確保を中心としてきた。せっかく給付を命ずる裁判があり，債権者は強制執行ができる地位を取得したのに，被告がポックリ死んで，今度は相続人を相手に初めから訴訟をやりなおさなければならないというのでは，たいへんな面倒であり，訴訟をやり直せば，その結果はどっちへ転ぶか分からない。裁判と強制執行を直結するために，承継人に関する新訴を省略する。そこに承継執行制度の主眼がある。

　②　承継執行は，債権者のために新訴省略の利益を与えると同時に，新訴の省略によって債務者側に不当な不利益がかからないための配慮を必要とする。そこで，執行力の及ぶ承継人の範囲としては，およそ，次のような規準が立つ。(i) 債務名義に表示された当事者の法的地位に基づいて自己の法的地位を取得した者であって，その者についても既存の債務名義の機能を引続き維持することが衡平上必要とされ，(ii) 債務名義の執行力の客観的範囲（⇨ **2**-**4**(1)(c)①）を動かさず，(iii) 承継の点だけを確定すれば既存の債務名義が使える（＝債務名義における給付請求権の表示に承継の事実をプラスすれば承継人に関する請求が認められる）関係になければならない。

(b) 理論上争われる具体的問題の1つに，特定物引渡（明渡）請求権の承継執行がある。

ここでは，場合を分けて考えなければならない。(i) 債務名義上，所有権（その他の物権）に基づく引渡請求権が表示されている場合には，債務名義の成立後（または弁論終結後）に前占有者から占有移転を受けた新占有者に執行力が及ぶ。ただし，占有承継により新占有者に対する引渡請求の主張が理由あるものとなること（有理性）が必要で，債務名義上の債権者と新占有者の間に二重譲渡などの対抗問題を含む場合には，債権者は，承継執行文の付与を求めるさいに対抗要件の具備を証明しなければならない。(ii) 債務名義上，占有権に基づく引渡請求権が表示されている場合には，新占有者が前債務者（占有者）の占有侵奪の事実につき悪意であれば新占有者に対する引渡請求の主張が理由あるものとなるので（民200Ⅱ），占有を承継した者に執行力が及ぶ。(iii) 債務名義上，賃貸借の終了などに基づく債権的な目的物引渡請求権が表示されている場合には，占有移転を受けた新占有者が前債務者（占有者）の目的物引渡義務をも引き受けたのでない限り，新占有者には執行力が及ばない。

しかし，実際上は，仮処分の利用によって問題を避けることができる。引渡請求権の強制執行には，当事者恒定効をもつ占有移転禁止仮処分の執行を経ておくことが多く，その場合には，債権者は仮処分執行後の占有者であることだけを証明して，本案の債務名義にこの占有者に対する承継執行文の付与を受けることができ，占有者の側で反対名義を得なければならない（民保62～64 ⇨ **12 - 1** (3)）。

(4) 法人格否認

(a) 形のうえでは，たしかに法人なのだが，背後でそれをそのまま動かしている個人や法人（「背後者」）がいて，別個の独立の法人として扱うのはどうみても正義・衡平に反するような場合がある。

最高裁が昭和44年に，法人格が全くの形骸にすぎない場合（形骸型）または法人格が法律の適用を回避するために濫用されるような場合（濫用型）には法人格がその限りで否定される，と判示（最判昭和44・2・27民集23巻2号511頁）して以来，多数の裁判例が続いて，法人格否認が判例法理として確立された。しかし，強制執行に関するその適用範囲は必ずしも明確でない。

(b) 具体例に即して考えてみよう。

ケース4 Xは，Y会社の製品運送用トラックにはねられて重傷を負った。損害賠償を求めて訴えを提起し，すでにY社に5000万円の支払を命ずる判決が確定している。敗訴したY社は，以前から甚だしい経営困難に陥っており，高額の賠償債務の履行を事実上なんとかして免れたいと考え，Y社の関係者の資金等でZ社を設立し，Y社の工作機械そのほか営業設備等の一切をZ社に譲渡した。

（参考　最判昭和53・9・14判時906号88頁，執保百選〈3版〉9事件［北村賢哲］，最判平成17・7・15民集59巻6号1742頁，執保百選〈3版〉18事件［勅使川原和彦］，判リマ33号154頁以下［笠井正俊]）

ここでは，2つの問題を区別する必要がある。

① **執行文の付与**　Xとしては，詐害行為取消権（民424）を行使し，Y社からZ社へ譲渡された工作機械等をY社の責任財産に戻したうえで，Y社に対する確定判決で強制執行ができるだろう。しかし，詐害行為の取消しを「裁判所に請求」（民424）するには新たな訴訟の手数を重ねなければならず，その負担は耐えられない。やはりY社に対する確定判決で執行する方法を考える必要がある。しかし，その判決に表示されているのは，XのY社に対する損害賠償請求権であり，Z社はY社との間でその債務引受をしたわけでもない。そこで，Y社とZ社は別の会社ではないのだといいた

い。そこに浮かんでくるのが，法人格否認の法理である。裁判例としても，ケース4 と同様の事例につき，会社に対する給付判決の効力は会社債権者を害する目的で設立された同一人格の新会社に及ぶとして執行文付与の訴え（民執33 ⇨ **9 - 4**⑵）を認めた高裁判決があるが，その上告審で最高裁は，法人格の濫用と認められる場合の法人格否認法理の適用を一般論として認めながら，執行文付与の訴えを認めず，破棄差戻しをした（前記最判昭和53・9・14）。その理由は，「権利関係の公権的な確定及びその迅速確実な実現をはかるために手続の明確，安定を重んずる訴訟手続ないし強制執行手続においては，その手続の性格上」，法人格否認の法理の適用による執行力の拡張は許されない，というのである。この理由付けは，よく分からず，学説上も批判が強い。次の②と比較してみよう。

② **第三者異議訴訟における抗弁**　ケース4 の事例において，Y社がZ社に譲渡した工作機械等をそのまま占有しているならば，XとしてはY社に対する債務名義によって差し押さえることができる（⇨ **2 - 1**⑷）。そうなれば，Z社はXを被告として第三者異議の訴え（民執38 ⇨ **9 - 6**）を提起し，強制執行を排除しようとするだろう。この第三者異議訴訟において，Z社の法人格は認められないとする抗弁を主張できるか。

　議論はありうるが，ここでは法人格否認の抗弁を認めるべきである。最高裁も，「第三者異議の訴えについて，法人格否認の法理の適用を排除すべき理由はなく，原告の法人格が執行債務者に対する強制執行を回避するために濫用されている場合には，原告は，執行債務者と別個の法人格であることを主張して強制執行の不許を求めることは許されない」と判示している（前記最判平成17・7・15）。このような場合に，差し押さえられた財産はすでにZ社の所有になっており占有改定により引き渡されているとして強制執行の排除

を認めれば，強制執行を回避するという法人格濫用の目的を達成させることになってしまう。Ｚ社は，形式上は強制執行の当事者でない第三者ではあるが，債務者であるＹ社に対する強制執行を受忍すべき理由があるといわなければならない。

(5) 権利能力のない社団・財団

民事訴訟法は，「法人でない社団又は財団で代表者又は管理人の定めがあるものは，その名において訴え，又は訴えられることができる」（民訴29）と定めている。「法人でない社団又は財団」というのは，民法学でいう「権利能力のない社団・財団」であるから，たとえば，権利能力のない社団が原告となり，あるいは権利能力のない社団を被告として，提起した登記手続請求訴訟において勝訴の確定判決を得た，というような場合もでてくる（中野・民裁入門131頁）。そこで，社団の責任財産として執行対象となる社団の財産が社団の代表者等の個人名義となっている場合でも，強制執行はできなければならない。執行対象が動産ならば，代表者等が社団のために占有している外観のまま差し押さえるのに支障はないし，債権などであれば，名義人が代表者等であっても，「名義人Ａこと甲社団」というように表示して差し押さえることができる。しかし，不動産であれば，わが国の不動産登記の実務は，権利能力のない社団名義の登記を絶対に認めないし，社団代表者の肩書を付した個人名義の登記も認められない。それなら，権利能力のない社団を当事者として得た判決を債務名義として登記手続の強制執行をするには，どうすればよいのか。それが困難な問題となり，学説は分かれた。

この問題について，最高裁は，割り切った理由を付した判決により明快な解決方法を示した（最判平成22・6・29民集64巻4号1235頁，執保百選〈3版〉7事件［青木哲］）。事案は，権利能力のない社団であるＹを被告として金銭の支払を命ずる判決を得たＸが，Ｈ不動

産の登記名義人となっている第三者Zを執行債務者とする執行文の付与を求めた事件である。Xが上告審で，H不動産は社団Yの構成員全員の総有に属しておりZは「請求の目的物を所持する者」（民執23Ⅲ ⇨ **2**-**2**(2)(b)④）に準ずるものであると主張した。最高裁は，これを容れず，次のように判示している。

「権利能力のない社団を債務者とする金銭債権を表示した債務名義を有する債権者が，当該社団の構成員全員に総有的に帰属する不動産に対して強制執行をしようとする場合において，上記不動産につき，当該社団のために第三者がその登記名義人とされているときは，上記債権者は，強制執行の申立書に，当該社団を債務者とする執行文の付された上記債務名義の正本のほか，上記不動産が当該社団の構成員全員の総有に属することを確認する旨の上記債権者と当該社団及び上記登記名義人との間の確定判決その他これに準ずる文書を添付して，当該社団を債務者とする強制執行の申立てをすべきものと解するのが相当であって，法23条3項の規定を拡張解釈して，上記債務名義につき，上記名義人を債務者として上記不動産を執行対象財産とする法27条2項の執行文の付与を求めることはできないというべきである」（なお，理由のほか，田原睦夫裁判官の補足意見がある）。

今後における学説と裁判例の展開に注目したい。

2-**3** 執 行 機 関

(1) **執行機関の構成——執行裁判所・執行官・裁判所書記官**

(a) 強制執行権は，国が独占しており，強制執行権の行使を担当する官庁・公務員がある。それが，執行機関である。民事執行法上の執行機関は，基本的に執行裁判所と執行官の2本立てであり，部

分的に裁判所書記官が執行機関となる。

　なぜ，単一の執行機関に執行権限を集中しないのか。

　いろいろの権利関係が絡む不動産を差し押さえて換価するのと債務者の家財道具を差し押さえて換価するのとでは，仕事の内容も性質も随分違う。執行機関を1つにしないのは，各種の執行における執行対象や執行方法の差異に応じて，異種の執行機関にそれぞれの機能的特性に適合する執行手続を分担させ，強制執行の迅速と実効を確保するためである。

　(b)　執行裁判所と執行官とでは，どこが違うのか。たとえていえば，執行裁判所は「決断する人」であり，執行官は「行動する人」である。

　①　執行裁判所は，原則として地方裁判所であり，単独裁判官の構成による（民執3，裁26Ⅰ）。簡易裁判所あるいは家庭裁判所が執行裁判所となる例外もある（民執167の3・171Ⅱ・172Ⅵ・173Ⅱ）。東京地裁や大阪地裁等では，多数の裁判官が執行事件を担当し，多数の裁判所書記官や執行官とともに「民事執行センター」において執務しているが，民事執行法が「執行裁判所」というのは，官署としての地裁や執行センターではなく，個々の裁判官が構成する単独裁判所なのである。

　②　執行官は，各地方裁判所に配置される執行官によって構成される単独制の司法機関であり，それぞれの所属する地方裁判所の管轄区域内で，その職務を行う（裁62，執行官4）。強制執行には，関係人の生活空間に立ち入るなどして現場で作業しなければならないような場面も多いが，執行官は，機動性をもち，執行現場での強制的立入り・捜索・開鎖処分等の権限が与えられ，抵抗排除のために自ら実力を行使し，必要ならば警察上の援助を求めることもでき（民執6Ⅰ・57Ⅲ・123Ⅱ・168Ⅳ・169Ⅱ・175ⅠⅡ），一部では関係人と

の接触による任意的解決に進む権限も認められている（民執122Ⅱ・168の2）。随所で現実に行動ができる執行機関なのである。

　(c)　一般的には，裁判所の仕事は裁判官の責任とされ，裁判所書記官は，その職務を行うについては裁判官の命令に従う（裁60Ⅳ）。執行裁判所の執行手続も，裁判官が主宰し裁判所書記官が補助するというのが原則となっている。しかし，このところ，民事執行法・民事執行規則の制定およびその数次の改正によって，それまで裁判官の職務であった多数の事項が続々と裁判所書記官の固有権限に移された。それらの事項には，もともと裁判官の関与を要求する合理的な理由がなかったような，瑣末な事項も多いが，その範囲を超えて拡大が進む（民執14Ⅰ・49Ⅰ～Ⅳ・62ⅠⅡなど）。平成16年の続改善法が創設した少額訴訟債権執行では，裁判所書記官が執行機関の一翼を担い，差押え等の執行処分を行う権限をもつに至った（⇨**6-6**）。

　(2)　**執行手続の分担**

　基本的には，動産執行や物引渡執行の直接強制のように，**現実的執行処分**（＝執行機関が現場で事実的行為を実施しなければならない処分）を主とする執行は，執行官の職分とされる。これに対し，不動産執行や債権執行のように，**観念的執行処分**（＝権利関係について法的判断を示すことが内容となる処分）を主とする執行は，執行裁判所の職分とされる。しかし，執行裁判所の職分とされる執行手続でも，事実的行為の実施が必要となるところではそれを執行官が担当し，執行官の職分とされる執行手続においても，裁判官の法的判断を示すことが必要となるところでは執行裁判所が担当あるいは関与するのである。

2-4 債務名義

(1) 債務名義とは何か

(a) 債務名義は，強制執行によって実現されるべき給付請求権（執行債権）の存在と内容とを明らかにし，それを基本としてその請求権についての強制執行をすることを法律が認めた（という意味で「執行力」のある），一定の格式を有する文書である。原則として，債務名義なしには強制執行はなく（例外，民執42Ⅱ），強制執行は債務名義の記載を規準として実施する（民執25本文）。

(b) 債務名義となる文書は，民事執行法22条に列挙されている。

どのような文書を債務名義とするかは，立法者の政策的な考慮による。国家の強制権力を発動して債務者の権利圏に侵害を加えるのであるから，それが一般に是認されるほどの高度な蓋然性をもって給付請求権の存在と内容を表わす文書でなければならず，文書の成立につき債務者が主体的に関与する機会を手続上保障された文書でなければならないといえる。しかし，実質上そのような文書であれば当然に債務名義になるというわけでなく，法律（法律以外ではダメ。憲29Ⅰ・Ⅱ参照）がそれに基づいて強制執行ができると定めた文書でなければならない。債務名義は，法定されており，類推によってそれ以外の文書に拡張することを許さないのである。

(c) 債務名義は，執行力をもつ。執行力は，債務名義に表示された給付請求権の強制執行による実現を求めうることをいう。

① 執行力は，既判力に基づいて発生するものでなく，**既判力と執行力**とは，その本質も効力範囲も違っている。(i) 既判力は，前訴・後訴の関係であり，前訴判決における判断を後訴で維持することによって，法的安定性を確保する。これに対し，執行力は，判決

の命じた給付の内容を強制的に実現する作用であり，合目的性の理念に従う。(ii) 執行力の客観的範囲は，債務名義に表示された請求権の内容として執行機関が強制的に実現すべき給付利益の範囲・限度で決まる。(iii) 既判力が及ぶ判決当事者なら必ず執行力も及ぶとは限らず（例，訴訟だけの選定当事者），既判力による確定を経ていない権利が執行力の拡張によって実現される場合もある（例，承継執行）。(iv) 民事執行法22条に列挙された債務名義には，執行力があるだけで既判力のないものが多い。

　② 　離婚判決などに基づいて戸籍の訂正がされ（戸籍法116），あるいは抹消登記等の手続を命ずる判決により登記がされるが（不登63 I），戸籍の訂正や登記手続等は強制執行ではなく，本来の執行力とは区別して「**広義の執行力**」とよぶ。

　(d) 　債務名義は，いわば資格証券的な機能をもつ。

　① 　資格証券的機能というのは，こうである。(i) 債権者は，債務名義なしには強制執行を申し立てることができず，執行機関としては，債務名義が提出されると，自ら執行債権の存否について実質的な調査・判定をすることなしに，債務名義に即して強制執行を実施しなければならない。(ii) 債務名義の記載が，これに基づいてどのような強制執行をするかを決める唯一の規準となる（執行文による補充・修正につき ⇨ **2 - 5** (2)）。(iii) 債務名義が強制執行の実体的効果を確保する。債務名義に表示された請求権が当初から不成立であったり事後に消滅したというような事情があっても，債務名義に基づく執行実施は有効で，強制執行による実体上の効果（買受人への所有権移転等）は確定的に生ずる。もちろん，債務者は反対名義（⇨ **2 - 6** (4)）を得て執行機関に提出し，強制執行の停止・取消しを求めることはできるが，それをせずに強制執行が進行し終了してしまうと，強制執行による実体的効果は確定的に生じて動かない。

② この資格証券的機能を，次の ケース5 で確かめておこう。

> ケース5 Ｘは，Ｙに800万円を貸し付けたが，期限を過ぎてもＹが支払わないので，800万円の支払を請求する訴えを提起し，Ｘ勝訴の判決が確定した。そこで，Ｙは，Ｘの銀行口座に債務全額の金員を振り込んで，これで事件は決着したと思いこんでいたところ，Ｘは，Ｙに対する確定判決を債務名義としてＹの所有する不動産に対する強制競売の申立てをし，競売手続は進行して，Ｚを買受人とする売却許可決定があり，Ｚが買受代金を支払い，ＹからＺへの所有権移転登記がされた。これを知ったＹは，Ｚを被告として訴えを提起し，この土地の所有権確認とＺへの所有権移転登記の抹消登記手続を求めた。

（参考　最判昭和54・2・22民集33巻1号79頁，執保百選〈3版〉20事件［高田裕成］）

　Ｘ勝訴の判決が確定した後にＹが債務全額を弁済したのであるから，執行債権は，その段階で消滅した。しかし，それは，実体法上の効果にとどまり，債務名義であるＸ勝訴の確定判決の執行力は，執行債権の消滅によって当然には影響を受けない。したがって，Ｘ勝訴の確定判決に基づく強制競売の実施は有効で，執行売却によるＹからＺへの所有権移転の効果（民執79）を否定することは，もはやできないのである。Ｙとしては，遅くともＸの強制競売が進行中に，Ｘを被告として弁済を理由とする請求異議の訴え（民執35 ⇨ **9-3**）を提起し，「その債務名義による強制執行は許さない」との判決を得て，債務名義の執行力を排除し，強制競売手続の開始後であればその停止・取消し（民執36・39Ⅰ①⑥⑦・40）によりＺの出現を防止しておくべきであった。それをしないで，Ｚが所有権を得てしまった以上，ＹとしてはＸに対する不当利得返還請求あるいはＸの不法行為による損害賠償の請求の手段に訴えるほかに手立てはない。

(2) 債務名義となる裁判

(a) **確定判決**（民執22①）・**仮執行宣言付判決**（民執22②）　判決が債務名義となるのは，(i) わが国の裁判所がした終局判決で，(ii) 強制的実現のできる特定の給付請求権を表示した給付判決に限られ，(iii) すでに確定したか，または，未確定ならば（その判決においてまたは上級審で）仮執行の宣言が付せられた判決である。(iv) 確認判決および形成判決は，一般に，その内容を実現するのに強制執行は要らないから，債務名義とはならない。例外として，給付請求権を形成する内容の判決では，「給付を命ずる判決と同一の効力を有する」とされるものがある（破180Ⅴ，会社858Ⅴ，会更102Ⅴなど）。

(b) **「抗告によらなければ不服を申し立てることができない裁判」**（民執22③）　抗告（通常抗告・即時抗告・執行抗告）によって不服申立てができる性質の決定・命令なら債務名義となる。不動産競売の売却保全処分等（民執55Ⅰ・68の2Ⅰ・77Ⅰ），不動産引渡命令（民執83Ⅰ），代替執行の費用前払決定や間接強制の強制金決定（民執171Ⅳ・172Ⅰ）などのほか，家庭裁判所の給付を命ずる審判（家事75）もこれに属する（⇨ (5)）。これらの裁判の多くは，告知によって直ちに効力を生じるが（民訴119，民執20），確定しなければ効力を生じないとされているもの（不動産引渡命令など）であれば，確定しなければ債務名義とならない（民執22③かっこ書）。

(c) **刑事事件に付随する仮執行宣言付損害賠償命令**（民執22③の2，犯罪被害保護32Ⅰ・Ⅱ）　また，損害賠償命令に対して適法な異議の申立てがないときは，損害賠償命令は確定判決と同一の効力を有するに至り（犯罪被害保護33Ⅴ），債務名義となる（民執22⑦）。

(d) **仮執行宣言付届出債権支払命令**（民執22③の3）　「消費者の財産的被害等の集団的な回復のための民事の裁判手続の特例に関する法律」に基づき，共通義務確認訴訟において事業者の共通義務が

確定すると，次の段階の簡易確定手続（消費者被害回復2⑦）において，個々の消費者から授権を受けた債権届出団体が損害賠償請求権等の届出をする（令和4年法律59号による改正後の消費者被害回復33・34）。相手方事業者の認否に対して債権届出団体がこれを争う旨の申出をした場合において，裁判所が，相手方事業者に対し届出債権の支払を命ずる簡易確定決定（届出債権支払命令）をし，仮執行宣言を付すと（改正後の消費者被害回復47Ⅰ・Ⅳ），この仮執行宣言付届出債権支払命令は債務名義となる。なお，届出債権支払命令は，適法な異議の申立てがないときは，確定判決と同一の効力を有し（改正後の消費者被害回復49Ⅵ），債務名義となる（民執22⑦）。また，届出債権の内容は，相手方事業者が全部認めた場合や，一部を認めたのに対して債権届出団体が争わない場合には，認否の内容により確定し，その旨の届出消費者表の記載が確定判決と同一の効力を有し，債務名義となる（改正後の消費者被害回復45Ⅴ・50Ⅱ，民執22⑦）。

(e) **確定した執行判決のある外国裁判所の判決**（民執22⑥）　外国裁判所の判決は，一定の要件のもとに日本において効力を認められるが（民訴118），その内容を国家権力により強制的に実現するためには，その効力が認められる要件の存在を日本の裁判所が審査して強制執行を許す旨を宣言する判決が必要とされる（民執24）。この執行判決が外国判決と合体して1つの債務名義となるのである。

(3) **執行証書**（民執22⑤）

(a) 執行証書は，執行力をもつ公正証書である。

執行証書は，最もよく利用される債務名義の1つであるが，他の債務名義に比べて，執行を受ける債務者の保護の必要に格段の差がある。(ⅰ) 他の債務名義の作成には，程度・方法に違いはあっても，それぞれに実体関係の審理を前提とした法的判断があり，その正当性の保障があるが，執行証書の作成に当たっては，それがない。執

行証書を作成する公証人は，当事者の陳述を所定の厳正な方式に従って証書に固定し公証，つまり公に証明をするだけで，記載される権利関係が本当かどうかを審査する権限も責任もないのである。(ii) 他の債務名義の多くは，当事者間の取引経過が先行し，そこに紛争が生じ，裁判上の手続が出てきて，そこで成立するものであるが，執行証書は，当事者間の契約の締結過程の一環として作成されるのが普通で，債務者は執行証書に表示される内容を必ずしもまだ十分精確に把握していない。執行証書の要件や効力等を考えるさいに，これらの特質に配慮する必要がある。

(b) **要 件**　執行証書として債務名義となるためには，(i) 公証人がその権限の範囲内で正規の方式により作成した証書で，(ii) 一定額の金銭の支払（または他の代替物・有価証券の一定数量の給付）を目的とする請求権を特定・表示し，(iii) 債務者が直ちに（訴訟その他の裁判上の手続を経ることなく）強制執行に服する旨の陳述（「**執行受諾（文言）**」）が記載されていなければならない（民執22⑤）。

(c)　実際上とくに問題となるところを取り上げておこう。

①　**証書の作成嘱託**　執行証書が要るのは専ら債権者のほうであり，債務者は仕方なく応じているわけなので，公証人に対する作成嘱託も，債務者本人が実質的に関与しないで，債務者のほうの代理人まで債権者による選任に任せたというような場合が多かった（現在では，貸金業法20条による規制がある）。

債権者または債務者の代理人が公証人に「私が本人です」といって公正証書の作成を嘱託し，証書に本人として署名した場合（いわゆる署名代理），執行証書の効力はどうか。

最高裁判例は，署名代理は公証人法の規定（公証人2・32・39）の適用をすり抜けようとするもので，債務名義として無効とする（最判昭和51・10・12民集30巻9号889頁，執保百選〈3版〉2①事件［本間靖

規〕，最判昭和56・3・24民集35巻2号254頁，執保百選〈3版〉2②事件〔本間靖規〕）。しかし，現に代理権のある代理人が公証人に作成を嘱託しているのに証書を無効とするのは，当事者に無用の負担を課する結果となるだけでなく，署名代理の法律行為を有効とする判例理論とも合わない。学説は，有効説に傾く。

②　金額の一定性　表示された請求権の金額（・数量）が「一定」でなければならない。

強制執行は執行正本に基づいて実施するので（民執25），債務名義となるためには，執行証書自体の記載から直接・容易に一定の金額が確知でき，その算定の仕方を争う余地を残さない程度の記載がなければならないのである。しかし，必ずしも金〇〇円と具体的な数字を挙げる必要はない。たとえば，利息請求権なら元本・利率・期間が明示されればよいが，「利息は元本弁済のさい協議のうえ支払う」といった記載ではダメである。一定の金額が表示されれば，その請求権が条件付でも，期限付でも，反対給付にかかるものでもよく，将来の請求権でもよい。

とくに争われるのは，保証人の事後求償権である。

ケース6　Ｙがオートローン契約に基づき自動車を購入するためＡ銀行から借入れをしたさい，Ｘは，Ｙから委託を受けてＹの連帯保証人となり，ＸとＹの間で，求償債務の弁済につき公正証書が作成された。公正証書には，(i) ＹのＡに対する債務は，元金230万円と利息金34万円の合計264万円であり，弁済方法は令和2年4月から24回にわたり毎月末日かぎり金11万円ずつの分割弁済とし，Ｘがこの債務を連帯保証したことにより求償債務の弁済につき本契約を締結した，(ii)「Ｙは，ＸがＡに対して連帯保証債務を履行したときは直ちに，ＸがＡに弁済した金額およびこれに対する弁済期日の翌日から完済まで年29.2％の割合による遅延損害金をＸに支払わなければならない」，(iii) Ｙは執行受諾の陳述をした，との記載がある。ＹがＡに対する債務につき分割弁済

を 3 回履行しただけで以後の分を履行せず，期限の利益を失い，X は，Y の A に対する残債務231万円と遅延損害金を代位弁済した。X は，Y に対する求償債権につきこの公正証書により強制執行をしたい。

（参考　大阪高決昭和60・8・30判タ569号84頁，執保百選〈3版〉3①事件［堀野出］，福岡高判平成2・4・26判時1394号90頁，執保百選〈3版〉3②事件［堀野出］）

　問題は，この公正証書の条項(ii)にある。連帯保証人 X が後に代位弁済をした額は，この公正証書自体の記載からは，出てこない。委託を受けた保証人の事前求償権（民460）としてなら「金額の一定性」ありといえるが，事後求償権（民459）は，実際に代位弁済があったときにその弁済金額に応じて発生するわけで，事前求償権と事後求償権とは成立要件も違うから権利として同一だと考えることもできない（最判昭和60・2・12民集39巻 1 号89頁参照）。下級審裁判例は，このような公正証書は事後求償権の債務名義にならないとするのが主流である（前記の大阪高決昭和60・8・30および福岡高判平成2・4・26参照）。しかし，批判が強い。

　執行証書の要件としてなぜ「金額の一定性」が要求されるのか。それは，公正証書が第一次的には法律行為の公証を主眼とし，判決主文にあたるような表示を有しないところから，将来の成行きに従いその証書により迅速に執行されることになる債務者の不利益限度の明確な限定を要求したものであり，債務者もそれを証書上に認識して執行受諾をしているのである。強制執行は，執行正本に基づいて実施されるので（民執25），強制執行にさいし執行されるべき請求権（執行債権）の範囲は，執行証書の記載からだけでなくとも執行文の記載を併せて明瞭に確定できるならば，それで足りる。求償の最大限が一定額をもって明示されているかぎり，保証人に代位弁済

の事実を執行文付与のさい証明させることによって執行文の債務名義補充機能を働かせることができ（民執27Ⅰ～Ⅲの類推 ⇨ **2-5**(1)(a)②），債務名義性を認めるのに支障はない。消費者信用取引における実際上の必要も大きい。最高裁判例の出現が待たれる。

　一見よく似ているが，当座貸越契約・根抵当権設定金銭消費貸借契約など，一定の限度額を定めてなされる与信契約につき作成される公正証書は，債務名義とならない（通説・判例）。ここでは，一定の限度額といっても，金を貸すことを約束した限度額を示すだけで，執行債権となるべき請求権の特定がないからである。

　③　**執行受諾**　国家の公証機関に対する陳述であり執行法上の効果を生ずるのであるから，執行受諾は，訴訟行為である（通説・判例）。その要件・効力は，同じ執行証書に記載されている私法上の法律行為の要件・効力とは別個に判断しなければならない。しかし，訴訟手続の一環として手続連鎖のなかで行われる訴訟行為とは違って，私人が任意に訴訟外で行う意思表示であるから，その意思表示について錯誤等があった場合に民法の意思表示に関する規定を適用することを妨げない（最判昭和44・9・18民集23巻9号1675頁など。表見代理に関する民法規定の適用については，消極の最判が続き，多数学説の批判がある）。

　(d)　**効　力**　執行証書の要件（⇨ (b)）を具えた公正証書が適式に成立すれば，執行力を生ずる。執行証書に記載された消費貸借・売買等の私法上の法律行為が不成立あるいは無効であっても，執行力の発生を妨げることはなく，債務者としては，そのような法律行為の不成立・無効を理由として請求異議の訴え（民執35）を提起しないと強制執行は防げない。

　(4)　**確定判決と同一の効力を有する文書**（民執22⑦）──**和解調書・調停調書など**

　民事訴訟法その他の法律が明文をもって「確定判決と同一の効力

を有する」と定めている文書（規定の表現が「裁判上の和解と同一の効力を有する」となっているものも同じ。民訴267参照）で，強制的実現のできる特定の給付請求権を表示するものは，債務名義となる（民執22⑦）。和解調書（民訴267・275），和解に代わる決定（民訴275の2），調停調書（民調16・24の3Ⅱ），調停に代わる決定・審判（民調17・18Ⅲ，家事284～287），請求認諾調書（民訴267），労働審判書・労働審判調書（労審20・21Ⅳ），破産債権者表・再生債権者表・更生債権者表・更生担保権者表の記載（破221Ⅰ，民再104Ⅲ，会更150Ⅲ），損害賠償請求権の査定の裁判（会社545Ⅰ・899Ⅴ，民再143Ⅰ・147，会更103）など。

　和解調書や調停調書などは当事者の合意を内容としており，当事者の合意には，意思表示の錯誤・詐欺・強迫による取消しなどの事由がくっついている場合もあろうが，特定の給付請求権を表示した調書が債務名義として適式に成立していれば，執行力は生ずる。その執行力を排除するためには，債務者の方から請求異議の訴え（民執35Ⅰ後段）を提起して執行力の排除を求めなければならない（⇨ **9 - 3**(1)(b)）。

(5)　その他の債務名義

　(a)　**支払督促など**　　以上にみた(1)～(4)の債務名義のほかに，民事執行法22条が列挙する法定の債務名義に含まれるものとして，仮執行宣言付支払督促（民執22④，民訴386・387・391），裁判所書記官の手続費用額確定処分（民執22④の2・42Ⅳ～Ⅷ，民訴71・72），確定した執行決定のある仲裁判断（民執22⑥の2）がある。

　支払督促は，金銭（その他の代替物・有価証券）の給付請求権に限られるが，消費者金融等による比較的少額の債権回収に利用度の高い債務名義であり，年間の利用件数では判決に次ぐ。(ⅰ) 裁判所書記官が支払督促を発し，債務者がその送達を受けた日から2週間以

内に督促異議（民訴390）を申し立てない場合には，債権者の申立てにより支払督促に仮執行宣言が付され，この仮執行宣言付支払督促が債務名義になる（民執22④）。(ii) 債務者が仮執行宣言付支払督促の送達を受けてから2週間以内に督促異議（民訴393）を申し立てない場合，または申し立てた督促異議を却下した決定が確定した場合には，支払督促は，確定判決と同一の効力を有する文書としての債務名義（民訴396，民執22⑦）となる。

(b) 「執行力のある債務名義と同一の効力を有する」文書　　民事執行法22条の規定とは別に，あちこちの法律のなかで，ある文書が「執行力のある債務名義と同一の効力を有する」と規定されている文書がある。民事訴訟等の手続における国庫の予納費用・猶予費用の取立てについての裁判所の決定（民訴費15〜17），罰金・過料等を科する裁判についての検察官・裁判官等の執行命令（刑訴490 I，民訴189 I，民調36 I，家事291），特許無効審判等に関する費用額確定決定（特許法170）などが，それである。この種の債務名義には，単純な執行文を必要としないものが多く（⇨ **2 - 5** (1)(b)），明文で強制執行開始前の送達を不要とするものが多い。

(6) **債務名義をめぐる問題**

(a) **債務名義の騙取**　　債務名義のなかには，わりと簡単に手に入るものがあり（仮執行宣言付支払督促・執行証書など），債務名義を騙取して不当な利益を得ようとする事例も出てくる。次のケースを考えてみよう。

ケース7　Aは，Bと通謀して，Cに対する200万円の貸金債権の債務名義を騙取しようと企て，この貸金債権について支払督促の申立てをし，支払督促の送達後に仮執行宣言の申立てをした。それらの申立てには，Cの住所を「B方C」とウソの記載をしたので，Cに対する仮執行宣言付支払督促の正本等はB方に送達され，Bが受領した。そこで，A

は，この仮執行宣言付支払督促を債務名義として C 所有の土地に対する強制競売の申立てをし，強制競売開始決定も B 方 C に送達されて競売手続が進行する。Y を買受人とする売却許可決定がなされ，Y が代金を支払い，Y への所有権移転登記がされた。ところが，この支払督促が発せられるよりも前に，この土地は，C が X に売却し，C から X への所有権移転登記がされないままになっていたもので，C も X も，A の申し立てた強制競売のことは全く知らず，なんの異議申立て等もしなかったのである。X は，Y を被告として訴えを提起し，この土地の所有権確認と Y への所有権移転登記の抹消登記手続および家屋収去土地明渡しを求めた。

（参考　最判昭和43・2・27民集22巻2号316頁，執保百選〈3版〉8事件［岡田幸宏］）

　執行力のある債務名義の正本（執行正本）に基づいて実施された強制執行は，たとえ債務名義に記載された執行債権が存在しなくても，有効である（⇨(1)(d)）。しかし，債務名義とされた文書がその要件を欠くときは執行力がなく，それに基づいて強制執行をすることができないはずである（手続上無効）。それなら，有効な債務名義なしになされた執行行為は，無効となるのか。

　債務名義の資格証券的機能として，適式な執行正本に基づいてなされた執行行為は有効であるとの立場に立つ限り，執行換価により買受人は有効に目的物の所有権を取得するという結論になりそうだ。しかし，ケース7 のような場合にこの一般論を押し通すと，非常に落ち着きがよくない。C や X にとって，あまりにも気の毒な結果となるからである。

　最高裁は，ケース7 と同様の事案について，このような場合は「債務名義が無効な強制執行」というより「債務名義がない強制執行」なのだとする立場をとっている（前記最判昭和43・2・27）。「C に対する債務名義があり，適式な執行正本に基づく強制執行がされ

た結果なのだ」と言い張っても，それは形の上だけのことであって，C自身は自分に対する債務名義成立の事実をこれっぽちも知りえない事情にあり，AやBがやってることに対して防御の訴訟行為をする機会を完全に奪われている。そんなCに対する関係では，本件の強制執行は「債務名義がなくしてされたものというべきであるから，その強制競売手続は同人に対する関係では効力を生ぜず，競落人〔＝買受人〕は同人に対してその所有権の取得を主張しえない」と判示したのである。この判旨は，まもなく，債務者を代理する権限のない者が債務者の委任状を偽造して公証人に公正証書の作成を嘱託し，執行受諾の意思表示をしたケースに受け継がれ，全く同じ理由構成のもとに，このような公正証書に基づく強制競売における買受人は債務者に対して所有権の取得を主張できないとしている（最判昭和50・7・25民集29巻6号1170頁）。

　学説も，それぞれの理由付けに多様な展開をみせているものの，最高裁判例を是認する方向で一致している。

　(b)　**債務名義の重複**　　すでに執行証書をもっている債権者が給付の訴えを提起して勝訴の確定判決を得た。そんな場合には，同一の執行債権について複数の債務名義が別個に成立する。新名義の成立によって旧名義が当然に失効する理由はなく，かえって旧名義によりすでにされた執行行為の効力を維持する必要もあるのだ。

　(c)　**債務名義の解釈**　　債務名義（あるいは執行文を併せて）の記載が，実施される強制執行の唯一の規準となる。しかし，規準となる債務名義自体の記載内容が争われることも少なくない。

　執行機関は，執行にさいして，その債務名義に基づきどのような種類・内容・範囲の強制執行がされるべきかを解釈し判定する権限と職責をもつ。債務名義が当事者の合意を基礎とする場合（執行証書・和解調書・調停証書）であっても，債務名義の解釈は，当事者の

合意の解釈と区別しなければならない。債務名義の性質上，その解釈の資料は債務名義なり執行正本に限られるのであり，その全体の統一的理解が必要である。執行機関のした解釈の誤りに対しては，執行当事者は，なされた執行処分に従い，執行抗告または執行異議を申し立てることができる（民執10・11）。

解釈によって債務名義の記載内容を明確にできない場合には，その債務名義は執行力を欠き，これによる執行申立ては却下されてしまう。債権者としては，新たな債務名義を得る必要があり，そのために給付の訴えを提起する利益がある（最判昭和42・11・30民集21巻9号2528頁）。

2-5 執 行 文

(1) なんのために執行文が要るのか

(a) 強制執行は，執行文の付された債務名義の正本＝執行正本に基づいて実施する（民執25 I 本文）。

債権者がすでに債務名義をもっているのに，まだそのうえに裁判所書記官（執行証書の場合は公証人）により執行文を債務名義に付けてもらわないと強制執行はできない。いったい，どういうわけか。

① その理由は，債務名義の作成機関と執行機関との分離にある。

債務名義が判決であっても，その判決は確定あるいは仮執行宣言が付いているか，上級審で取り消されたり，再審で取り消されたりしていないか，債務名義に表示された当事者に執行力が及ぶかなどが問題となる。このような強制執行の要件に関わる事項を執行機関に審査せよといっても，執行機関の手元には審査のための資料がなく，資料を取り寄せなければならないのでは迅速に執行を実施することができない。とくに執行機関が執行官であるような場合には，

債務名義の事件番号	平成 令和　年（　　）第　　　　号

執　行　文

　債権者は，債務者に対し，この債務名義により強制執行をすることができる。

　　令和　　年　　月　　日
　　　　○○地方裁判所民事第　　部
　　　　　裁判所書記官

債　権　者 （ （ 	
債　務　者 （ （ 	

債務名義に係る請求権の一部について強制執行をすることができる範囲

付　与　の　事　由

ア　証明すべき事実の到来を証する文書を提出 イ　承継などの事実が明白（民事執行規則17条2項） ウ　承継などを証する文書を提出 エ　特別の事情等を証する文書を提出 オ　付与を命ずる判決 　　（該当する符号を右の欄に記載する。）	
再　度　付　与	

注）　該当する事項がない場合には，斜線を引く。

困難がある。そこで，債務名義の執行力の存在や範囲を，執行機関の判定に委ねず，債務名義の作成に関する資料の所在に近い裁判所書記官・公証人に審査させ，その結果を執行文に表示して執行機関に伝達できるようにしたのである。

② 債務名義には執行文を付けるのだということになれば，執行文のもつ機能を，既存の資料を利用するだけの狭い枠内に封じ込む必要はない。強制執行は，執行文の付された債務名義の正本に基づいて実施するので，執行文は，過去の一定時点で形成された債務名義を前提としながら，その後の実体状態の変化や必要に応じて，債務名義の記載をこれに付せられる執行文の記載によって内容的に追加・訂正・補充し，債務名義自体の作用を拡大する機能（＝債務名義補充機能）をもつことができる。それが，後述（⇨ (2)(b)）の特殊執行文である。

(b) 原則として，債務名義はすべて執行文を必要とする。

しかし，(i) 迅速・簡易な執行実施のための例外として，少額訴訟の確定判決・仮執行宣言付判決および仮執行宣言付支払督促は，表示された当事者の承継・交替がある場合を除き，執行文は必要でない。(ii) 法文上「執行力のある債務名義と同一の効力を有する」とされる文書は，当然に執行文が不要というわけではないが，文書自体のなかに司法機関による執行力の公証を含むもの（金銭支払等を命ずる審判〔家事75〕，罰金・過料等を科する裁判の執行命令〔刑訴490 I，民訴189 I，民調36 I，家事291〕など）は，執行文を要しない。

(c) 執行文の付与は，執行証書以外の債務名義については事件の記録の存する裁判所（事件が完結したときは第1審裁判所。民訴規185・186・205参照）の裁判所書記官が，また執行証書についてはその原本を保有する公証人が，担当する（民執26 I）。執行文を付与するための審査資料に最も近いからである。

⑵ 執行文の種類

執行文には，単純執行文と特殊執行文がある。

⒜ **単純執行文**　債務名義の内容そのままの執行力を公証する執行文である。

⒝ **特殊執行文**　3種がある。

① **補充（条件成就）執行文**　和解調書に，「Y は X から移転料として金〇〇円の支払を受けたときは，その時から〇日以内に本件建物を X に明け渡さなければならない」とある。そのような，債務名義の記載上，「請求が債権者の証明すべき事実の到来に係る場合」に，その事実が到来したことを公証する執行文である（民執27 Ⅰ）。

「債権者の証明すべき事実」とは，その請求権を訴訟物とする訴訟なら債権者が証明責任を負担することになる事実である。債務名義上，債務者の給付義務の履行が将来の一定の事実の到来に係る場合であり，多くは停止条件だが，それに限らず，債権者の先給付・催告・解除などのほか，債務者に対する他の債権者の強制執行・保全執行の開始や不確定期限の到来をも含む。その事実の内容は，債務名義自体で具体的に特定して表示されている必要がある。

② **承継執行文**　「債務名義に表示された当事者以外の者を債権者又は債務者とする執行文」である（民執27Ⅱ）。

債務名義である判決には「原告 X」「被告 Y」と表示されているのに，その後に死亡した X の相続人 X′ が Y に対して強制執行をする。そのような，債務名義の執行力が債務名義に表示された当事者以外の者に及ぶ場合（⇨ **2 - 2**⑶）に，その者を債権者または債務者としてその債務名義により強制執行ができる旨を執行文によって公証する。債務名義に表示された当事者ではないのに債務名義の執行力が及ぶ者としては，他にもいろいろあるが（民執23 Ⅰ ② ③・

Ⅱ・Ⅲ ⇨ **2 - 2**(2)(b)），実際に出てくる例は債務名義に表示された当事者からその法的地位を承継した者がほとんどであるので，まとめて「承継執行文」というのである。

承継執行文の付与には，承継人とされる者につき債務名義の執行力が及ぶことが執行文付与機関（裁判所書記官・公証人）に明白であるか，またはそれを証する文書を債権者が提出したことを必要とする（民執27Ⅱ）。

承継執行文の類推による**転換執行文**もありうる。承継執行文を介して，債務名義には表示されていない請求権についても強制執行ができるのなら，同一の当事者間において債務名義表示の請求権が転換した場合（建物収去土地明渡しの債務名義が成立した後に債務者が建物買取請求権を行使した場合，侵害行為差止めの債務名義が成立した後の侵害態様の変更など）には，その転換後の請求権についての執行文＝転換執行文を認めてよい（⇨ **9 - 3**(3)(b)②）。

③ **債務者不特定執行文**　承継執行文の付与には，承継人等をだれと特定しなければならないが，それだと明け渡すべき不動産の占有者を次々に入れ替えるような方法で執行妨害をされかねない。そこで，執行債務者となる承継人等を特定しないままで執行時の占有者に対する明渡執行ができる旨の執行文（債務者不特定執行文）の付与が認められている（民執27Ⅲ）。この執行文の付された債務名義の正本に基づく強制執行がされたときは，そのさいに，強制執行によって不動産の占有を解かれた者が執行債務者となるのである（民執27Ⅴ）。

要件は，かなり厳格で，不動産明渡執行をする前に不動産占有者を特定することを困難とする「特別の事情」がある（民執27Ⅲ柱書）だけでなく，すでに占有移転禁止仮処分（民保25の2）の執行や競売手続上の保全処分・公示保全処分（民執55Ⅰ③・77Ⅰ③など）の執

行がされていて，その当事者恒定効（民保62 I，民執83の2 ⇨ **12 - 1**(3)，**4 - 5**(4)(a)②）により不動産明渡執行の債務名義の執行力が後に執行する時の占有者に及ぶような場合に限られ（民執27Ⅲ①・②），債権者は，これらを証する文書を提出しなければならない。

(3) 執行文付与の要件

執行文を付与するには，一般に，(i) 債務名義となりうる性質の文書が存在し（たとえば，判決ならば言渡しにより成立し確定または仮執行宣言が付せられていること），(ii) 強制執行のできる請求権が表示され，(iii) 債務名義の執行力がすでに発生し存続していること，(iv) 執行文付与の申立人のために，またはその相手方に対して，債務名義の執行力が及ぶことが，必要である。執行債権の実体的存否をとわない。また，執行文の付与は強制執行に属しないので，債務名義につき執行停止決定が出ていても，執行文の付与はできる。

特殊執行文付与の特別要件については ⇨ (2)(b)。

債権者としては，債務者のもつ種々の財産に対して同時に執行しようとすれば数通の執行正本が要る。債務者が二重取りの不当執行を受ける危険もあるので，執行文の重複付与ができるのは，債権の完全な弁済を得るために数通の執行正本が必要である場合，または執行正本が滅失した場合に限られる（民執28，民執規16 I ③・Ⅲ）。

(4) 執行文付与の手続

(a) 債務名義上の債権者，交替債権者（民執23 I ②）またはそれらの承継人（民執23 I ③。執行証書による強制執行につき，民執23Ⅱ）は，執行文の付与を申し立てることができる（申立書の記載事項・添付書類につき，民執規16・17）。

付与申立てを受けた裁判所書記官（債務名義が執行証書なら公証人）は，独立に自己の責任で，執行文付与の諸要件を調査する。いずれも，職権調査事項であるが，その債務名義に係る事件記録およ

び申立人提出の資料から明らかになる事実および顕著な事実（民訴179）を考慮して判断すれば足り，それ以上の職権探知は必要でない。特殊執行文付与の特別要件（条件成就・承継など）については，債権者の提出した文書により証明されることが必要で（民執27），その文書は公文書・私文書をとわず，債権者自身の作成した文書でもよいが，文書以外の証拠方法によることはできず，文書による証明ができないときは執行文付与の訴え（民執33 ⇨ **9 - 4**(2)）によるほかない。

　(b)　裁判所書記官・公証人は，その調査結果に基づき，執行文を付与しまたは付与申立てを却下する。執行文は，所定の文言および事項を債務名義の正本に付記する方法で付与する（民執26Ⅱ，民執規17Ⅰ～Ⅲ ⇨〔**M5**〕）。

　執行文の付与を申し立てたが却下された場合には，申し立てた債権者のために，また，執行文の付与があった場合には，その要件の不備を主張する債務者のために，それぞれ，異議および訴訟による救済が認められる（⇨ **9 - 4**）。

2 - 6　強制執行の手続

⑴　執行手続の職権進行——厳格性と経済性

　強制執行の開始は，すべて債権者の執行申立てによる（民執2）。
　いったん開始された執行の手続は，その後，執行機関の職権により，法律に定められた手続段階を踏んで進行し，完結に至る。
　法定手続の厳正な実施が強制執行の迅速と効率を確保するために必須とされる。しかし，強制執行の迅速・厳正な実施を行うと執行債権の完全な満足に至りえないような場合には，強制執行の目的と経済性を考慮して，執行機関がその裁量によって執行実施のあり方

に多少の修正・補充を加えることも許されようし（民執167の15・168の2など参照），現実の世界に直結する強制執行としては，現行制度の基礎となっている債権者・債務者・一般社会の間の利益調整を不当に動かすことがない限り，状況の変化に応じた適切な対応はつねに必要といえる。

(2) **執行開始要件・執行障害**

(a) 強制執行の一般要件のほかに，執行手続実施のための特別要件として「執行開始要件」がある。

執行開始処分（差押えなど）の要件ではなく，執行手続についての要件であり，執行機関が職権で調査し，執行開始要件が揃わないと補正させ，補正がなければ執行申立てを却下する。

執行開始要件には，2種がある。

① 執行に対する防御のチャンスを債務者に与えるための事項として，債務名義の事前送達（民執29前段）および特殊執行文・証明書の事前送達（民執29後段）がある。

② 強制執行の実体的要件（⇨ **2 - 1**(2)(a)）の一部を執行機関に判定させる事項として，(i)債務名義上，給付が確定期限の到来にかかる場合には，期限の到来（民執30 I），(ii)担保を立てることを強制執行の実施の要件とする債務名義の場合には，担保を立てたことを証する文書を債権者が提出したこと（民執30 II），(iii)「乙は甲に対し，甲から別紙目録記載の物件の引渡しを受けるのと引換えに，金○○万円を支払え」というような引換給付の債務名義の場合には，債権者（甲）が反対給付の履行または提供をしたことを証明したこと（民執31 I），(iv)「乙は甲に対し，別紙目録記載の物件を引き渡せ。その執行が目的を達しないときは，これに代えて金○○万円を支払え」というような代償請求の債務名義の場合には，本来的給付についての強制執行の不奏功を証明したこと（民執31 II）などがある。

(b) 執行開始要件の判定を誤って開始された執行手続は，違法であり，とくに，立担保の証明および反対給付（の提供）の証明なしにされた執行行為は無効である。しかし，その他の執行開始要件のどれかを欠いても，なされた執行行為は，執行抗告・執行異議等によって取り消されるまでは有効であり，その間に補正（責問権の放棄・喪失〔民執20，民訴90〕を含めて）があれば，瑕疵の治癒を認めてよい。

(c) 消極的な執行開始要件として，「**執行障害**」と呼ばれるものがある。執行障害が存在するときは，執行手続を開始または続行できない。(i) 執行障害のほとんどは，倒産手続に関する（破42 I Ⅱ・249 I Ⅱ，民再39 I，会更50 I，会社515 I）。そこでは，同じ財産が多数債権者の共通の満足に供されなければならないので，個別債権者の満足のためだけの強制執行の実施を容認できないのである。(ii) 執行障害は，執行手続の開始に先立って調査する必要はなく，公告や提出された文書により執行機関が執行障害の存在を知ったときに対応すれば足りる。

(3) **強制執行の開始**

執行開始の時点が，各個の執行処分や執行救済申立ての適否を決するにつきしばしば問題となる。強制執行は，債権者の執行申立てに基づいて開始されるが，その執行の開始時点は，申立時点ではなく，一般に，執行機関が強制執行の実施としての最初の行為（金銭執行では差押え）をした時点である。

(4) **強制執行の停止・取消し**

(a) 強制執行が開始されても，執行手続がつねにスムーズに終点まで突っ走るわけではなく，執行機関が法律上の事由により強制執行を開始せずあるいは続行できない場合がある（強制執行の停止）。この停止には，これっきりで執行をやめてしまう場合（終局的停止）

と，将来また執行手続を続行する可能性を残している場合（一時停止）がある。終局的停止ならば，執行機関は強制執行をストップするだけでなく，執行手続のなかで，それまでにした執行処分を除去しなければならない。執行処分の取消しを伴うので，終局的停止を執行の取消しともいう。

(b) 強制執行の停止・取消しの要件も，「形式化」（⇨ **2 - 1** (2)(a)）されており，停止・取消しは，「反対名義」の提出に係る。強制執行は，債務者（または第三者）が法定の文書＝「執行取消文書」・「執行停止文書」を執行機関に提出して停止を申し立てた場合でないとストップしないのである（民執39・40）。

執行取消文書は，民事執行法39条1項1号〜6号に列挙されており，**執行停止文書**は，同項7号・8号に列挙されている。実際上多くみられるものにコメントしておこう。

① **債務名義取消し・執行不許の裁判の正本**（民執39 I ①）　仮執行宣言なり仮執行宣言付判決の取消し（民訴260），あるいは，執行関係訴訟における「……の強制執行は許さない」との判決（民執34・35・38）があった場合などが，その例であり，これら取消し・執行不許の裁判（広義の執行力がある）の正本が，執行取消文書となる。

② **強制執行を免れるための担保を立てたことを証する文書**（民執39 I ⑤）　債務名義である判決に仮執行免脱宣言（民訴259 III）が付された場合であり，担保の提供を供託の方法でしたときは供託証明書（供託規則49），支払保証委託契約を締結する方法でしたときは銀行等の契約締結証明文書（民訴76，民訴規29）などが，執行取消文書となる。

③ **強制執行の一時の停止を命ずる旨を記載した裁判の正本**（民執39 I ⑦）　上訴・請求異議の訴え・第三者異議の訴え・執行抗告・執行異議などの提起に伴う，強制執行の一時停止命令（民訴403

Ⅰ，民執10Ⅵ・11Ⅱ・32Ⅱ・36Ⅰ Ⅲ・37Ⅰ・38Ⅳなど）であり，その正本は，実務上，最も頻用される執行停止文書である。

④ **弁済受領文書・弁済猶予文書**（民執39Ⅰ⑧）　債権者が，債務名義の成立後に，執行債権の弁済を受けまたは弁済の猶予を承諾した旨を記載した文書であり，執行停止文書となる。

債権者の弁済受領や猶予承諾は，本来，請求異議の訴えの事由であるが，まだその起訴に至らない間に強制執行が開始してしまった場合に，それらを記載した文書を提出すれば一時的な執行阻止が得られる。ここにいう弁済には，代物弁済のほか免除・相殺・弁済供託等を含む。債権者の弁済受領・猶予承諾を記載した文書は，私文書でよい（民執183Ⅰ③との差異）。

弁済受領文書には停止の期間制限があり，弁済猶予文書には停止の期間制限と回数制限がある。(i) 弁済受領文書が提出されれば，執行機関は，4週間を限度として執行手続を停止する（民執39Ⅱ）。その期間内に債務者が他の執行停止文書を提出しないと，執行機関は執行手続を続行しなければならない。執行手続は，債務者が請求異議の訴えを提起して強制執行の一部停止命令を得るなど，他の執行停止文書を手に入れるために必要な期間として，4週間だけ停止されるのである。(ii) 弁済猶予文書が提出されれば，執行機関は，2回に限り，しかも通算して6か月以内に限って，執行手続を停止する（民執39Ⅲ）。いったん開始された執行手続は職権で迅速に執行すべきであり，長期間に亘って当事者がルーズな猶予を繰り返し執行手続を遷延させることを許さない趣旨である。

(c) **執行停止の方法**　強制執行を停止する権限を有するのは，執行取消・執行停止文書を作成した機関ではなく，その強制執行を実施中または実施すべき執行機関であり，執行取消・執行停止文書を提出すれば執行機関が執行停止の措置をとる。措置の具体的内容

は，文書なり強制執行の種類や手続の進行段階等によって異なるが，執行処分を実施しないという消極的行為にとどまらず，なんらかの積極的行為（執行申立ての却下，執行停止の宣言，期日指定の取消し，配当額の供託など）を必要とすることが多い。

　強制執行が開始される前に債務者が執行停止文書を提出したときは，どうなるか。実例もあるので，ここで考えておこう。

　債権者は仮執行宣言付給付判決を得て執行文の付与を受けたが，まだ執行申立てをしないでいる間に，債務者が控訴するとともに強制執行停止決定（民訴403Ⅰ③）を得て執行裁判所に提出し，その後に債権者が債権差押命令の申立てをして，差押命令が発せられ，第三債務者にも送達されてしまったという場合，差押命令に違法はない（大阪高決昭和60・2・18判タ554号200頁，執保百選〈3版〉19事件［菅野昌彦］，東京高決平成20・10・1判タ1288号293頁）。強制執行は，債権者の執行申立てに基づき執行機関が最初の執行行為（差押え）をしたときに開始されるのであって（⇨(3)），それ以前には，執行手続がまだ開始されていないのであるから，事件を担当する執行機関もまだ決まらず，執行停止文書を事件書類として受理することはできない。執行停止文書を裁判所が事実上受け取ってしまい，その後に債権者が執行申立てをした場合でも，執行裁判所は，執行申立てより前に提出された執行停止命令を考慮する必要は理論上は存在しないのであり，その後に発せられた差押命令を違法とする理由はない。債権者が執行停止決定があったことを知りながら債権差押命令・転付命令を受けたというような場合に不法行為による損害賠償の責任を負うかどうかは，別論である。

　(d)　執行処分の取消し　　執行取消文書が提出されたときは，執行停止だけでなく，さらに，すでにした執行処分の取消しをしなければならない（民執40Ⅰ）。取り消された執行処分は，終局的にその

効力を失うが，その執行処分によってすでに生じた実体上の効果は，消滅しない。たとえば，不動産の売却許可決定が確定し買受人が代金を納付して所有権を取得（民執79）すれば，その後に執行取消文書が提出されても，買受人は所有権を失わない。

(5)　強制執行の終了

特定の債務名義からみて，その債務名義に基づく全体としての強制執行の終了をいう場合と，強制執行の申立てによって開始された各個の執行手続の終了をいう場合がある。たとえば，請求異議の訴えが執行終了後はできないといわれるのは，前者の意味であり，第三者異議の訴えや執行異議・執行抗告が執行終了後はできないといわれるのは，後者の意味である。

全体としての強制執行は，債権者が強制執行によって執行債権および執行費用の完全な満足を得たときに終了する。

各個の執行手続は，開始された手続の最終段階にあたる行為が完結したときに終了するほか，債権者が執行申立てを取り下げたときあるいはその他の事由による執行手続の取消し（民執53・63Ⅱ・104Ⅱ・129Ⅱ・130）があったときなどに終了する。

(6)　消滅時効の完成猶予・更新

従来，「差押え」が時効の中断事由とされていた（旧民147②）が，平成29年債権法改正により次のように定められた（民148Ⅰ①・Ⅱ）。強制執行が開始されると，執行申立ての時に遡って，執行債権につき消滅時効の完成猶予の効力が生じる。申立ての取下げまたは法律の規定に従わないことによる取消しの場合を除き，強制執行の手続の終了の時に時効が更新され，新たに時効期間の進行が始まる。上記の取下げ・取消しの場合には，その終了の時から6か月を経過するまで，時効の完成が猶予される。

3 担保執行の組立て

　債権回収をしようとする債権者が群がるなかで，債務が任意に履行されない場合に備えて担保をとっていた債権者は，担保権を実行して，その順位に応じた優先弁済を受けることができる。「担保権の実行としての競売等」が担保執行である。

　基本法典である民事執行法は，強制執行について詳細な多数の規定をおき，それを担保執行に準用するという構成をとっているので，実際の事件数でも強制執行が主で担保執行は従と受け取られかねないが，現実はそうでない。不動産執行では担保執行が多数であって強制執行は少なく，債権執行では強制執行がほとんどを占め，担保執行はほとんどない。以下の記述は，不動産担保執行を中心とする。

3-1 担保執行の基礎

(1) 担保執行の方法
　民事執行法上の担保執行は，抵当権・質権・先取特権の実行であり，それらの担保財産を強制的に換価し，その換価金によって被担保債権に満足を与える法定の手続である。

　満足を与える基本的な方式としては，強制執行と同じく，(ⅰ) 担保財産を売却し，その換価金によって担保権者に優先弁済を与えるもの（売却型）と，担保財産を管理し，その収益金から担保権者に優先弁済を与えるもの（管理型）がある。(ⅱ) 国家の執行権により私人の財産を差し押さえて換価し，債権者に満足を得させるという基

本構造も，強制執行と異なるものでなく，手続上の規整もほぼ共通する。

(2) 担保権と換価権

（a）　もともと，債権自体には，債務者の責任財産に属する個別財産のどれとも直接の関係がない。強制執行により債務者の責任財産に属する物や権利のどれかを差し押さえたときに，執行債権と特定の財産との結びつきが初めてできる。執行債権と特定財産を結びつけるのは，債務名義の執行力にほかならない。しかし，担保権では，最初から，その担保権に媒介されて，被担保債権と担保目的である財産が，「この債権はどの財産によって担保されている」というかたちで結び付いている。債権と担保権を結び付けているのは，担保権設定契約あるいは担保権を発生させる法定の原因である。担保目的である財産を換価し，その換価金によって被担保債権の優先弁済を受けうる権利を，実体法が担保権に認めているのであり，実体法の定めた「**担保権に内在する換価権**」が，担保執行の基礎となる。

（b）　担保執行も，それを受ける者の実体的な生活圏に踏み込んで法益を侵害する実質をもつ。執行を実施する国家としても，それを正当化する実体的な根拠となる担保権の存在をあらかじめ認識することなしに執行を実施できない。しかし，担保権の存在の認識のために，どれだけの手続保障を具えた権利判定手続を先行させるかは，立法上の問題である。

　民事執行法による担保執行には，債務名義も執行文も要らない。債務名義も執行文もなしに行われる担保執行の手続に，強制執行に関する手続規定の多くが準用され，強制執行と同様の手続が行われる。そのような手続で，債務名義や執行文を要求する強制執行と同様の結果を導くことがどうしてできるのか。

　それができるために，民事執行法は，3つの方策を採った。それ

は，第1に，担保執行の開始は，担保権の存在を証する法定の文書等の提出があったときに限ることとしたこと（⇨**3**-**2**(3)），第2に，担保執行を開始する処分（差押え）に対して直接に担保権の不存在・消滅を理由とする実体異議・実体抗告を認めたこと（⇨**9**-**2**(4)），そして第3に，換価による担保財産の取得は担保権の不存在・消滅により妨げられないとする公信的効果を定めたこと（⇨**3**-**4**），である。

(c) 「担保権の実行としての競売等」＝担保執行において実行される，その担保権を「実行担保権」とよぶ。担保執行だけでなく，強制執行でも，目的不動産上の担保権は担保権者自身の申立てなしにも売却代金からの配当に与ることになるが（民執87Ⅰ④・188），担保執行において，自ら競売等を申し立てて自分の担保権を実行している担保権者の担保権を，**実行担保権**というのである。

(3) **執行当事者・執行機関**

(a) 担保執行も，現行の民事執行法では，強制執行と同じく2当事者対立の構造をもつ。

競売等により実行される担保権について担保権者の地位を手続上有する者が担保執行の執行債権者であり，目的財産の所有者（目的財産が債権等であれば，その権利者。以下も同じ）の地位を手続上有する者が担保執行の執行債務者である。

民事執行法は，強制執行の諸規定を担保執行に準用しているので，条文上の「債権者」「債務者」の表現は，やや分かり難い。

① 担保執行の「債務者」は，(i) 執行手続上，担保権の目的財産が被担保債権の債務者のものとされるときには，その債務者を指し，したがって，強制執行規定の「債務者」を「所有者」と読み替えるのが原則であるが，(ii) 執行手続上，担保権の目的財産が被担保債権の債務者以外の者のものとされる財産に対する担保執行の手

続では，その者（物上保証人である所有者，債権その他の財産権については権利者）を指す。しかし，(iii)個別規定の準用につき，「債務者」を解釈上「債務者及び所有者」とよみかえるのを相当とする場合もある（民執45Ⅱ・57Ⅱ・85Ⅲ Ⅳはその例）。

② 民事執行法規に「債務者又は所有者」とあるとき（民執182・191）は，①(i)(ii)の区別に従う。

③ 民事執行法規が「債務者及び所有者」というとき（同旨規定として民執規170Ⅰ①・171）は，①(ii)の場合につき物上保証人のほか被担保債権の債務者がこれに加わる。

④ 民事執行法規が担保執行の「相手方」というとき（民執181Ⅳ，民執規174Ⅳ）も，（各個の規定の実際の運用は別として）①の区別に従う趣旨と解される。

(b) 担保執行の当事者は，各個の事件における執行申立書の記載によって確定する。担保執行の手続開始後に，執行債権者が担保権を譲渡した場合には，譲受人が承継を証する文書を執行機関に提出して自ら執行を追行できる（民執規171）。また，被担保債務の引受けがあったり，執行債権者が死亡しても，なんらの手続を必要とせず，そのまま執行手続を続行できる（民執194・59Ⅱ・41）。

(c) 担保執行における執行機関の構成は，裁判所書記官を除き，強制執行（⇨ **2 - 3**）と同じで，ここに付け加えるものはない。

3 - 2 担保執行の要件

(1) 執行要件

担保執行には，債務名義も執行正本もない。担保執行は，担保権（に内在する換価権）を基礎とするので，担保執行を実施することが許される要件（執行要件）には，実行される担保権に関する実体的

要件と執行手続に関する手続的要件がある。

（a）**実体的要件**　実行される担保権および被担保債権の存在のほか，被担保債権の弁済期の到来も，これに属する。

（b）**手続的要件**　担保執行の申立てのほか，執行手続についてのわが国の民事執行権，執行機関の管轄，執行当事者能力の存在，執行障害の不存在などが，これに属する。

（c）執行要件の存否は，執行機関の調査・判定に委ねられる。執行機関が，自ら，法律に定められた範囲の資料によって，担保執行の実体的・手続的要件を審査するのである。

(2)　担保執行の申立て

担保執行は，書面による申立てにより，行う（民執2，民執規1）。申立書には，(i) 債権者・債務者・所有者（目的権利の権利者）・代理人の表示，(ii) 実行される担保権とその被担保債権の表示，(iii) 目的財産の表示を含む所定事項を記載し（民執規170），担保権存在の法定証拠（⇨(3)）を添付して提出する（なお，各種の担保執行につき，申立書記載事項や添付資料などの特則がある。民執規173～180の3）。

(3)　担保権存在の法定証拠

担保執行の開始には，実行される担保権（＝実行担保権）の存在を証する法定の文書の提出を必要とする（動産競売には例外）。

（a）**不動産担保執行**　不動産（民執43）に対する担保権の実行としての競売＝担保不動産競売（民執180①）および担保不動産収益執行（民執180②）は，民事執行法181条所定の文書（民執181Ⅰ①～④・Ⅱ・Ⅲ）が提出されたときに限り，開始する。それらの文書は，債務名義ではないが，担保権の存在が高度の蓋然性をもって証明される法定証拠であり，執行裁判所は，これに信頼して担保執行を開始すべきものとされているのである。

実際には，ほとんどが同条1項3号の「担保権の登記……に関す

る登記事項証明書」である。もちろん，仮登記ではダメで，本登記でなければならない。抵当証券の所持人が競売を申し立てるときは，抵当証券の提出を要する（民執181Ⅱ）。ただ，一般先取特権（民306）については，「その存在を証する文書」の種類を限定しておらず（民執181Ⅰ④），執行裁判所の証拠判断にまつ。なお，担保権について承継があった場合には，承継人である現在の担保権者・所有者を直接の当事者として表示した手続開始文書の提出に代えて，その前主についての手続開始文書に併せて承継証明文書を提出して競売を申し立てることができる（民執181Ⅲ）。承継証明文書としては，相続などの一般承継については公文書でも私文書でもよいが（戸籍謄本・遺産分割協議書など），譲渡・転付命令による移転などの特定承継については公文書でなければならない（抵当権付債権の譲渡契約公正証書・転付命令など）。

(b) **動産競売**　後述 ⇨ **7 - 1**(4)

(c) **債権等担保執行**　債権（民執143）その他の財産権（民執167Ⅰ）を目的とする担保権の実行は，「担保権の存在を証する文書」が提出されたときに限り，開始する（民執193Ⅰ前段）。(i) 文書の種類をとわないのが，原則であるが，例外として，権利移転に登記・登録を必要とする担保権で一般先取特権以外のもの（特許権・実用新案権等の質権，登録株式質権など）については，不動産担保執行の手続開始文書と同じ法定格式文書（民執181Ⅰ①～③・Ⅱ・Ⅲ）を提出しなければならない。(ii)「担保権の存在を証する文書」は，文書自体によって，あるいは複数の文書を総合して，担保権成立の要件事実（被担保債権の発生原因事実もこれに含まれる）を証明できることが必要である。

3-3 担保執行の手続

(a) 担保執行には，民事執行法の総則が当然に適用されるほか，執行対象の区別に従い，その強制執行に関する規定の広汎な準用がある（民執188・192〜194）。しかし，担保執行の特質・要件に対応する若干の特則があり，また，強制執行に関する規定の準用上も解釈による修正を要する場面が少なくない。

(b) 担保執行も，債権者の執行申立てに基づいて開始する。開始された担保執行の手続は，執行機関の職権により法定の段階を踏んで進行し，完結に至る。

(c) 担保執行手続の停止と執行処分の取消しは，原則として，担保執行債務者または第三者が法定の執行停止文書・執行取消文書——いずれも，ここでは，すべて公文書である——を執行機関に提出して執行の停止・取消しを求めた場合に限る。担保不動産競売につき民事執行法183条が詳しい規定をおき，それを他の担保執行に準用する（民執189・192・193Ⅱ）。執行停止文書・執行取消文書が提出された場合の手続処理は，強制執行の場合に準ずる（ただし，民執39Ⅱ・Ⅲの準用はない）。

(d) 強制執行と同様に（⇨ **2-6**(6)），担保権の実行手続が開始されるとその被担保債権につき執行申立ての時に消滅時効の完成猶予の効力が生じる（民148Ⅰ②）。申立ての取下げまたは法律の規定に従わないことによる取消しの場合を除き，担保権の実行手続の終了の時に時効が更新され，新たに時効期間の進行が始まる（民148Ⅱ）。

3‑4 競売等の公信的効果

⑴ 趣　旨

⒜　強制執行における換価としての売却は、債務名義の執行力による売却である。そこでは、債務名義に表示された執行債権が存在せずあるいは消滅していても、債務名義に基づく執行実施は有効で、買受人は目的物の所有権を取得できる（⇨ **2‑4**⑴⒟）。しかし、担保執行では債務名義がない。担保執行の差押物は、担保権に内在する換価権によって売却されるので、その担保権が不存在あるいは消滅していれば、売却しても買受人は目的財産を取得できない。動産の担保競売ならば買受人の即時取得（民192）が認められるから、まだいいが、不動産競売だと買受人の即時取得はなく、せっかく大金を支払って買い受けても無駄になるという危険を冒すことになり、一般の人々は不動産競売に手が出せない。そこで、民事執行法は、明文をもって、不動産の担保競売につき、「代金の納付による買受人の不動産の取得は、担保権の不存在又は消滅により妨げられない」と定めた（民執184。準不動産の競売や債権その他の財産権に対する担保執行にも準用。民執189・193Ⅱ）。これが、「公信的効果」である。

⒝　民事執行法184条が担保不動産の所有者に所有権を失わせ買受人に取得させる理論的な根拠は、どこにあるのか。それは、「手続上の失権効」に求められる（多数説）。

民事執行法は、担保権実行の申立てに担保権の存在を証する文書の提出を要求する一方で、所有者のために担保権の不存在・消滅を理由とする簡易な不服申立て（競売開始決定に対する執行異議）を認め、法定の文書提出による競売手続の停止・取消しを認めている（民執182・183）。それにもかかわらず、所有者がその手続保障を活

用しないで，なるがままに放置していたのであれば，買受人が代金
を支払った後は不動産の所有権を買受人に対して主張できなくなっ
て当然だ，とするのである。

(2) **適用範囲**

「公信的効果」（民執184）が認められれば，買受希望者は安心して
競売に参加できる。しかし，買受人が公信的効果により所有権を取
得すれば，そのとたんに所有者はその所有権を失うことになる。そ
こで対立する両者の利害に絡んで，民事執行法184条の解釈上，そ
の適用範囲が次のように争われている。

(a) 所有者は，競売手続の当事者になっていたことが必要か。

> ケース8 Ｘの所有地であるのに，Ａは，Ｘの委任状を偽造してこの
> 土地をＢに売却し，ＸからＢへの移転登記がされてしまった。やがて，
> Ｂがその借入債務につきＣ銀行のために設定した抵当権に基づいて担
> 保競売が行われ，この競売手続においてＹが買受人となり，代金を納
> 付して，ＢからＹへの所有権移転登記がされた。そこで，Ｘは，Ｂと
> Ｙとを被告としてそれぞれの所有権移転登記につき抹消登記手続請求
> の訴えを提起した。ＢとＹは，土地の競売手続が行われていることを
> Ｘは知っていたのに何もいわなかったじゃないかと争っている。

（参考 最判平成5・12・17民集47巻10号5508頁，執保百選〈3版〉26
事件［宇野瑛人］）

「公信的効果」が認められる根拠が「手続上の失権効」にあると
するなら，ケース8のような事例で所有者（Ｘ）が競売手続上の当
事者（競売債務者）となっていなかった場合には，競売手続上の対
抗手段をとることができなかったのであり，それを行使しなかった
からとて失権させられる理由はなく，民事執行法184条の適用がな
いことになる。しかし，もし所有者が自分の不動産に対する競売手

続の存在・進行を知っていた，あるいは，知りうる状況にあった場合には，どうか。そんな状況にあったのなら，所有者が執行手続上の当事者になっていなくても，所有者として競売開始決定に対する執行異議を申し立て執行停止に持ち込むことはできたわけで（民執11・182・183），それにもかかわらずそれらの措置をとることを怠ったというのであれば，やはり，買受人の保護のため「手続上の失権効」が認められるべきだ，として民事執行法184条の適用を説く見解もある。

　しかし，前記の最高裁平成5年12月17日判決は，〔ケース8〕とほぼ同様の事案について，「実体法の見地からは本来認めることのできない当該不動産所有者の所有権の喪失を肯定するには，その者が当該不動産競売手続上当事者として扱われ，民事執行法181条ないし183条の手続にのっとって自己の権利を確保する機会を与えられていたことが不可欠の前提」で，「同法〔＝民事執行法〕184条を適用するためには，競売不動産の所有者が不動産競売手続上当事者として扱われたことを要し，所有者がたまたま不動産競売手続が開始されたことを知り，その停止申立て等の措置を講ずることができたというだけでは足りない」と判示した。学説の多数も，これを支持する。

　(b)　悪意の買受人等にも民事執行法184条の適用があるのか。

　たとえば，〔ケース8〕においてXが競売手続上の当事者であったとしても，もし，(i) AがXの委任状を偽造して移転登記をしたという事実をYが知っていた場合，あるいはC銀行の抵当権設定が無効であることを知っていながらYが競売手続で買受申出をした場合ならば，どうか。「公信的」効果だからといって，そんなYにも所有権の取得が認められるのか。また，(ii)そんな抵当権の実行を競売申立人として追行してきたC銀行が競売手続で買受申出をして自分が買受人となった場合でも，C銀行は所有権を取得するの

か。所有者に不動産を失わせてまでこのような買受人を保護する必要に乏しい。多数説は，(i)(ii)のいずれの場合についても，民事執行法184条の適用を否定している。

（c）　不存在または消滅した担保権の実行による競売で，買受人の代金交付があり不動産の所有権を失った者は，売却代金から満足を受けた債権者に対する不当利得返還請求権（民703）を有する（最判昭和63・7・1民集42巻6号477頁，執保百選〈3版〉25事件［青木則幸］）。被担保債務の消却を受けた債務者に対しても，同様である。

4 不動産競売

4 - 1 不動産執行の構成

(1) 不動産執行一般

(a) 不動産は，債務者の資産の根幹となることが多い。不動産に対する金銭執行（＝不動産執行）は，債権回収の最も重要・確実な手段として，民事執行全体の中核に立つ。

民事執行法も，不動産の強制競売について最も精細な規定（民執45〜92，民執規23〜62）をおき，これを，不動産の強制管理・担保競売・（間接的に）担保収益執行，および，準不動産（船舶・航空機・自動車・建設機械・小型船舶）に対する強制競売・担保競売，あるいはさらに動産執行・債権執行の一部についても，準用するという構成をとっている（民執111・121・142Ⅱ・166Ⅱ・188，民執規84・97・98・98の2）。

不動産執行として実際に回収の実を挙げているものの多くは，担保権の実行としての競売（＝担保競売），それも抵当権（・根抵当権）の実行としての競売である。

(b) 不動産競売の手続は，「差押え⇨換価⇨満足」と進む。金銭執行一般の共通パターンである。

その手続構成では，目的不動産上の担保権者・用益権者・占有者などを手続に巻き込み，それぞれの処遇を決めていかなければならず，不動産執行には，執行手続法だけでなく，不動産の物権変動や

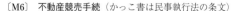

〔M6〕　**不動産競売手続**（かっこ書は民事執行法の条文）

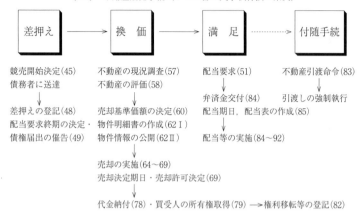

担保権・用益権等をめぐる実体法が競合し，交錯する（⇨ **4 - 4**）。適正な換価を実施して所期の成果を挙げるために，対象不動産の現況調査・評価あるいは管理を含む周到な準備を重ねなければならず（⇨ **4 - 5**, **4 - 6**），複数債権者による執行競合や買受人に対する関係でも，多分に経済的・技術的な配慮が必要とされる（⇨ **4 - 7**, **4 - 8**, **4 - 9**）。

(2)　**対象となる「不動産」**

　不動産執行の対象となる不動産は，民法上の不動産と必ずしも一致しない。執行手続が，差押えを登記し，また，売却による権利変動も登記により公示する構造になっているので，それに適合する対象でなければならないのである。(i) 民法上の不動産（民86 I）でも，登記できない土地定着物は除かれる（民執43 I）。(ii) 民法上の不動産には含まれないが，不動産の共有持分や登記された地上権・永小作権およびそれらの登記された準共有持分は，民事執行法上の「みなし不動産」として，競売対象となる（民執43 II）。(iii) 区分所有建

物の専有部分も，独立に競売対象となる（「建物の区分所有等に関する法律」1）。(iv) 不動産賃借権は，登記されていても権利執行の対象となり，不動産競売の対象とはならない（通説）。

(3) 不動産執行の管轄

不動産執行は，原則として，対象不動産の所在地を管轄する地方裁判所（「みなし不動産」についてはその登記をした地またはすべき地を管轄する地方裁判所）が執行裁判所として管轄する（専属管轄。民執44 I・19。なお，民執44 II・III）。

4-2　不動産競売の開始

(1) 競売の申立て

(a) 不動産に対する抵当権の実行としての競売の申立てには，申立書に所要の事項を記載し（民執2，民執規170），抵当権の存在を証する法定の格式文書（民執181 ⇨ **3-2**(3)）を提出しなければならない。(i) 実際には，抵当権の登記に関する登記事項証明書（民執181 I③）の提出がほとんどである。被担保債権の存在を証明する文書の提出も要らず，被担保債権の弁済期の到来を証明する文書の提出も要らない。申立てのさい，申立人は，申立手数料（申立担保権1個につき4,000円。民訴費3 I別表第一11）のほかに，裁判所書記官の定める手続費用を予納しなければならない（民執14）。(ii) 抵当権や抵当不動産（所有権）の承継があった場合には，抵当権譲渡の付記登記なり相続登記等を経て競売申立てをするのが普通であろう。しかし，現在の抵当権者・所有者を表示した登記事項証明書等がなくても，前主を表示した登記事項証明書等があれば，それに併せて承継を証する文書を提出し，競売を申し立てることができる（民執181 III。なお，民執規171参照）。(iii) 未登記の不動産（とくに建物）に対し

ては強制競売の申立てがほとんどで，強制競売開始決定による登記嘱託があったときに，登記官が職権で所有権保存登記をしたうえで差押えの登記をすることになる（不登76Ⅱ）。(iv) 1 つの申立てによって数個の不動産の競売を求めることができ，超過差押えの禁止もない（民執73に注意）。競売申立権の濫用として競売申立ての一部が却下される場合はありうる。

(b) 担保競売に限っての特則として，競売開始決定がされる前であっても，債務者または担保不動産の所有者・占有者が不動産の価格を減少させる行為等をする場合に，とくに必要があれば，競売申立てをしようとする者の申立てにより，売却のための保全処分（⇨ **4** - **5**(4)）と同じような内容の保全処分が許される（民執187）。実際には，あまり利用されていない。

(c) 競売申立ては，競売開始決定があった後でも取り下げることができる。買受申出があるまでなら（民執76Ⅰ参照）だれの同意も要らない。取下げがあれば，競売手続は当然に終了し，差押えの効力も消滅してしまう（民執54）。競売での配当を期待し，競売申立てが取り下げられては困るような他の債権者は，自分でも競売申立てをして二重開始決定を得ておくべきである（⇨ **4** - **7**(2)）。

(2) **競売開始決定**

(a) 競売申立てを適法と認めれば，執行裁判所は，競売開始決定をし，そのなかで，債権者のために不動産を差し押さえる旨を宣言する（民執45Ⅰ・188）。

競売開始決定は，職権で債務者に送達し（民執45Ⅱ），債権者にも告知する（民執規2Ⅱ）。差押えの効力は，競売開始決定が債務者に送達された時に生ずるが，差押登記が先だったら登記がされた時に生ずる（民執46Ⅰ。実際には，後者が多い）。

(b) 競売開始決定に対する不服申立ては，執行異議による（民執

11Ⅰ）。競売申立てを不適法として却下する決定に対しては執行抗告ができる（民執45Ⅲ）。申立却下決定に執行抗告を認めながら競売開始決定に1審限りの執行異議しか認めないのはアンバランスだが（⇨ **9** - **2**(1)），競売手続がそれっきりで切れる競売申立却下決定には手厚くし，これからの競売手続の段階で救済する余地もある競売開始決定には，むしろ濫抗告を防ぐ必要があり，執行異議で迅速に処理する趣旨である。担保競売開始決定に対する執行異議では，強制競売開始決定と違って，手続上の瑕疵だけでなく，担保権の不存在・消滅も理由となる（⇨ **9** - **2**(4)）。

(c) 競売開始決定がされたときは，裁判所書記官は，直ちに**差押えの登記**を登記官に嘱託しなければならない（民執48Ⅰ）。差押登記は，「処分の制限」の登記であり，差押登記がされない限り，登記がないことを主張するにつき正当な利益を有する「第三者」に差押えを対抗できないのである（民177）。

(d) 競売開始決定が差押えの効力を生じた場合には，裁判所書記官は，配当要求の終期を定めて，開始決定と配当要求終期を公告するとともに，担保権者・租税所管庁等に対して債権届出の催告をする（民執49ⅠⅡ・50）。

4 - **3**　差押えの効力

(1)　処分禁止

(a) 差押えの効力が生じた後は，差押財産について債務者は処分をすることができない（差押えの消極的効力）。

この処分禁止に反して債務者がした処分行為は，その効力を制限・否定される（差押えの積極的効力）。

① 差押えによって債務者は処分ができなくなった（処分権の剥

奪）というなら，その後に債務者がした処分は無効ということにならないか。

それはそうに違いないのだが，それを押し通せば，執行をした債権者だけのために一般の取引安全が害される結果となってしまう。そこで，債務者がした処分は，絶対的に無効となるわけではなく，その執行手続に対する関係においてだけ，処分の効力を主張（対抗）できない——その意味で「相対的無効」——とされる（差押えの相対効）。これが現在の定説であり，異論は全くない。債務者が，差押えを受けた不動産を売却したり，抵当権を設定したりしても，その売却なり抵当権設定があらゆる関係で無効とされるわけではなく，売却による所有権移転や抵当権設定について登記申請があれば，登記官は，これを受理して登記もする。しかし，差押えによって処分を禁じたのだから，このような処分の効力は，その執行手続には対抗できないのである。

②　差押えによる処分禁止に反してなされた処分が「その執行手続には対抗できない」とは，どういう意味か。

差押えによる処分禁止を破ってされた債務者の処分の効力は，その差押えをした差押債権者（および処分がされる前にすでに二重差押えや配当要求をして執行手続に入っていた債権者）に主張できないだけで，処分がされた後にその執行手続に入ってくる他の債権者には対抗できるという意味（個別相対効）なのか，それとも，処分がされた後でその執行手続に入ってくる他の債権者に対しても対抗できないという意味（手続相対効）なのだろうか。

どちらの意味で考えることも，理論的にはできる。(i) 差押えの効力を個別相対効・手続相対効のどちらの意味で認めるかについて，立法のさいには錯雑した論議が展開されたが，結局，民事執行法は，**手続相対効**を採った（中野＝下村〈改訂版〉33頁以下）。差押えの処分

禁止に反してなされた債務者の処分は，その効力を差押債権者に対して対抗できないだけでなく，その差押えに基づいて執行手続が行われる限り，差押え後に配当要求や二重差押えをして執行手続に入ってくる他の債権者に対しても，対抗できないものとしたのである。しかし，(ii) 手続相対効を採ったといっても，差押えの効力が問題となるすべての事項についてつねに手続相対効を単純に貫いているわけではなく，それぞれの問題に応じ種々の法政策的考慮を加えた規整をしている。処分禁止に反した債務者の処分が「執行手続に対抗できない」ということの意味も，決してあらゆる問題につき同一というわけではない（⇨ (3)）。

(b) 差押えの効力の及ぶ対象の範囲は，担保競売と強制競売とで変わるところはない。

差押えの効力は，原則として，その不動産上の抵当権の効力が及ぶ範囲のもの（従物・従たる権利・未登記立木（りゅうぼく）など）に及ぶ。借地上の建物の競売では，建物差押えの効力は，原則として，その敷地につき債務者が有する土地利用権（地上権・賃借権）に及び，執行売却による買受人は，競売建物の所有権とともに，従たる権利としての敷地利用権を取得する（通説・判例。敷地利用権の取得を敷地所有者に対抗することができるかどうかは別の問題）。

(c) 差押えによって禁止されるのは，執行債権者の競売手続上の満足を不当に害する処分である。(i) 差押え後の賃借権設定や対抗要件の具備は処分禁止に触れる（法定更新等は含まれない）。(ii) 差押え前に設定されていた対抗力のある賃借権につき，差押発効後に執行債務者（賃貸人）がした，賃借権譲渡・転貸の承諾は，債権者の満足を害する特別の事情がない限り，差押えの処分禁止に触れず，譲受人・転借人は，その賃借権の取得を執行債権者・買受人に対抗できる（最判昭和53・6・29民集32巻4号762頁，執保百選〈3版〉27事

件［西川佳代］)。(iii) 借地人が借地上に所有する建物をその債権者が差し押さえても，土地所有者・賃貸人は，地代・賃料の不払を理由とする地上権の消滅請求（民266・276）・借地契約の解除（民541）をすることができ（ただし，民執56 ⇨ **4‐5**(4)(b)），土地所有権または賃貸借終了に基づいて建物所有者に対する建物収去土地明渡請求をすることができる。

(2) 用益制限

差押えの効力が生じた後でも，債務者は，直ちに不動産の占有を奪われるわけではない。買受人の代金納付があるまでは（民執79・83参照），不動産を取引上一般に行われる「通常の用法」に従って使用（居住・営業など）・収益（賃貸など）することができる（民執46Ⅱ）。しかし，債権者の方では，強制管理・担保収益執行を併用して不動産の占有を管理人に移すことができるし（民執43Ⅰ・96・180②・188），債務者の価格減少行為を封ずるために保全処分を申し立てることができる（民執55・188）。

(3) 差押えの効力の相対性——手続相対効

(a) 差押え後の不動産譲渡

［ケース9］　大きな量販店を経営するＳに対し，G₁およびG₂がそれぞれに売買代金債権をもっているほか，Ｈ銀行がＳに融資してＳの所有する建物に抵当権の設定を受けている。G₁が強制競売の申立てをしてこの建物を差し押さえたところ，その後に，ＳがＡにこの建物を売却し，ＳからＡへの所有権移転登記がされた。これに後れて，G₂もＳに対する給付訴訟の確定判決を得て同じ建物に対する強制競売の申立てをし，続いてＨが抵当権の実行として競売を申し立てた。さらに，Ａの建物買受けのために資金をＡに貸し付けたＫが，執行証書を債務名義として競売の申立てをしてきた。

```
├──────────┼───────────────┼────────────────────┼─────────────┼──────────
G₁ 差押え    S→A 不動産譲渡・  G₂ 強制競売申立て・    H 競売申立て    K 競売申立て
            登記                配当要求
```

① 債権者 G₁ の差押えがあり，その登記がされた後に債務者 S が差押不動産を A に譲渡し所有権移転登記がされても，A は，その所有権取得を，G₁ の差押えによる競売手続との関係では主張（対抗）できない。S から A への譲渡があり所有移転登記があった後でも，S に対する他の債権者 G₂ は，G₁ の差押えによる競売手続に配当要求ができる（差押えの手続相対効）。しかし，G₂ の S に対する強制競売の申立てはできない。G₂ の S に対する強制競売の申立ては，G₁ の差押えによる競売手続とは別の新しい競売手続を求めるものであり，すでに登記上の所有名義が A に移った以上，そのままでは S に対する差押えの登記はできないので（不登25⑦），執行裁判所は，G₂ の強制競売申立てを却下することになる（民執53参照）。

G₁ の差押登記よりも前（「後」の場合については ⇨ (b)参照）に登記された抵当権を有する H であれば，不動産の譲受人 A に対しても抵当権を対抗できるので（抵当権の追及力），A を所有者とする担保競売の申立てをすることができる。

② A に対する債権者 K は，S から A への不動産譲渡を G₁ の差押えによる競売手続には対抗できないから，その競売手続に配当要求をすることはできない。しかし，すでに S から A への所有権移転登記がされているから，K が A を所有者として競売を申し立てることはできるし，競売申立てがあれば，執行裁判所は，競売開始決定をしなければならず（民執47Ⅰ），差押えの登記もされる。しかし，K の申立てによって開始された競売手続の進行は，開始決定後は事実上ストップする。G₁ の申立てによる競売手続が進行し不動産が売却されたら A は S から取得した所有権を失い（民執59Ⅱ），

執行裁判所は競売手続を取り消さなければならないことになる（民執53）のが判っているので，今すぐに K の申立てによる競売手続を進めるわけにいかないのである。

(b) 差押え後の担保権・用益権の設定

> ケース10　S に対する売買代金債権を有する G_1 が S の所有する建物を差し押さえ，競売開始決定による差押えの登記がされた。その後に，S が H 銀行のためにその建物に抵当権を設定し，その登記がされたほか，M が S からその建物を賃借して入居し，家族とともに住んでいる。最近になって，S に対する債権者 G_2 が G_1 の申立てによる競売手続に配当要求をし，さらに，H 銀行がその抵当権の実行として同建物に対する競売の申立てをした。

| G_1 差押え | S→H 抵当権設定・登記 | S→M 賃借権設定・建物引渡 | G_2 配当要求 | H 競売申立て |

①　債権者 G_1 の差押えがあり，その登記がされた後に債務者 S が H 銀行のために差押不動産に抵当権を設定してその登記を経た場合，(i) H 銀行は，その抵当権の取得を G_1 に対抗できないだけでなく，G_1 の申立てにより開始された競売手続に対抗できず，配当要求をして入ってきた G_2 にも抵当権を対抗できない（差押えの手続相対効）。(ii) H 銀行は，債務名義を得ているかあるいは仮差押えをすれば配当要求ができるが（民執51 I ），それをしない限り，全く配当に与ることができない（民執87 I ④参照）。(iii) G_1 の申立てによる競売手続が進行中であっても，H 銀行が自分の抵当権の実行として競売を申し立てることはできるし，H 銀行の競売申立てがあれば執行裁判所は競売開始決定をするが（民執47 I ），その競売手続の進行は，開始決定後は事実上ストップする。G_1 の申立てによる競

売手続が進行し不動産が売却されたら H 銀行の抵当権は失効し（民執59Ⅱ），執行裁判所は競売手続を取り消さなければならなくなる（民執53）のが判っているので，今すぐに H 銀行の申立てによる競売手続を進めるわけにはいかないのである。

② 債権者 G_1 のした差押えの発効後に M が債務者 S から差押不動産を賃借した場合，M がその引渡しを受けても（借地借家31参照），M の賃借権取得は，差押えをした債権者 G_1 に対してだけでなく，差押え後に配当要求や二重差押えをして競売手続に入ってくる他の債権者にも対抗できない（差押えの手続相対効）。競売手続が進行して不動産が売却されれば，M の賃借権も失効し（民執59Ⅱ），買受人は，執行裁判所の引渡命令（民執83）を得て，M に対する建物引渡しの強制執行ができる。

(c) **仮差押えとの競合**　差押えに処分禁止の効力があるのと同じく，仮差押えにも処分禁止の効力がある。同一の不動産につき差押えと仮差押えとが競合する場合も多いので，民事執行法は，差押えと仮差押えとのいずれによる処分禁止にも手続相対効を認めるとともに，両者にわたる規定を設けている（民執59Ⅱ Ⅲ・87Ⅰ④Ⅱ Ⅲ）。差押えと仮差押えと競合する場面については，後に述べる（⇨ **11 - 2** (2)）。

(d) **剰余金の受領資格**　競売の売却代金から債権者に弁済して剰余金が出れば，「債務者」に交付される（民執84Ⅱ）。この「債務者」は，執行当事者としての債務者＝所有者またはその一般承継人に限る。差押え・仮差押えの後に債務者から不動産を譲り受けた者には交付しないのである（差押えの手続相対効。債務者と譲受人の間では，不動産譲渡は有効なので，譲受人から債務者に対しての不当利得返還請求は可能）。

(4) 差押えの付随的効力

原則として差押えの発効とともに，強制競売なら執行債権，担保競売なら実行担保権の被担保債権につき，競売申立ての時に遡って**消滅時効の完成猶予**の効力を生ずる（民148Ⅰ①・② ⇨ **2 - 6**(6)，**3 - 3**(d)）。根抵当権者が極度額を超える金額の被担保債権を請求債権として根抵当権実行の競売申立てをし，競売開始決定の正本が債務者に送達された場合，消滅時効の完成猶予の効力は，その極度額の範囲にとどまらず，請求債権として表示された被担保債権の全部について生ずる（平成29年債権法改正前の時効中断について最判平成11・9・9判時1689号74頁。ただし，競売申立ての取下げを理由に時効中断効を否定した）。

4 - 4 売 却 条 件

(1) 売却条件の定型化

不動産競売における強制換価としての売却も，目的不動産が債務者から買受人に移転し，買受人が対価として代金を支払う基本関係は，まさしく売買である。しかし，強制的な売却なので，一般の売買のように売買の内容を契約当事者の自由な折衝と決定に委ねるわけにはいかない。あらかじめ法律をもって，どのような条件で買受申出を許すか，また，買受人がどのような条件で不動産を取得できるのかを定型的に定めておき，買受申出人はそれに応じて代金額を申し出るものとする必要がある。このような，売却の成立・効力に関する法定の条件を，**売却条件**とよぶ。

主要な売却条件は，(ⅰ) 売却基準価額・買受可能価額，(ⅱ) 不動産上の担保権・用益権等の処遇，(ⅲ) 法定地上権，(ⅳ) 個別売却の原則と一括売却の制限的許容，(ⅴ) 売却代金の支払と買受人の所有権取

得などである。いずれも法定の条件であり，変更を許さない（ただ，(ii)に限り，利害関係人全員の合意があれば一定の範囲で変更できる。民執59Ⅴ）。

　売却条件のなかで最も重要なのは，競売不動産上の担保権・用益権の処遇である。ケース1（⇨1-1(2)）で，GがSに対する貸金債権の回収のためにS所有の自宅や賃貸マンションを差し押さえた場合に，それらの不動産の上に乗っかっている担保権や用益権，たとえばSが融資を受けるさいに金融機関 H₁・H₂ がその不動産を担保にとって抵当権の設定を受けているとか，賃借人 M₁・M₂ がその不動産に住んでいるというような場合の抵当権や賃借権などは，不動産が競売されると，その結果としてどうなるのか。それらがどうなるかによって，競売の機能は大きく左右されるし，関係する人たちへの影響も大きい。

　競売不動産上の担保権・用益権の処遇については，立法上の基本的な建前として，(i) 売却によりすべて消滅するものとして，買受人に負担のない不動産を取得させる消除主義と，(ii) それらの負担が付着したままの不動産を買受人に所得させる引受主義とがあり，両主義はそれぞれに長所と短所がある（竹下・研究106頁以下に詳しい）。わが民事執行法は，競売不動産上の担保権につき，その種類に応じて消除主義と引受主義を併用しており，用益権については，それを差押債権者等に対抗できるかどうかによって引受けと消滅を決することにしている（⇨(2)(3)）。

(2)　担保権の処遇

　競売不動産上の担保権は，その種類によって処遇が異なる。

(a)　抵当権　　売却により消滅する（民執59Ⅰ）。

　競売不動産上の抵当権（根抵当権を含む）は，すべて売却によって消滅し，買受人は，これらの権利の付着しない不動産を取得する。

強制競売と担保競売とをとわず，差押債権者の権利との優先劣後をとわず，登記の有無をとわず，被担保債権が売却代金により満足を与えられるかどうかもとわない。「売却により消滅」するのは，売却許可決定の確定時である。買受人の代金納付があれば，これらの担保権の登記も抹消されることになるが（民執82Ⅰ②），差押登記前に登記されたこれらの担保権を有する債権者（抵当証券の所持人を含む）は，その順位に従って売却代金から配当等を受けることができる（民執87Ⅰ④。ただし，差押えの登記に先行する仮差押えの登記があれば，その仮差押えに係る本案訴訟の結果をまたなければならないなど，抵当権者の満足が不安定となる場合がある。民執87Ⅱ・Ⅲ ⇨ **4 - 8**(2)）。

(b) **先取特権・質権**　競売不動産上の先取特権および不用益特約（民359）のある質権は，抵当権と同じく，売却により消滅する（民執59Ⅰ）。不用益特約のない質権は，買受人に引き受けられ，買受人がその被担保債権を弁済する責めに任ずるが（民執59Ⅳ），その質権が差押債権者・仮処分債権者に対抗できないものであったり，先順位に抵当権など売却により消滅する担保権があるものであれば，やはり売却によって消滅する（民執59Ⅱ）。

(c) **留置権**　競売不動産上の留置権は，買受人に引き受けられ，買受人がその被担保債権を弁済する責めに任ずる（民執59Ⅳ）。留置権成立の時期や原因をとわない。土地の競売において建築請負業者が地上建物の建築請負代金債権につき敷地の商事留置権（商521）を主張できるかどうかが問題とされている。学説・裁判例は分かれるが，制度上債権と物の牽連性が要求されないからとて，公示もないままにそのような主張を許すのは，妥当とはいえまい（近時，この問題に関して最判平成29・12・14民集71巻10号2184頁が商法521条の商事留置権の目的物に不動産が含まれることを肯定した）。

(3) **用益権の処遇**

(a) 競売不動産上の用益権は，売却によって買受人に引き受けられるか，売却によって効力を失うか，のいずれかである。そのどちらになるかは，次の3則に従う（民執59Ⅱ）。

① 引受けか失効かは，その用益権が差押債権者に対抗できるかどうかの区別による（これが原則）。

差押債権者に対抗できる用益権は買受人に引き受けられるが，対抗できない用益権は引き受けられず，売却により（売却許可決定の確定時に）効力を失う。

対抗できるかどうかは，民法の一般原則による。登記を対抗要件とする権利では，差押債権者の差押登記・担保権登記と用益権の登記との先後関係によるが，登記以外の対抗要件が認められる権利（宅地・建物・農地等の賃借権など。借地借家10Ⅰ Ⅱ・31Ⅰ，農地法16など）では，その対抗要件の具備との先後関係によることになる。

② 差押債権者に対抗できる用益権でも，差押債権者より先順位に，売却により消滅する抵当権等（⇨ (2)）があるもの——「中間の用益権」——は，売却により効力を失う。

③ 差押債権者に対抗できる用益権でも，差押えに先行して仮差押えがあり，その仮差押債権者に対抗できないものは，売却により効力を失う（⇨ **11 - 2**(2)(a)）。仮差押えの登記後に出てきた担保権の場合（民執87Ⅱ）と異なり，その仮差押えに係る本案訴訟の結果で決まるのではない。

(b) **競売建物の明渡猶予**　不動産競売に悪用・濫用されることが甚だしく多かった短期賃借権保護の制度（民旧395）は，平成15年の新担保・執行法によって廃止され，新たに競売建物明渡猶予の制度（民395）が設けられた。

この明渡猶予を受けるのは，(i) 抵当権者に対抗できない賃貸借

に基づく占有者であって，競売手続の開始前（仮差押えの後でもよい）から使用・収益をしている者（民395Ⅰ①），(ii) 強制管理・担保不動産収益執行の管理人が競売手続の開始後にした賃貸借により使用・収益をする者（民395Ⅰ②）に限られる。これらの者は，競売における買受人の買受けの時（＝代金納付時）から6か月の猶予期間を経過するまでは，建物を買受人に引き渡さなくてよい（民395Ⅰ柱書。ただし，民395Ⅱ）。もっぱら競売を妨害する目的の賃借権は権利濫用として無効であり，賃借権を有してもその占有継続が買受人に対する関係で信義則に反する場合には，明渡猶予は認められない。

(4) 処分制限の失効

(a) 競売不動産上の差押えおよび仮差押えの執行は，いずれも不動産の換価代金からの弁済を目的とするので，売却により失効する（民執59Ⅲ・82Ⅰ③）。差押債権者・配当要求債権者だけでなく，差押登記よりも前に登記された仮差押債権者も売却代金からの配当に与るのである。

(b) 仮処分の執行は，どうか。(i) 売却により消滅する担保権を有する者，差押債権者・仮差押債権者に対抗できない仮処分の執行は，売却により効力を失う（民執59Ⅲ）。買受人の所有権取得を妨げまたはその所有権に対する物的負担となる権利を保全するための処分禁止仮処分を失効させる趣旨である。(ii) その他の仮処分（占有移転禁止仮処分，建築続行禁止の仮処分など）の執行は，買受人の所有権取得を妨げず，差押債権者・仮差押債権者との対抗問題は生じないので，売却によっては失効しない。

(c) 非担保目的の所有権仮登記，登記された買戻権などの物的負担については，用益物権に準じ，最先順位のものは買受人の引受けとなるが，売却によって消滅する担保権の権利者，差押債権者・仮差押債権者に対抗できないものは，売却により失効する（民執59Ⅱ）。

(5) 負担の見分け

　競売不動産上の負担について以上に述べたところを，次の ケース11 により，その事例データを時系列に並べ直して検討し，理解を確かめてほしい。

ケース11　抵当権者Xの競売申立てにより，令和3年9月1日，債務者Y所有の賃貸用マンション（鉄骨4階建1棟）に対する競売開始決定があり，競売手続が進行している。

　本件建物の占有関係は，執行記録（執行官の現況調査報告書等）によれば，次のとおりである。1階はA，2階はBが，平成30年5月，それぞれYから期間を定めずに賃借して入居しており，また3階はCが令和2年4月にYから賃借して入居している。4階にはDが住んでいるが，いつごろ，どのような権原で入ったのかは明らかでない。

　本件建物上の権利関係は，登記記録では，次のようになっている。

〔甲区〕	受付年月日	登記の目的・権利者その他
①	平成30年4月1日	所有権保存　所有者Y
②	令和元年10月1日	仮差押え　債権者K
		（競売手続での届出債権額750万円）
③	令和3年9月3日	差押え　債権者X
④	令和3年10月1日	Y・Q間の売買による所有権移転　所有者Q

〔乙区〕	受付年月日	登記の目的・権利者その他
①	平成30年6月1日	根抵当権設定登記　債権極度額5,000万円
		根抵当権者　H_1　債務者A
②	令和元年7月1日	抵当権設定登記債権額1,500万円
		抵当権者　H_2　債務者Y
③	令和2年8月1日	抵当権設定登記　債権額1,000万円
		抵当権者　X　債務者Y

　（注）　土地・建物の登記事項証明書には，〔権利部（甲区）〕に所有権に

関する事項の記載があり，〔権利部（乙区）〕に所有権以外の権利に関する事項の記載がある。不動産登記規則197Ⅱ①・②，別記第7号・第8号様式。

(6) 法定地上権

わが法では，土地と地上の建物をそれぞれ独立の不動産としているので，同一の所有者がもっている土地と地上建物の一方あるいは双方が競売されて所有者が別別になれば，建物所有者は土地の利用権がなく，建物収去を迫られることになる。この不都合を除くために設けられたのが，民法388条および民事執行法81条の規定する法定地上権の制度であり，競売によって所有者が土地と異別となった建物について「地上権が設定されたものとみなす」のである。

この2つの規定のうち，民法388条は，同一の所有者に属する「土地又は建物につき抵当権が設定され，その実行により所有者を異にするに至ったとき」を要件とするが，民事執行法81条は，抵当権設定を要件としていない。そこで，民法388条（抵当＝法定地上権）は抵当権の実行としての競売の場合および抵当権の設定された土地・建物の一方または双方に対する強制競売の場合に適用し，民事執行法81条（執行＝法定地上権）は抵当権設定のない土地・建物に対する強制競売の場合に適用する（土地建物同一所有者要件は差押えの時を規準時とする），というのが通説の立場である。法定地上権をめぐる論議は，抵当＝法定地上権に集中しており，そこに豊富な裁判例・学説の展開がある。特に，土地と地上建物の共同抵当権を設定した後に建物が滅失し再築された場合における抵当＝法定地上権の成否が争われ，執行手続上の問題となっている（最判平成9・2・14民集51巻2号375頁など参照）。

(7) 一括売却

(a) 数個の不動産に対する競売では，1つ1つの不動産の個別売

却が原則である。しかし，土地と地上建物，隣接する小土地，店舗と倉庫などのように，一括して売却する方が別々に売却するよりも競売の実効を高めることができる場合は，実際上非常に多い。民事執行法も，安易な一括を警戒しつつ要件を定めて，一括売却を認めている（民執61）。

「**一括売却**」と「**一括競売**」は，コトバが似ているが，別ものだ。一括売却は，民事執行法が定める競売手続上の換価方法であるが，一括競売は，土地の抵当権者が抵当土地とその抵当権設定後に築造された地上建物とを一括して競売することを民法が認めたものである（民389）。一括競売を申し立てられた抵当土地と地上建物の換価は，一括売却で換価されるのが普通であろうが，一括売却の要件を欠く場合がありうる。

(b) **要　件**　①　数個の不動産の一括売却ができるのは，執行裁判所が同じ場合である。

それらの不動産につき，差押債権者または債務者が異なってもいいし，強制競売と担保競売が混じっていてもよいし，各不動産上の担保権者や用益権者が違っていたり，同じ担保権者の順位が不動産によって違ったりしていてもよい。

②　ある不動産を他の不動産と一括して同一人に買い受けさせることが，その相互関係からみて「相当」でなければならない（民執61本文)。

「相当」かどうかは，それらの不動産に利用上の関連性があり，相互の位置・形状・性質・構造等からみて，同一人に帰属させ利用させる方が経済的効用が高く，それだけ有利に売却できる場合ということになるが，具体的事案に即して判定するほかはない。

③　一括売却の相当性があっても，一括売却をするかどうかは，執行裁判所がその裁量で決める（民執61本文)。しかし，1個の競売

申立てにより競売開始決定のあった数個の不動産につき，一部の不動産だけの売却基準価額で各債権者（強制競売では配当等に与る全債権者，担保競売では申立債権者とその先順位債権者）の債権と執行費用の全額弁済が見込める場合には，一括売却をやると超過売却となるため，原則として，債務者（所有者）の同意を要する（民執61ただし書。同意は，競売手続開始後，執行裁判所にしなければならない）。

④　一括売却の要件を具え，個別売却よりも著しく有利に売却できることが明らかなのに個別売却をした場合，執行裁判所の裁量権の逸脱となり，重大な誤りがあれば売却不許可事由（民執71⑦）となる。

（c）**手　続**　一括売却は，(i)執行裁判所が職権で決定する。この決定に対しては，執行異議の申立てができる。(ii)売却基準価額は，売却される全不動産につき一括で定めるが（一括基準価額），それとともに，各不動産の個別売却における売却基準価額（個別基準価額）を定めなければならない（民執61ただし書・60Ⅲ・86Ⅱ参照）。(iii)売却実施公告（民執64Ⅴ）には，一括対象不動産・一括基準価額のほか，一括売却をする旨を掲げる（民執規36Ⅰ⑤）。売却実施および売却許否決定も，一括して行う。(iv)各不動産につき売却代金の額を定める必要がある場合（配当に与る債権者の範囲や順位を異にするときなど）には，売却代金を各不動産の個別基準価額に応じ案分して得た額（代金割付基準価額）による（民執86Ⅱ）。

4 - 5　売却の準備

(1)　物件情報の整備と開示

執行売却は，所有者の意思によらない強制的な売却ではあるが，できるだけ多くの買受希望者の参加を得て，その間の公正な競争に

より，不動産の適正な価格を実現しなければならない。そのために，売却する不動産についてのできるだけ正確な物件情報を取り揃え，基準となる価額を定め，それらを広く開示することが，競売の実効を大きく左右する重要な課題となる。

物件情報の整備と開示のために，以下（①〜⑤）のような手立てが進められる。

① **不動産の現況調査** 競売開始決定に続いて，執行裁判所は，執行官に対し，目的不動産の形状，占有関係その他の現況についての調査を命ずる（民執57）。その主眼は，とくに，(i)不動産上の担保権・用益権の存続・消滅に関する売却条件の確定と売却基準価額の決定に必要な判断資料を調達し，(ii)買受希望者に提供する，精度の高い物件情報を確保し，(iii)買受人のための不動産引渡命令（民執83）が出せるかどうかの判断資料を準備するにある。現況調査の結果は，所定の事項を記載した現況調査報告書にまとめ，執行裁判所に提出する（民執規29Ⅰ）。

② **不動産の評価** 執行裁判所は，差押えの発効後，評価人を選任して，不動産の評価を命じなければならない（民執58，民執規30の2）。(i)不動産は，売却条件により買受人がその所有権を取得する状態（買受人が引き受けるべき負担の付着した状態）で評価される。(ii)執行売却は強制換価であり，売主・買主間の信頼関係もなく煩雑な手続と占有取得のリスクもあるので，評価も，一般市場の実勢価格をそのまま採ることはできない。評価人は，近傍同種の不動産の取引価格その他，不動産の価格形成上の諸事情を適切に勘案して評価をするが，そのさい，「競売の手続において不動産の売却を実施するための評価であることを考慮しなければならない」（民執58Ⅱ）。しかも，買受価額は競争売却で決まるので，結局，評価額は，むしろ卸売価格に近いものになる。(iii)不動産の評価をした評価人

は，評価書を作成して，執行裁判所に提出する（民執規30）。

③ **物件明細書の作成**　現況調査報告書・評価書の提出があった後に，裁判所書記官は，物件明細書を作成する（民執62）。(i) 物件明細書の法定記載事項には，買受人の引受けとなる不動産上の担保権・用益権，売却により失効しない仮処分の執行，売却により生ずる法定地上権の概要が含まれる（民執62Ⅰ）。これらの法定事項以外にも，占有状況・占有者・占有開始時期などを記載することは有用・適切であり，買受人の引渡命令の申立てが認められる可能性まで言及すれば買受希望者の切実な関心に応えられる。(ii) 物件明細書の作成と公示に係る裁判所書記官の処分に対しては，執行当事者だけでなく，配当要求債権者や，引受けになるはずの自分の賃借権が記載されなかった賃借人なども，執行裁判所に執行異議を申し立てることができる（民執62Ⅲ・Ⅳ）。さらに，物件明細書の作成またはその手続に重大な誤りがあれば，売却不許可事由となり（民執71⑦），それにもかかわらず売却許可決定がされたときは，それにより権利を害される者は，執行抗告ができる（民執74Ⅰ）。しかし，いずれにしても，物件明細書の記載に公信力があるわけではないから，物件明細書に記載されたかどうかにかかわらず，存続すべき権利は存続し，消滅すべき権利は消滅する（民執規30の4，民568参照）。

④ **物件情報の公開**　物件明細書には，競売不動産とその権利関係等をめぐる事実認定と法的判断を含み，さしあたり最も精度の高い情報として買受希望者の誘引および意思決定に決定的な作用を及ぼす。裁判所書記官は，この物件明細書の写しを，執行官の現況調査報告書の写しおよび評価人の評価書の写しと併せた「3点セット」として，これを執行裁判所に備え置いて一般の閲覧に供し，または，それらの書類の内容に係る物件情報について多くの人たちがインターネット等によりアクセスできる措置をとる（民執62Ⅱ，民

執規31 I ～Ⅲ)。

⑤　**売却不動産の内覧**　目的不動産の内部を実際に見てみたいと思う買受希望者のために，内覧の制度（民執64の2）がある。差押債権者の内覧申立てが必要で，不動産の占有者が差押債権者に対抗できる権原を有するときは占有者の同意も要る。執行裁判所の内覧実施命令を受けて執行官が内覧の手続を実施する。現在のところ，あまり利用されていない。

(2)　売却基準価額・買受可能価額

(a)　評価人の評価書が出てくれば，執行裁判所は，評価人の評価に基づいて，不動産の売価の基準となる価額＝「**売却基準価額**」を定めなければならない（民執60 I）。

売却基準価額は，それより安い金額では売らないという最低売却価額（民執60の旧規定）ではない。文字どおり，売却の基準とされる金額であり，買受希望者の買受申出は，この売却基準価額からその10分の2相当額を引いた価額＝「**買受可能価額**」以上でなければならないのである（民執60Ⅲ）。買受希望者に適正価格を提示して買受申出のための指針を与えるとともに，柔軟な価格形成の余地を認めて不動産競売における売却の促進と機能向上を図ろうとする趣旨とされる。売却基準価額は，法定売却条件の1つであり，全利害関係人の合意をもってしても変更できない（民執59Ⅴ・64Ⅴ参照）。買受可能価額は，買受申出の許否だけでなく，一括売却の許否，無剰余措置の要否等についても判定規準となる（民執61ただし書・63参照）。

(b)　経済事情の変動があったり，評価の前提とされた重要事項に変更があったような場合，執行裁判所は，必要ありと認めるときは，売却基準価額を変更できる（民執60Ⅱ）。適法な買受申出がなく，その売却基準価額のままでは売却実施をやり直しても売却の見込みがないと認める場合の変更もある（民執規30の3）。

（c）　売却基準価額の決定・変更またはその手続に違法がある場合，執行異議を申し立てることができるが，すでにその売却基準価額での売却実施が終了した後は，執行異議は許されず，「重大な誤り」があることを理由とする場合に限って，売却決定期日において意見を述べ，あるいは売却決定に対する執行抗告により争うことができる（民執70・71⑦・74Ⅱ）。しかし，売却基準価額の決定に重大な誤りがあったときでも，実際に最高価買受申出人の申出額が適正価額に達しているような場合であれば，瑕疵の治癒を認めてよいし，評価や売却基準価額の決定のさいに無視された担保価値部分を担保権者が配当異議によって争うことはできる（最判平成14・1・22判時1776号54頁）。

(3)　売却の機能確保──無剰余措置

（a）　執行売却は，差押債権者にとって実りのあるものでなければならない。

　売却基準価額が定まると，買受可能価額も決まる（民執60Ⅰ・Ⅲ）。しかし，この買受可能価額で売却したときに，入ってくる代金から手続費用や優先債権の分を差っ引いて，差押債権者にいくらかでも渡せるのでないと，差押債権者にとっては全く無益な執行をやったことになる。また，その額の代金から抵当権等を有する優先債権者に完全な満足を与えることができるのでないと，優先債権者は望まない時期に不完全な債権回収を強いられる結果となる。そこで，執行裁判所は，買受可能価額が決まればそれを基礎にして，売却代金から手続費用と優先債権を差っ引いても差押債権者が満足を受けられるだけの剰余が出るだろうかどうかを判断する。もし，剰余が出る見込みがないと判断するときは，その旨を差押債権者に通知し，差押債権者が必要な対応をしない場合には競売手続を取り消すのである（無剰余措置。民執63）。

(b) **無剰余措置の要件**　　無剰余措置をとるのは，不動産の買受可能価格が「手続費用」にも満たないか，あるいは「手続費用」はまかなえても「差押債権者」の債権に優先して売却代金から配当を受けうる「優先債権」があり，不動産の買受可能価額が「手続費用」および「優先債権」の見込額の合計額に満たない場合である（民執63Ⅰ）。

① 「優先」債権というのは，差押えをして競売手続を現に追行する債権者の執行債権（強制競売の場合）または実行担保権の被担保債権（担保競売の場合）を基準として，それよりも満足順位が上位にある債権である。

② 「優先債権」となるのは，(i) 先順位の担保権の被担保債権，および，(ii) 国税・地方税・社会保険料等の公課に係る債権（交付要求ないしその効力のある差押えが必要）である。差押債権者の権利に優先する抵当権であれば，仮登記のままの抵当権，仮差押えの登記に後れて登記された抵当権（民執87Ⅱ参照）を含む。優先債権となる額は，登記された元本債権および満期になった最後の2年分の利息・損害金（民375）を上限として，抵当権者から届出（民執50）のあった額である。根抵当につき根抵当権者から届出がなければ，登記された極度額による。

③ 「手続費用」は，各債権者がすでに支出しあるいは支出が見込まれる「執行費用のうち共益費用であるもの」である（民執63Ⅰ①。差押登記の登録免許税，現況調査・評価・売却の費用など）。

④ しかし，①〜③の要件を具えていても，無剰余措置の可否が問題となる場合がある。

次のような場合は，どうか。

ケース12　Sの所有する土地には，登記上，H₁が1番の根抵当権（債

（参考　東京高決昭和61・6・4判時1215号53頁，執保百選〈初版〉36事件［目黒大輔］）

　この事案では，執行債権に優先して弁済されるべき優先債権は合計3,500万円，共益費用として最優先で弁済される手続費用の見込額は合計102万4,000円で，両方を併せると3,602万4,000円となり，買受可能価額は3,200万円であるから，そのままでは，無剰余になる。しかし，差押債権者H₂に優先する債権者は，H₁とH₂だけであり，売却すればH₂に優先するH₁が完全な満足を受けることは間違いなく，差押債権者以外の優先債権者がその望まない時期に不十分な債権回収を強いられるという事態は生じない。また，H₂としては，執行債権についての満足は得られなくても，それとは別の債権ではあるが２番抵当権の被担保債権につきある程度は満足を受けることができ，全く無益な執行に終わるわけではない。競売手続を進めても，無剰余措置の制度の趣旨に反するところはないのである。それなのに無剰余措置をとれば，それまで進んできた競売手続は全く無駄になる。したがって，優先債権者が差押債権者だけである場合，あるいは，優先債権者が差押債権者以外にもいるが優先債権者の全員が債権全額の満足を受ける場合（差押債権者が全く満足を得られない場合を含む。民執63Ⅰ②参照）には，競売手続の無剰余取消しをすべきでない。

なお，二重開始決定（⇨ **4 - 7**(2)）があった場合，先行事件の差押債権者の債権を規準に判断すると無剰余であるが，後行事件の差押債権者が優先順位の債権者であってその債権を規準に判断すると剰余がある，というようなときにも，同じような問題が生ずる（中野＝下村〈改訂版〉471頁）。

(c) **無剰余措置の内容**　　無剰余と判断される場合でも，執行裁判所は，直ちに競売手続を取り消すわけではない。次のような手順を踏むので，差押債権者には競売手続続行の余地が残されている。

①　執行裁判所は，まず，差押債権者に対して無剰余見込通知（民執63Ⅰ）をする。時期は，現況調査報告書・評価書がすでに提出され，配当要求の終期が到来した後で売却実施期日の公告がされる前，が原則である。

②　通知を受けた差押債権者が競売手続の続行を望むときは，1週間以内に，手続費用と優先債権の見込額の合計額以上の額を定めて自己買受の申出と保証の提供をしなければならない（民執63Ⅱ①。その後の手続については，民執78Ⅱ・Ⅲ）。差押債権者が期間内にこの自己買受の申出と保証の提供をしなければ，執行裁判所は競売手続を取り消す（民執63Ⅱ本文）。

③　しかし，差押債権者が自己買受の申出と保証の提供をしないときでも，次の場合には，競売手続を取り消さない。それは，差押債権者が申出期間内に，(i) 無剰余（民執63Ⅰ①・②）でないことを証明したとき，または，(ii) 優先債権者の同意（不動産の買受可能価額が手続費用の見込額を超えている場合で，買受可能価額で自己の優先債権の全額弁済が受けられる見込みのない優先債権者の同意）を得たことを証明したときであり，執行裁判所は，競売手続を取り消さず，続行する（民執63Ⅱただし書）。(ii)の場合は，たとえ剰余が出る見込みはなくても，不動産が売却されれば，差押債権者としてはその支出し

た手続費用は戻ってくるし，優先債権者は債権全額でなくともそれなりの配当を受けられるし，優先債権者に配当がゆく限度で債務者の債務総額は減少するわけで，手続続行は関係人にとって必ずしも不利益ではないのである。

(d)　無剰余なのに無剰余措置をとらないまま売却を実施した場合，(i)現に優先債権・手続費用の総額を超える最高価買受申出価額が得られたときは，もはや無剰余措置の有無は問題とならないが，(ii)得られなかったときは，無剰余措置の欠落が売却の手続の重大な誤り（民執71⑧）と認められる限り売却不許可事由となり，その売却許可決定によって自己の権利を害される優先債権者等は執行抗告ができる（民執74Ⅰ・Ⅱ）。

(4)　差押不動産の保全

(a)　競売手続の進行中に差押不動産の交換価値がどんどん減少したり消滅することがあってはならない。現実には，差押不動産を不法に占拠するなどの悪質な執行妨害が跳梁し，執行妨害の予防・排除は，不動産価格の保全だけにとどまらず，競売機能を現実に左右する要点となっていた。しかし，現在では状況は著しく改善され，それが競売不動産の順調な売却を支えている。

執行手続上，執行妨害に対処する手段の核心は，**売却のための保全処分**である。

①　競売手続の債務者または不動産の占有者が「**価格減少行為**」をするときは，執行裁判所は，差押債権者の申立てにより，価格減少行為の禁止，執行官による保管，占有移転禁止などの保全処分またはその内容を執行官に公示させる公示保全処分を命ずることができる（民執55Ⅰ①〜③・55の2）。

要件となる「価格減少行為」＝「不動産の価格を減少させ，又は減少させるおそれがある行為」（民執55Ⅰ柱書かっこ書）には，物理

的減価行為と阻害的減価行為が区別される。(i) 物理的減価行為というのは，競売不動産に物理的な変更を加えて，その経済的な効用を低減・消滅させる行為である（競売建物の取り壊しや変更，競売土地への建物等の造築や土砂の搬入，侵入・損傷に任せた放置など）。(ii) 阻害的減価行為というのは，買受希望者に買受けを躊躇・断念させる行為である（競売不動産に不明瞭な占有者を引き込み，暴力団体などの関与を示し，無用の登記を構えるなど。東京地決平成4・7・3判時1424号86頁，執保百選〈初版〉29事件［松丸伸一郎］参照）。

② 価格減少行為をしている債務者または占有者を特定して発せられるのが，**通常型の保全処分**である。しかし，せっかく禁止・行為命令等の保全処分を得ても，不動産を占有して執行を妨害する者が次々に入れ替わって，これを追う新たな保全処分とのイタチごっこになってしまう。これに対抗するために，平成15年の新担保・執行法は，通常型の保全処分に加えて，次のような新型の強力な保全処分を認めた。(i) **当事者恒定の保全処分**は，民事保全の占有移転禁止仮処分（⇨ **12-1**）と同様のテクニックで後に来るべき引渡命令の執行を保全する（民執55Ⅰ③）。価格減少行為をする占有者が債務者自身であるか，または，その占有権原を差押債権者（仮差押債権者，民執59Ⅰの規定により消滅する抵当権等の権利を有する者も同じ）に対抗できない場合，不動産に対する占有を解いて執行官に引き渡すことを命じ，これと併せて執行官に不動産の保管をさせ，価格減少行為をする者に対して，不動産の占有移転を禁止するとともに不動産の使用を許し，執行官に保全処分の内容を公示させる。この当事者恒定の保全処分を命ずる決定の執行がされた場合に，売却完了後，その決定の被申立人に対して引渡命令（民執83）が発せられたときは，その効力は引渡命令の執行まで存続し，買受人は，その保全処分決定の執行後に占有した者に対しても不動産引渡しの執行が

できるのである（民執83の2 ⇨ **4 - 9**(4)(b)）。(ii) 他の1つは，**相手方不特定の保全処分**である。本来なら，保全処分の相手方をその氏名等によって特定してするのが当然であるが，執行官保管の保全処分（・公示保全処分）または当事者恒定の保全処分を命ずる決定については，その「決定の執行前に相手方を特定することを困難とする特別の事情」があるときは，執行裁判所は，相手方を特定しないまで発令できる（民執55の2Ⅰ）。発令時の特定がなくても，執行時に相手方が特定されるならば（民執55の2Ⅱ・Ⅲ），それによって不服申立ての手段も与えられ，相手方の手続保障は確保できるわけである。

保全処分の申立てについては，執行裁判所は，決定で裁判する（審尋の要否，取消し・変更の可能性等につき，民執55Ⅱ〜Ⅵ）。保全処分の決定は，その内容が強制執行に親しむ限りにおいて債務名義となるが（民執22③），保全処分によっては執行期間の定めもある（民執55Ⅷ）。

(b) **借地料代払の許可**　債務者が借地上に所有する建物を債権者が差し押さえた場合，債務者が地代・賃料の支払を怠ったため所有者・賃貸人が地上権の消滅請求あるいは借地契約の解除をして借地権がなくなれば（⇨ **4 - 3**(1)(c)），地上建物は材木同然となる。そこで，民事執行法は，差押債権者が，その申立てにより執行裁判所の許可を得て，債務者に代わって不払の地代・賃料を支払い，その代払金等につき建物の売却代金から優先的に弁済を受けることができるものとした（民執56）。代払は，すでに民法等でみとめられているが（民474・306①・307），民事執行法は，これを執行手続に組み込んで，代払をした債権者が配当要求などの手数なしに優先償還が受けられるものとしたのである。

4‑6 売却の実施

(1) 売却の方法

(a) 不動産競売につき民事執行法および民事執行規則の定める売却方法には，期日入札・期間入札・競り売り・特別売却の4種がある（民執64，民執規34～51）。それぞれに異なる特徴と長短があり，各個の事件について裁判所書記官が裁量により選択する。実際には，ほとんどの事件につき期間入札が行われているが，特別売却も顕著に実績を挙げつつある。

(b) **売却手続の経過** ① 裁判所書記官は，まず，売却方法を決定し，売却の日時・場所を定めて売却実施期日（期間入札では入札期間と開札期日）の指定を行い，執行官に売却を実施させる（民執64Ⅰ・Ⅲ，民執規35・46・50Ⅳ）。執行官は，執行機関である執行裁判所の補助機関として売却を実施する（執行官1①の事務。その売却実施行為は執行異議の対象となる執行官の執行処分ではない）。

② **売却公告** 入札・競り売りは競争売買であり，競争する買受希望者を広く誘引するために，裁判所書記官が売却公告を行う。公告時期・公告事項・公告方法は，法律および規則で定められている（民執64Ⅴ，民執規36・49・50Ⅳ）。その公告方法は掲示を原則とするが，それでは効果が薄いので，裁量的な追加手段として，日刊新聞紙に掲載し，またはインターネットを利用する等の方法による公示が行われる（民執規4Ⅲ）。売却の準備としての，「3点セット」による物件情報の公開につき ⇨ **4‑5**(1)(a)④。

③ **期間入札の手続** （i）買受申出は，裁判所書記官が定める入札期間（民執規46）内に入札をしてしなければならない。入札には，入札書（記載事項と添付書類につき，民執規38Ⅱ～Ⅳ・Ⅵ・49）を封

入した封筒に開札期日を記載して直接に執行官に差し出す方法（差出入札）と，その封筒をさらに他の封筒に入れて執行官に郵便（書留でなくてよい）または信書便（「民間事業者による信書の送達に関する法律」2）で送付する方法（郵送入札）とがある（民執規47）。(ⅱ) 入札は，買受希望者の多数の参加を予定するので，各個の入札の効力は入札書の記載自体から外形的・客観的に判定できる必要があり，入札書の形式遵守が要求される。この要求を厳格に解し，入札書の入札価額欄の不備な記載内容からみて入札価額が一義的に明確と認められないときは，その入札書による入札は無効，とした最高裁判例（最決平成15・11・11民集57巻10号1524頁）がある。(ⅲ) 執行官は，これらの入札書を封入のまま保管し，開札期日（民執規46）に，入札をした者等を立ち会わせて開札し，適式になされた入札につき最高額の入札人を最高価買受申出人と定めて（民執規42ⅠⅡ・49），その氏名・名称と入札価額を告げ，開札期日の終了を宣する（民執規41）。

④　**特別売却の手続**　入札または競り売りを少なくとも1回は実施したが適法な買受申出がなかったとき（買受人の代金不納付を含む）は，裁判所書記官は，その裁量により，執行官に対し，期間（原則として3か月以内）を定めて他の方法による売却の実施を命ずることができる（民執規51Ⅰ）。売却基準価額は，直前の入札等のそれと同額であり，そのほか，売却の一般規定の適用はあるが，売却期日の指定や公告はなく，買受申出があったときだけ作成される調書の提出を待って執行裁判所が売却決定期日を定め，所定の者に通知する（民執規51Ⅴ～Ⅷ）。

(2)　**買受申出**

(a)　買受申出は，手続上は，執行機関に対する売却許可処分の申立てであり，手続安定の要請に従って所定方式の遵守が厳しく求め

られる。(i) 実体上は，一般の私法売買におけると同じ買受申込みであり，特則がなく手続規整と抵触しない範囲では，民法規定の適用がある。買受申出に無権代理等の無効事由があり，あるいは要素の錯誤・詐欺・強迫・行為能力制限等に基づき買受申出を取り消した場合には，売却不許可事由となる（民執70・71②・74Ⅱの適用ないし類推適用）。(ii) 買受申出資格は，とくに制限がなく，執行債権者でもよいが（民執78Ⅳ参照），法は執行債務者の買受申出を許さない（民執68。立法上の当否は疑問）。(iii) 買受申出をしようとする者は，執行裁判所が定める額・方法による**保証の提供**をしなければならない（民執66）。保証の額は，売却基準価額の2割を原則とする（民執規39・49・50Ⅳ。なお，民執規51Ⅲ）。期間入札では，執行裁判所の預金口座に保証金を振り込んだ旨の金融機関の証明書または銀行等の支払保証委託契約締結証明書を，入札書を入れて封をし開札期日を記載した封筒とともに，執行官に提出する（民執規48・40Ⅰ④）。

　暴力団員が競売により不動産を取得し，暴力団事務所として利用したり，転売して利益を得たりすることを防止するために，令和元年改正により，買受けの申出をしようとする者は，自らが暴力団員等に該当しないことなどの陳述をしなければならないことが定められた（民執65の2）。執行裁判所は，最高価買受申出人について，都道府県警察に暴力団員等に該当するかどうかの調査の嘱託をし（民執68の4），該当すると認められる場合には売却不許可決定をする（民執71⑤）。

　(b) **次順位買受けの申出**　最高価買受申出人にはなれなかったが，それに次いで高額の買受申出をした者は，その買受申出額が買受可能価額以上で，かつ，最高価の買受申出額との差額が売却基準価額の2割以下である場合に限り，次順位買受けの申出ができる（民執67・80。なお，民執規41Ⅲ・49・50Ⅳ）。「もし，最高価買受申出

人となった方が代金を納付せず，そのために売却許可決定が効力を失うときは，次順位の私の買受申出について売却許可をして下さい」という申出であり，実施した売却の実効を維持し，再売却なしに売却を完結する趣旨である。

（c）**買い手がつかない場合の措置**　(i) 入札または競り売りの方法で売却を実施したが適法な買受申出がなかった場合において，不動産を占有する債務者または占有権原を差押債権者等に対抗できない占有者が不動産の売却を困難にする行為をし，またはそのおそれがあるときは，差押債権者は，妨害的な占有を排除するために，自ら申出額を定めて予備的な自己買受申出をしたうえで不動産引渡し等の保全処分を申し立てることができる（民執68の2）。(ii) 入札または競り売りの方法による売却を3回——特別売却は回数に算入しない——も実施したが適法な買受申出が全くなかった場合において，このうえ売却を実施してみても売却できる見込みがないと認められる場合には，執行裁判所は，いったん競売手続を停止することができる。差押債権者が停止通知を受けた日から3か月以内に買受申出をしようとする者を見つけて競売実施の申出をしてくれば裁判所書記官が執行官に売却を実施させる（民執68の3Ⅰ・Ⅱ）。3か月以内に競売実施の申出をしてこないとき，あるいは申出があって売却を実施したが買受申出がなかったときは，執行裁判所は競売手続を取り消すことができる（民執68の3Ⅲ）。いずれも，差押債権者の自助的な協力により競売事件の滞留を防ぐ趣旨である。

（3）**売却不許可事由**

法は，売却について，重要な瑕疵に当たる一定の事由を定め，その1つでも存在すると認めるときは執行裁判所は売却不許可決定をしなければならないものとする反面，そのような事由が認められない限りは必ず売却を許可することにしている。それが売却不許可事

由（民執71①～⑧）である。趣旨は，不当な裁量の余地を封じ売却の確実を期するにあるが，問題も多く，裁判例が多い。

売却不許可事由（民執71①～⑧）の若干を見ておこう。

(a) **競売手続の開始・続行をすべきでないこと（民執71①）** 執行の実体的要件・手続的要件（⇨ **2 - 1** (2)，**3 - 2** (1)）に欠けるものがあり（執行裁判所の無管轄，執行当事者の無能力，執行正本の不備，執行障害の存在など），その補正がないこと，執行停止・取消しの事由があること，競売申立ての取下げがあったこと，などである。目的不動産が登記簿上第三者の所有名義なのに，そのままで売却が実施されたときは，本号の不許可事由となるが，執行債務者の所有名義である不動産が第三者の所有に属する場合の売却実施は，不許可事由とならない（民執38・53・182・194参照）。

次の例では，どうか。

ケース13 Ａは，本件土地の所有者であるＸの息子であり，Ｘの実印等を保管していたが，それを利用して，自分がＹから融資を受けたさい，Ｘに無断で本件土地に抵当権を設定した。Ｙがその抵当権の実行として競売を申し立て，入札で最高価買受申出人となったＢに対して売却許可決定がなされた。Ｘは，抵当権の設定を承諾したことはなく，抵当権設定登記は無効であると主張して，売却許可決定に対する執行抗告をした。

（参考 最決平成13・4・13民集55巻3号671頁，執保百選〈3版〉24事件［名津井吉裕］）

抵当権の実行のための競売で抵当権が不存在または無効だとなったら，当然に，売却不許可事由である「競売の手続の開始又は続行をすべきでない」場合（民執71①・188）に当たり，売却許可決定に対する執行抗告ができる（民執74Ⅱ），ということになりそうだ。し

かし，そんな執行抗告を許すのは，担保執行の基本構造に反する。担保執行では，担保権の存在を証する文書の提出だけで競売手続を開始するとともに開始決定に対する執行異議により担保権の不存在・消滅を主張することを認めているからである。それだけでなく，執行抗告を許せば，不当に手続を遅延させ，買受人の期待的利益を害し，競売に対する一般の信頼を著しく損なうことになる。最高裁（前記最判平成13・4・13）も，明確に，抵当権の不存在・消滅は売却許可決定に対する執行抗告の理由とならない，と判示している。

(b) **不動産の損傷による売却不許可の申出（民執75Ⅰ）があること（民執71⑥）** (i)買受申出前に不動産が損傷した場合，執行裁判所は，売却基準価額を変更できるが（民執60Ⅱ），損傷を無視してそのまま売却を実施すれば，それが売却不許可事由（民執71⑦）となりうる。(ii)買受申出後，代金納付前に不動産が損傷した場合，それが最高価買受申出人・買受人の責めに帰しえない事由によるものならば，損傷が軽微（売却基準価額の変更が要らない程度）なときを除き，次のような手段がとれる。売却許可決定の確定前であれば，最高価買受申出人は執行裁判所に売却不許可申出をすることができ，売却許可決定の確定後であれば，買受人は，代金納付の時までに執行裁判所に売却許可決定取消しの申立てができるのである（民執75Ⅰ。なお，民執75Ⅱ・Ⅲ）。(iii)買受申出前に生じた損傷が見逃され，買受申出後，代金納付前に判明した場合，損傷とその見逃しが最高価買受申出人・買受人の責めに帰しえない事由によるものであれば，(ii)と同様である（民執75の類推適用）。(iv)不動産の損傷にかかわらず買受人が(ii)(iii)の手段をとることなく代金を納付してしまった場合，買受人は，競売手続外で担保責任（民568）を追求するほかはない（⇨(5)(d)）。

(c) **売却基準価額・一括売却の決定，物件明細書の作成またはこ**

れらの手続に重大な誤りがあること（民執71⑦）　「重大な」誤り
かどうかは，その誤りが適正価格による売買の成否・内容に著しく
影響する性質・程度のものかどうかで決まる。したがって，誤りが
あったにもかかわらず適正な最高価買受申出額が得られた場合には，
瑕疵の治癒もありうる。

　(d)　売却の手続に重大な誤りがあること（民執71⑧）　売却の手
続に他の不許可事由（民執71①〜⑦）以外の「重大な」（(c)と同じ）
誤りがあった場合である。売却実施期日の指定・公告・通知をしな
かったり不備があったこと，物件明細書等の備置き等をしなかった
り不備があったこと，売却実施期日の手続違背（民執規38〜50参照），
特別売却の要件違背（民執規51Ⅰ・Ⅱ）等を含む。

　(4)　売却許可・不許可決定

　(a)　売却決定期日　売却の実施が終了すれば，執行裁判所は，
あらかじめ指定した売却決定期日（民執64Ⅳ，民執規35Ⅱ）を開き，
売却の許可・不許可を言い渡す（民執69）。

　売却決定期日は，執行官に実施を委ねた売却実施期日とは違って，
執行裁判所自らが主宰する審判の期日としてこれとは独立に開かれ，
利害関係人にも陳述の機会を与える（民執70）。審理の対象は，法定
の売却不許可事由（⇨ (3)）があるかどうかに限られる。

　(b)　売却許可・不許可決定　①　執行裁判所は，執行記録およ
び売却決定手続で収集した一切の資料に基づき最高価買受申出人に
対する売却の許否を審査して，売却不許可事由が認められないとき
は売却許可決定を言い渡し，売却不許可事由があると認められると
きは，売却不許可決定を言い渡す（民執69）。

　言渡しの時に，すべての利害関係人に告知の効力を生ずる（民執
規54）。言渡し後，裁判所書記官が決定内容を公告する（民執規55）。

　②　売却許可・不許可決定に対しては，執行抗告ができ，決定は

確定しなければ効力を生じない（民執74I・V）。(i) 執行抗告は，言渡しの日から1週間の不変期間内に，抗告状を原裁判所に提出してする（民執74I・10II）。執行抗告ができるのは，売却許可・不許可決定により自己の権利が害されることを主張する者に限る（民執74I）。最高価買受申出人とされなかった買受申出人が，自分の最高価買受申出が無視されたという理由で売却許可決定に対して執行抗告をすることも，許される（最決平成22・8・25民集64巻5号1482頁）。これに対して，最高価買受申出人が売却の適正な実施を妨げる行為をした者（民執71④イ，65①）であると認められる場合のように，改めて売却実施処分から手続をやり直すべき場合には，他の買受申出人は，売却許可決定が確定したとしても，再度の売却手続において買受けの申出をする機会が得られないこととなるにすぎず，自己の権利が害されるものとはいえないので，売却許可決定に対して執行抗告をすることができない（最決令和2・9・2判時2470号43頁）。(ii) 売却許可決定に対する執行抗告は，次のいずれかを理由としなければならない（民執74II・III）。売却不許可事由（民執71）の存在，売却許可決定の手続に重大な誤りがあること，再審事由（民訴338I）の存在。売却不許可決定に対する執行抗告では，原決定が認めた売却不許可事由の不存在または再審事由の存在を理由とする。(iii) 抗告裁判所の審理範囲は，原則として抗告状・抗告理由書に記載された理由に限られる。(iv) 執行抗告に対する抗告裁判所の決定は，相当と認める方法で告知すれば足りる。原審への差戻しがあれば，執行裁判所は，あらためて売却決定期日を開き，売却許可・不許可決定を言い渡す。

③　売却許可決定が確定したときは，代金納付から配当等の手続に進む。売却不許可決定が確定したときは，認められた売却不許可事由に応じて手続の成行き（競売手続の取消し・停止，売却のやり直

し）が異なる。

売却の実施によって「**最高価買受申出人**」が決まり（民執規42・49・50Ⅲ），その売却許可決定が確定すれば，最高価買受申出人は「**買受人**」となり，買受人は代金を納付すれば競売不動産の所有者となる（民執78・79）。

(5) 代金納付——売却の実体的効果

(a) 代金納付の手続　売却許可決定が確定したときは，買受人は，裁判所書記官が定めて通知する納付期限までに，買受代金を裁判所書記官に納付しなければならない（民執78Ⅰ，民執規56Ⅰ・Ⅱ）。

代金納付は，(i) 期限の指定前・通知前でもでき，早く納付すればそれだけ早く所有権を取得し，登記嘱託や引渡命令を受けることができる（民執79・82・83・184参照）。(ii) 買受代金は，全額の一時納付で，分割納付を許さない（買受人が買受申出の保証等として提供した金銭等は，代金先払いとして処理される。民執78Ⅱ・Ⅲ）。買受人は，金融機関のローンと連結した代金納付の方式をとることができるし（⇨ (c)②），買受人が同時に債権者または担保権者であって自分の納める代金から弁済を受ける立場にあるときは，二重の手間を避けるため，弁済を受けるべき額を差し引いて納付する方法（差額納付）がある（民執78Ⅳ）。(iii) 代金納付期限までに代金納付がないときは，売却許可決定は，当然に失効し（民執80Ⅰ前段。なお，民執80Ⅰ後段・86Ⅰ③），改めて初めから売却手続を行うことになる（例外，民執80Ⅱ）。

(b) 買受人の所有権取得　売却許可決定によって売買が成立するが，買受人が競売不動産の所有権を取得するのは「代金を納付した時」である（民執79）。不動産の滅失・損傷についての危険負担も，この時に移転する（民執53・75）。

買受人の所有権取得は，執行債権・実行担保権の不存在・消滅に

よって影響されないが（⇨ **2 - 4**(1)(d)，**3 - 4**），競売不動産が債務者の所有でなければ空振りとなって，所有権取得の効果は生じない。

　(c)　**登記嘱託**　①　買受人が代金を納付したときは，裁判所書記官は，次に掲げる諸登記を嘱託する（民執82 I）。(i) 買受人のための所有権移転登記（民執82 I ①），(ii) 売却により消滅・失効した担保権・用益権・仮処分などの登記・仮登記の抹消登記（民執82 I ②），(iii) 差押え・仮差押えの登記の抹消登記（民執82 I ③）。

　②　ローンと連結した代金納付（いわゆる**横浜ローン方式**）の場合には，買受人と銀行の双方から依頼を受けた司法書士に裁判所書記官が登記の嘱託情報を提供して法務局（登記官）に提出させる方法（民執82 II）が認められている。

　この方式のポイントは，２つある。競売不動産の買受人が代金納付のためにローンを組んで銀行から借り受ける資金をそのまま売却代金の納付に充てること，および，買受人が代金納付により取得した不動産の上に，融資をする銀行が真っ先に順位１番の抵当権設定登記を受けることである。それを，(i) 買受人と銀行が共同で，所定の方式（民執規58の２ I ・ II）によって，代金納付の時までに申出をし，(ii) 裁判所書記官は，この申出があれば，①の登記嘱託は，申出人の指定する司法書士に嘱託情報を提供して登記所に提出させる方法でしなければならず（民執82 II 前段，民執規58の２ III），(iii) それを受けた司法書士は，遅滞なく，その嘱託情報を登記所に提供すると同時に，銀行のための抵当権設定登記の申請書類を提出し（民執82 II 後段，民執規58の２ III ・ IV），(iv) 登記所は，それを受けて，①の所有権移転登記や売却により消えた担保権の登記などの抹消登記等を行うと同時に，間髪を入れず，銀行のための抵当権設定登記を行う（「連件処理」），という４段構えで行うわけである。この方式は，次第に普及しつつある。

(d) **売主の担保責任**　執行売却も，売買であり，売主の担保責任がある。しかし，権利の不適合についての担保責任だけで（民568Ⅰ～Ⅲ・541・542・563・565），目的物の種類・品質の不適合についての担保責任はない（民568Ⅳ）。平成29年債権法改正前であるが，建物の強制競売手続において，建物のために借地権があることを前提として売却が実施されたことが「明らかである」にもかかわらず，実際には借地権が存在しなかった場合につき，改正前民法568条1項・2項，566条1項・2項を類推適用して，売却代金の配当を受けた債権者の第2次担保責任を認めた最高裁判例がある（最判平成8・1・26民集50巻1号155頁，執保百選〈3版〉34事件［伊藤隼］。なお，この最判を前提とした責任否定例として，大阪高判平成21・5・28判時2080号29頁参照。現行民法においては権利の不適合（民568Ⅰ・565）に該当するかどうかが問題になる）。

4-7　二重差押え・配当要求

(1) 債権者の競合

　訴えの客観的併合や共同訴訟あるいは訴訟参加に関する民事訴訟法の諸規定は，民事執行には適用も準用もない。(ⅰ) 同一の債務者に対してそれぞれの債権を有する多数者が共同して同一不動産に対して競売申立てをすることにも格別の制限はなく，執行裁判所は，単一の競売開始決定をもって差し押さえ，共同執行を実施できる。数人が共同して債権者適格を有する場合を除き，一部の債権者についての競売手続の停止・取消しもありうる。(ⅱ) 債権者は，数個の不動産に対する執行申立てを併合してすることができ，執行裁判所も，申立事件の関係や状況に従い，その管轄に属する数個の執行事件を併合しあるいは一部を分離して実施することを妨げない。ある

債権者の申立てによりすでに競売手続が開始された場合に，その不動産につき他の債権者が執行による満足を求めようとするときは，自らも競売申立てをして二重開始決定を得るか，配当要求（・交付要求）をするか，いずれかを選択できる。

(2) 二重開始決定

(a) すでに強制競売または担保競売の開始決定があって競売手続を実施中の不動産に対し，さらに強制競売または担保競売の申立てがあった場合には，執行裁判所は，さらに競売開始決定をする（民執47Ⅰ・188。差押えの登記もされる）。

① すでに競売開始決定があった不動産に対し，さらに同一の執行債務者に対する執行として別の競売開始決定がされた。これが二重開始決定であり，前後二つの開始決定により競合する差押えの効力を調整するための手続規定がおかれている（民執47Ⅱ～Ⅶ・188）。

前後の手続は，強制競売・担保競売の区別をとわない。申立債権者が同一であっても，先行手続とは別の執行債権・実行担保権につき競売を申し立てたのであれば，二重開始決定になる。

② 二重開始決定となる場合でも，後発の競売開始決定は一般の競売開始決定と同じで，その形式・手続・不服申立て等も同じである。債務者への送達（民執45Ⅱ）のほかに，先行差押債権者への通知がされる（民執規25Ⅰ）。

③ 後発開始決定の効力は，債務者への送達・通知が済んだ段階で，表面から隠れ，先行手続の蔭に入って静かに伏流する。その後，先行手続が順調に進めば，後発差押債権者は，競売が配当手続に入るに及んでようやく浮上し，配当要求の終期までに競売申立てをした差押債権者（民執87Ⅰ①）として配当に与るだけである。

(b) しかし，先行手続の消滅・停止があれば，後発開始決定の差押えの効力が直ちに表に出てくる。

① 先行の競売手続につき競売申立ての取下げ，競売手続の取消しがあったときは，執行裁判所は，直ちに後発開始決定に基づいて競売手続を続行しなければならない（民執47Ⅱ）。

この続行手続は，2つの面をもつ。(i) 続行手続は，後発開始決定の差押債権者が追行する競売手続であり，競売不動産上の担保権・用益権の処遇（⇨ **4 - 4**(2)(3)）は，この後発差押債権者の権利を規準として，後発開始決定の差押発効時に即して判断されることになり，先行・後発両決定の中間で対抗要件を具えた担保権・用益権ならば，続行手続で息を吹き返す。(ii) しかし，続行手続自体は，やはり，先行手続を基礎にその続きとして進められる手続であるので，先行手続における執行処分等は，そのまま効力を持続する。

② 先行の競売手続が執行停止文書（⇨ **2 - 6**(4)）の提出により停止されたにとどまるときは，いつ停止事由が解消して先行手続が蘇生するとも限らないため，直ちに手続続行に進まず，ワン・クッションをおく。

執行停止の通知（民執規25Ⅱ）を受けた後発差押債権者としては，(i) 停止事由の解消による先行手続の再進行を待つか，それとも執行裁判所に「手続を続行する旨の裁判」＝手続続行決定の申立てをするかを選ぶことができる（民執47Ⅵ）。(ii) 続行決定を申し立てることができるのは，配当要求の終期までに競売申立てをした後発差押債権者に限る。(iii) 続行決定ができるのは，後に先行手続が取り消されたとしても不動産上の引受負担についての売却条件（民執62Ⅰ②）に変更を生じない場合に限られる（民執47Ⅵただし書）。続行決定には執行異議，続行申立却下決定には執行抗告ができる（民執11・47Ⅶ）。(iv) 続行決定があれば，伏流していた後発開始決定の差押えの効力が表面にあらわれ，これに基づいて先行手続が後発差押債権者に引き継がれ続行される。先行開始決定の効力は消滅したわ

けではないので，配当等に当たっては，先行差押えが規準となる（先行差押えの登記後に登記された抵当権であれば無視される）。

(3) 配当要求

(a) 差押えをした執行債権者でなくても，執行債務者に対して金銭債権を有する者は，配当要求をすることによって売却代金からの分け前を受けることができる。

この配当要求の資格をルーズに認めると，ライオンがやっと仆した獲物に禿鷹が群がるような結果になりかねないし，分け前を要求する者たちの債権をチェックする手続上の負担も大きい。民事執行法は，配当要求ができる者を，次の範囲に限定している（民執51 I）。(i) 執行正本を有する債権者，(ii) 差押登記後に登記された仮差押債権者，(iii) 一般の先取特権を有することを証する文書（民執181 I ④）により証明した債権者。この(i)～(iii)の資格を具える限り，配当要求債権が条件未成就の停止条件付債権や未到来の確定期限付債権であってもよい。

(b) 配当要求は，(i) 裁判所書記官の定める配当要求の終期（民執49・52）までにしなければならない。配当要求の終期は，時機に後れた配当要求による売却条件の変動を防ぐため，差押発効後速やかに定められるが（民執49 I），終期の延期（民執49Ⅲ・Ⅳ）や自動的更新（民執52）もある。(ii) 配当要求は，債権の原因・額を記載した配当要求書を執行裁判所に提出してする（民執規26）。配当要求の資格を示す執行正本等の添付も必要である。(iii) 裁判所書記官は，配当要求があったことを差押債権者と債務者に通知する（民執規27）。

(c) 配当要求の終期までに配当要求をした債権者は，認可等の手続を要せず，配当等に与ることができる（民執87 I ②）。不適法な配当要求で補正がなくあるいは補正ができないものは，執行裁判所が決定で却下する。却下決定に対して，配当要求債権者は執行抗告が

できる（民執51 II）。

　(d)　配当要求は，配当要求債権につき消滅時効の完成猶予・更新の効力を有するか。

　民法147条以下の解釈として疑問もありうるが，配当要求債権者の権利行使の意思は明確だし，債務者への通知もあるのだから，民法148条に準じて，配当要求債権について完成猶予および更新の効力を認めてよい（執行正本を有する債権者の配当要求につき最判平成11・4・27民集53巻4号840頁。一般先取特権に基づく配当要求につき最判令和2・9・18民集74巻6号1762頁。いずれも平成29年債権法改正前の民法が適用された事案である）。

(4)　滞納処分の差押え・交付要求

　(a)　不動産に対して国税徴収法による滞納処分（またはその例による滞納処分）による差押えがされている場合，私債権者としては，これに配当要求をする方法はないが，強制競売・担保競売の申立てをしてこの不動産を差し押さえ，あるいは仮差押えの執行をすることはできる。また，先に私債権者の申立てによる強制競売・担保競売・仮差押えの執行がされている不動産に対して，徴収職員が滞納処分の差押え（交付要求でなく）をすることもできる。しかし，滞納処分も競売手続も，金銭執行として共通の性質をもっており，同じ不動産に対する違った手続を全く切り離して実施するのは当をえない。租税債権等の有する優先権を確保しつつ双方の手続の調整を図ることが要請される。「滞納処分と強制執行等との手続の調整に関する法律」（昭和32年法律94号）および同規則（同年最高裁規12号）に詳細な規定がある。

　(b)　国税を滞納している者が所有する不動産に対し民事執行の競売手続が行われている場合，税務署長は，執行裁判所に対し，滞納に係る国税につき交付要求書により**交付要求**をすることができる

（税徴82Ⅰ。国税の滞納処分の例による他の公租公課についても同様である。地税68Ⅳ・331Ⅳ，健康保健法180Ⅳなど）。交付要求は，民事執行の競売手続に便乗するわけなので，配当要求の規定に従い，その時期的制限（民執49・52）などの適用も免れない。

4-8 配　　当

(1) 売却代金による債権者の満足

(a) 売却許可決定が確定し代金納付があったときは，競売手続は，債権者の満足段階に入る。執行裁判所は，満足に与る債権者が1人である場合，または，売却代金で各債権者の債権・執行費用の全部を弁済できる場合には「**弁済金交付**」を行い（民執84Ⅱ），その他の場合には「**配当**」を行う（民執84Ⅰ・Ⅲ・Ⅳ。配当と弁済金交付を併せて「配当等」という）。

(b) 債権者の満足に充てられる金銭は，「売却代金」であり，買受人が納付した代金（買受申出の保証として提供された金銭等を含む。民執78Ⅱ・Ⅲ）を主とする（民執86Ⅰ①。民執86Ⅰ②・③の金銭がこれに加わる）。

(2) 配当等に与る債権者

(a) 売却代金から配当等を受ける資格をもつのは，次の各債権者である。

① **差押債権者**（民執87Ⅰ①・188）　二重開始決定があった場合には，配当要求の終期までに強制競売の申立て（または一般の先取特権の実行としての競売の申立て）をした差押債権者だけが，ここにいう差押債権者である（他の担保競売申立てをした差押債権者は後記④の規準に従う）。

② **配当要求債権者**（民執87Ⅰ②・188）　配当要求の終期（民執

49 I・52）までに配当要求・交付要求をした債権者に限る。

③　**仮差押債権者**（民執87 I ③・188）　　最初の競売開始決定に係る差押えの登記前に登記された仮差押えの債権者に限る（差押登記後に仮差押えをした債権者は，配当要求をすれば前記②の資格が得られる）。

④　**担保権者**（民執87 I ④・188）　　ⓐ　担保権者として配当等に与るのは，売却によって消滅する担保権を有する債権者に限られる。すなわち，原則として，最初の競売開始決定に係る差押えの登記前にその担保権が登記（仮登記・保全仮登記を含む）されている次の担保権者である。(ⅰ) 抵当権者（根抵当権者を含む。抵当証券が発行されているときはその所持人）。(ⅱ) 先取特権者（前記①②の一般先取特権者は別）。(ⅲ)（不用益特約付質権の）質権者。(ⅳ) 仮登記担保権者（仮登記担保16 I・17 II。根仮登記担保権者を除く。仮登記担保14）。

ⓑ　ただし，差押え・仮差押えの手続相対効（⇨ **4‒3**(3)，**11‒2**(2)）との関係で，修正が加わる。

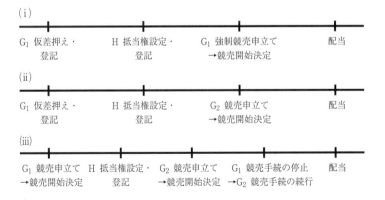

（ⅰ）仮差押えの登記後に担保権が登記され，その後，仮差押債権者が債務名義を得て強制競売を申し立て仮差押執行が本執行に移行

した場合，それらの担保権者は，配当等に与らない（民執87Ⅱの反対解釈）。(ii) 仮差押えの登記後に担保権が登記され，その後，他の債権者の申立てにより競売が開始された場合であれば，それらの担保権者は，仮差押債権者が本案訴訟で敗訴しまたは仮差押えが失効したときに限り，配当等に与る（民執87Ⅱ）。(iii) 二重開始決定（⇨ **4 - 7**(2)）があった場合に，先行差押えの登記後，後発差押えの登記前に担保権の登記を得た担保権者は，先行差押えに基づいて競売手続が行われる限り配当等に与れない。しかし，先行差押えに係る競売手続につき債務者が請求異議の訴えや担保権不存在確認の訴えを提起したりして，競売手続を停止する決定（民執39Ⅰ・183Ⅰ）が受訴裁判所によってされ，執行裁判所が後発事件について競売手続を続行する決定をした場合（民執47Ⅵ）において，執行を停止された先行事件の差押債権者がその停止に係る請求異議訴訟等において敗訴したときは，それらの担保権者も配当等に与ることができる（民執87Ⅲ）。

配当手続としては，(ii)の場合であれば仮差押えの成行きが確定するまで，(iii)の場合であれば停止に係る訴訟等が片づくまで，担保権者への配当等の額は，不確定部分につき供託され，追加配当等をまつことになる（民執91Ⅰ⑥・92）。

(b) 配当等を受ける債権の額は，債権の元本，配当期日等までの利息・損害金等の額であって（民執85Ⅰ），確定期限未到来の債権は配当期日等に弁済期が到来したものとみなされ（民執88Ⅰ），その翌日後の利息は配当等に加えられず，それが無利息債権ならば中間利息が控除される（民執88Ⅱ）。

(3) 配当等の手続

(a) 代金納付があったときは，(i) 執行裁判所は，配当期日または弁済金交付の日を定め，配当期日には配当に与る債権者および債

務者を呼び出し，弁済金交付の日や場所は裁判所書記官が通知する（民執規59，民執85Ⅲ）。(ⅱ) 配当期日等が定められたときは，裁判所書記官は，各債権者に対し，計算書（債権の元本・利息・損害金，執行費用の額を記載）を1週間以内に提出するよう催告する（民執規60）。

(b) 計算書での**請求債権の拡張**は許されない。競売手続では，競売申立ての段階で申立債権者の請求債権額を確定し，事後の手続では無剰余の判断等にそれを基準とするので，配当段階で請求債権額が拡張されると手続の後戻りや取消しが必要となることもあり，合理的な理由のない拡張を認めるわけにはいかないのである。最高裁判例も，傍論ながら同旨の結論を示し，それが「申立債権者の選択を信頼した競売手続の関係者に対する禁反言の要請」だとする（最判平成15・7・3判時1835号72頁，執保百選〈3版〉23事件［松村和徳］）。

(c) **配当期日——配当表の作成** ① 配当期日において，執行裁判所は，配当に与るすべての債権者（民執87Ⅰ各号。配当額がゼロになる債権者をも含む）について，それぞれの債権の元本，配当期日までの利息・損害金，執行費用の額・配当順位・配当額を定める（民執85Ⅰ本文）。

そのさい，配当順位・配当額を定めるについては，民法・商法その他の法律に定めるところによらなければならない（民執85Ⅱ）。優先権を有する債権者についてはその優先順位に従い，一般債権者については各債権者の債権額に応じた案分比例によって定めることになる（例外として，民執85Ⅰただし書に注意）。

配当期日における円滑な進行のための「たたき台」として事前に配当表原案を作成し，閲覧もさせたうえ，執行裁判所は，配当期日にこれを出頭者に示し，配当期日の審理（民執85Ⅲ・Ⅳ）により配当に与る各債権者につき上記の所定事項（民執85Ⅰ本文）が定められたときは，その内容に従って配当表を作成する（民執85Ⅴ）。

売却代金　3,500万円

債権者	債権額	甲　表	乙　表	配当実施額
H_1　Ⅰ抵当権	2,000万円	2,000万円	2,000万円	2,000万円
H_2　Ⅱ抵当権	600万円	600万円	600万円	600万円
G_1　仮差押え	1,000万円	450万円	—	〈450万円〉
H_3　Ⅲ抵当権	400万円	—	400万円	0円
G_2　配当要求	1,000万円	450万円	500万円	450万円

（配当実施額の〈　〉は，供託分）

②　二重配当表　　先行の仮差押えまたは手続停止中の先行差押えに後れて登記された担保権を有する債権者（⇨(2)(a)④）につき，配当期日までに先行の仮差押債権者・差押債権者の訴訟の勝敗が確定しない場合であれば，配当表には，予想される各場合に応じた見込配当額を併記し，その少ない方の額を配当実施額として掲げる。これが「二重配当表」である。

たとえば，〔M7〕のような形をとることになる。

H_1・H_2がそれぞれ1番・2番の抵当権の設定を受けて登記しており，その後にG_1の仮差押えの登記があって，それに後れてH_3の抵当権設定登記があり，H_2の競売申立てによって開始された競売手続に一般債権者G_2が配当要求をしている。G_1がその仮差押えの本案訴訟で勝訴した場合には，H_3は配当に与れず，H_1とH_2が優先配当を受けたあとに残る900万円は，同順位G_1とG_2に，それぞれの債権額に応じ案分して，450万円ずつ配当される（「甲表」）。

これに対し，G_1が本案訴訟で敗訴した場合には，G_1は配当に与れず，H_1・H_2・H_3がそれぞれの順位に従って配当を受け，残る500万円がG_2に配当される（「乙表」）。

甲表によっても乙表によっても配当額に変わりがないH_1とH_2

に対しては，直ちにそのまま配当を実施し，G_2 に対しては，450万円の範囲で配当を実施し，残りの50万円は，G_1 の仮差押えの本案訴訟の結果が決まるまで配当留保供託（民執91 I ⑥）をすることになる。

③ 配当表に関する不服

ⓐ 手続上の不服　　配当表の作成手続上の瑕疵（計算書提出催告や期日呼出しをしていなかったこと，配当表の記載に不備があることなど）については，債権者・債務者は，執行異議（民執11）を，配当期日前あるいは配当期日に，申し立てることができる。

ⓑ 実体上の不服　　配当表に記載された各債権者の債権または配当額について，その債権の存否・額・順位を争う債権者・債務者は，配当期日に出頭して配当異議の申出（民執89）をしたうえ，さらに配当異議の訴えあるいは請求異議の訴え等により異議の貫徹を図らなければならない（民執90 I・V ⇨ (4)）。

(d) 配当の実施　　配当表のうち，配当期日に配当異議の申出がなかった部分については，執行裁判所は，そのまま配当を実施する（民執89 II。配当金等を現実に交付する手続は裁判所書記官が行う。民執規61）。直ちに配当を実施できない事由がある部分については，裁判所書記官が配当額に相当する金銭を供託する（民執91）。配当の実施を完了すれば，競売手続は終了する。

(4) 配当異議訴訟

(a) 訴えの提起　　配当期日に解決しなかった配当異議を貫徹するためには，訴訟によらなければならない。

① 配当異議を貫徹するためにとるべき訴訟手段は，異議申出をした当事者によって異なる。

ⓐ 異議申出をしたのが債権者であれば，**配当異議の訴え**（民執90 I）による。

ⓑ　異議申出をしたのが債務者であれば，(i) 異議の相手方がその債権につき「執行力のある債務名義の正本」＝執行正本をもっていなければ，同じく配当異議の訴えによるが（民執90 I），(ii) 異議の相手方がその債権につき執行正本をもっていれば，配当金の配分だけでなく債務名義の執行力を排除する必要があるので，債務者は請求異議の訴え（民執35）を提起し，執行停止の仮の処分を得なければならない（民執90 V・VI。相手方の債務名義が定期金賠償を命ずる確定判決ならば民事訴訟法117条に定める訴えと仮の処分でもよい）。

　②　配当異議の申出をした債権者・債務者は，配当期日から1週間以内に，配当異議の訴え等を提起し，執行裁判所に対してその起訴証明（請求異議の訴え等の場合は，執行停止の裁判の正本の提出も）をしないと，配当異議の申出を取り下げたものとみなされてしまう（民執90 I・VI）。起訴証明があれば，訴訟の結果を待ち，訴訟が完結すれば，執行裁判所は，その結果に従って配当を実施する（民執92）。

　(b)　**訴訟手続**　①　配当異議の訴えは，訴額にかかわらず，執行裁判所の管轄に専属する（民執90 II。ここでいう「執行裁判所」は，現に執行機関として配当手続を担当する執行裁判所ではなく，執行裁判所の属する地方裁判所における裁判機関としての裁判所が受訴裁判所となる）。訴状における請求の趣旨は，原告が配当期日に申し出た異議に対応して，その範囲内で，配当表に記載された被告への配当額をどれだけ減殺すべきか，また，これに応じて原告（債権者である場合）への配当額をどれだけ増加すべきかを，ハッキリと数値を示して申し立てるべきである。第1審の最初の口頭弁論期日に原告が出頭しないと，訴えは却下される（民執90 III）。

　②　原告は，請求を理由づける事実として，被告が配当表の記載どおりの配当額を受けることができず，原告の方により多くの配当

額が与えられるべき一切の事由を主張できる。(i) 実体上の事由と手続上の事由とをとわず，債権者の側にある事由と債務者の側にある事由とをとわず，配当期日の前に生じた事由か後に生じた事由かをとわない。また，競売申立書・債権届出書等に記載した額を超える債権の存在を主張することも妨げない（この点は競売手続における請求債権の拡張と異なる ⇨ (3)(b)）。(ii) 被告債権者がその債権につき既判力ある債務名義を有する場合でも，原告債権者は，既判力に妨げられずに債権の存否や額を争うことができる。(iii) 証明責任の分配は，一般の原則に従う。たとえば，被告の債権が虚偽・仮装だとして提起された配当異議訴訟では，債権の発生原因である契約の成立等については被告に，通謀虚偽表示の事実については原告に，証明責任がある。

③　訴訟上の和解や請求の放棄・認諾も許されるが，それに従う配当実施のためには，判決の場合と同じく，さらに執行裁判所による配当表の記載変更を必要とする。

(c)　**判　決**　請求の全部または一部を理由ありとする場合には，判決において，配当表を変更し，または新たな配当表の調製のために配当表を取り消す（民執90Ⅳ）。そのどちらであっても，裁判所は，当初の配当表の係争額を配当上どのように処理すべきかを判決で明確に示さなければならない。そこに，いくつかの問題がある。

①　原告の配当異議が認められたことによって被告から取り上げられる配当利益は，どこへいくのか。

次のようになる。(i) 原告が債権者である場合には，判決において係争配当額は被告から原告に移される（民執92Ⅱの反対解釈）。(ii) 原告が債務者である場合には，判決は配当表における被告への配当額を変更するにとどめる。被告の失う配当利益は配当異議の申出をしなかった債権者にも及ぶが（民執92Ⅱ），その受けるべき配当額を

直ちに決めることはできず，執行裁判所の事後の配当処理によらねばならない（⇨ (d)②）からである。

②　被告に対する当初の配当表の配当額について，そこから原告債権者に配当されることになる金額をどのように計算するか。次の例で考えてみよう。

[ケース14]　不動産競売の配当手続において，次のような配当表が作成された。

売却代金　　　2,500万円

順　位	債権者	債権額	配当額
1	A	2,000万円	2,000万円
2	B	3,000万円	500万円
3	C	1,200万円	0円

配当期日に，2番抵当権者Bは配当異議の申出をしなかったが，3番抵当権者Cは，1番抵当権者Aの抵当権につき被担保債権の弁済による消滅を主張して配当異議の申出をし，Aを被告として配当異議の訴えを提起した。

（参考　最判昭和40・4・30民集19巻3号782頁，執保百選〈3版〉42事件［酒井一］）

裁判所が配当異議を理由ありとする場合の判決では，被告から取り上げる係争配当額を原告の有する債権の額に満ちるまで原告の配当額にそのまま加えるべきものとする。それが，通説・判例（前記最判昭和40・4・30）の立場である。[ケース14]だと，裁判所がAの債権の全額弁済を認定してCの異議請求を認容する場合には，「執行裁判所が作成した配当表のうち，被告Aに交付すべき金2,000万円の部分を取り消し，原告Cへの配当額を金1,200万円にし，被告Aへの配当額を0円とする」と判決することになる。Bは自分の方が順位は上なのにヒドイじゃないかというかもしれないが，Bは配

当異議の申出をしなかったのだから，やむをえない（**相対的処理**）。判決の結果に従って配当を受けたCに対してBが不当利得返還請求をすることができるかどうかについては ⇨ (5)(a)。

③　配当異議を認容する判決において，被告に対する当初の配当表の配当額を原告の債権額に満ちるまでプラスしてなお剰余が出る場合（ケース14 では800万円）は，どうするか。剰余額は被告の配当額にとどめるとする学説も有力であるが，判例は，債務者に返還すべきだとする（前記最判昭和40・4・30）。

(d)　**訴訟完結後の配当処理**　①　配当異議の訴えが提起されたときは，争われた配当額は供託され（民執91Ⅰ⑦），供託金は，配当異議訴訟の完結後，その訴訟の成行きに従って次のように処理される。(i) 原告敗訴の判決が確定し，あるいは原告が訴えを取り下げた等の場合には，執行裁判所は，その確定判決正本等の提出を待って係争配当額につき当初の配当表どおりの配当を実施する。(ii) 配当表を変更する旨の判決が確定した場合には，執行裁判所は，その確定判決正本の提出を待って配当表を更正し配当を実施する。(iii) 新配当表を調製するために配当表を取り消す旨の判決が確定した場合には，執行裁判所は，その確定判決正本の提出をまって新配当表を調製したうえ，さらに配当手続を行う。

②　債権者が提起した配当異議訴訟の結果による配当表内容の更正ないし新配当表の調製は，訴訟当事者である債権者双方の配当額だけについて当初の配当表の記載に変更を加えることによってなされ，当事者とならない他の債権者の受けるべき配当額は，当初の配当表のままとする（**相対的処理**）。これに対し，債務者が配当異議の訴えを提起し勝訴した場合には，被告は債権者相互間の配当関係に加わる資格を全部的または一部的に失ったわけなので，執行裁判所は，配当異議の申出をしなかった債権者のためにも配当表を変更し

て配当を実施しなければならない（**拡大的処理**。民執92Ⅱ）。

③　複数の債権者が同一の債権者に対して配当異議の訴えをそれぞれに提起し，あるいは，債権者の提起した配当異議訴訟と債務者の提起した配当異議訴訟・請求異議訴訟とが競合する場合には，それらが同一の係争部分に関する限り，全部の訴訟の完結を待って統合的に配当処理する（統合のやり方につき，中野＝下村〈改訂版〉593頁以下）。

(5)　配当と不当利得返還請求

(a)　配当に与る債権者が配当表に記載されず，または配当表記載の配当額が不当に少ないにもかかわらず配当異議の申出をしなかった場合，その債権者は，事後に，配当表に従い配当額を受領した他の債権者に対して，その配当表が実体的に正当な内容で作成されていたならば自分が受けられたはずの配当額につき，執行手続外で，不当利得として返還請求ができるか。

学説は対立しているが，最高裁は，担保権者と一般債権者を区別する立場（いわゆる制限的積極説）に立つ。すなわち，抵当権を有するなどの**担保権者**については，「抵当権者は抵当権の効力として抵当不動産の代金から優先弁済を受ける権利を有する」ことを根拠として，配当実施は配当金の帰属を確定するものでないとし，配当期日に配当異議の申出をしなかった抵当権者の不当利得返還請求を容認する（最判平成3・3・22民集45巻3号322頁）。これに対し，担保権を有しない**一般債権者**については，「配当期日において配当異議の申出をしなかった一般債権者は，配当を受けた他の債権者に対して，その者が配当を受けたことによって自己が配当を受けることができなかった額に相当する金員について不当利得返還請求をすることができない」と判示した。その理由は，一般債権者は特定の執行目的物につき優先弁済を受けるべき実体的権利を有せず，民法703条に

いう損失の発生がないから，というのである（最判平成10・3・26民集52巻2号513頁，執保百選〈3版〉40事件［中島弘雅］）。このような区別は，適式な配当期日の呼出しを受け配当異議の手続保障は与えられていた担保権者について疑問があり，配当表に基づく配当実施が「法律上の原因」（民703）を欠くことになるかどうか，当否を考えてみてほしい。

(b) **債務者**については，事情が異なる。債務者も配当異議の申出ができるが，債務者は，もともと配当に与る者ではないのだから，配当異議の申出等をしたかどうかにかかわらず，自己に対する本来の債権額を超えて配当を受けた債権者に対して，その主張が債権者の有する債務名義の既判力によって妨げられない限り，不当利得の返還を請求できる（通説・判例）。

4-9 引 渡 命 令

(1) 制度の趣旨

(a) 引渡命令は，競売不動産の買受人に提供されるアフターサービスである。

　普通の不動産売買なら，売主が土地・建物を占有している場合には，契約のさいに定めたとおり登記手続および引渡しと同時に代金の決済を完了する。しかし，競売では，売主は自分が売りたくて売るわけでなく，できればそのままそこにいたいのであるから，競売での買受人は，代金を納付した時に不動産の所有権を取得するが（民執79），不動産の引渡しは必ずしも期待できない。また，売却物件の公示にはなかった占有者がいて，引き渡してくれないこともある。任意の引渡しを受けることができなければ，所有権に基づいて引渡請求の訴えを提起するなどして不動産引渡しの債務名義を得な

いと，占有者を追い出すことができない状況に陥る。

　そのようなリスクがあれば，競売で不動産の買受希望者が集まることも期待できず，適正な換価は望めない。そこで，法は，買受人のために，不動産競売に付随して執行裁判所の略式手続により簡易に引渡執行の債務名義を取得する手段を認めた。引渡命令がそれである。執行裁判所は，代金を納付した買受人が代金納付に接着する時期に申立てをしたときは，競売事件の記録上の資料に基づいて，債務者または不動産の占有者に対し，不動産を買受人に引き渡せと命ずることができる（民執83）。

　(b)　引渡命令は，不動産競売に付随して発せられるが，不動産競売の手続の一部となる執行処分ではなく，競売が済んだあとの不動産買受人への**引渡執行の債務名義**（民執22③）である。競売は債権者の金銭債権の満足を目的とするが，引渡命令は，買受人の引渡請求権の満足を目的とする。引渡命令は，競売とは違う別個の執行債権の強制執行のために発せられるのであり，競売手続が配当等によりすでに完結した後でも，発せられる（民執83Ⅱ）。

　(c)　引渡命令の発令手続は，(i) その不動産を売却した執行裁判所の管轄に専属する（民執83Ⅰ・44・19）。(ii) 引渡命令を申し立てうるのは，代金を納付した買受人またはその一般承継人に限る。目的不動産を譲渡した買受人も，申立適格を失わず，買受人が譲渡したという事実は，買受人が得た引渡命令に対する請求異議事由ともならない（最判昭和63・2・25判時1284号66頁，執保百選〈初版〉47事件[三上威彦]）。(iii) 申立ての相手方となるのは，執行債務者および競売不動産の占有者である。(iv) 申立人・被申立人が適格者でないときは，引渡命令の申立てを却下し，発令要件を欠くときは，引渡命令の申立てを棄却する。

(2) **発令要件**

(a) **執行債務者に対する引渡命令**　売却許可決定の確定と買受人の代金完納を要件とする（民執83Ⅰ）。不動産を占有するかどうかは要件とされていない。物上保証の目的不動産の担保競売における被担保債権の債務者も，執行債務者に準じて，引渡命令の相手方となりうる（⇨(c)①②）。

(b) **執行債務者以外の者に対する引渡命令**　売却許可決定の確定と買受人の代金完納のほかに，(i) その者が引渡命令を発する当時に目的不動産を占有していること，(ii)「事件の記録上買受人に対抗することができる権原により占有していると認められる者」でないこと，(iii) 民法395条の適用を受ける抵当建物使用者については明渡猶予期間が経過したこと，を要件とする（民執83Ⅰ・Ⅱ）。

論点は，この(ii)の要件である。問題となる場合を拾っておこう。

① **賃借権者**　占有者がその賃借権を買受人に対抗できる者であれば，引渡命令の相手方とはならない。しかし，賃借権者であっても，その賃借権に対抗要件が具備されていないか，または対抗要件の具備が差押えの発効後（強制競売の場合）もしくは抵当権等の設定登記後（担保競売の場合）にされたものであるときは，その賃借権は売却により効力を失うので（民執59Ⅱ），買受人に対抗できる権原とならず，引渡命令の相手方となる。なお ⇨(c)。

例外として，(i) 抵当権者に対抗できない賃貸借により抵当建物を使用・収益する占有者であっても，「競売手続の開始前から使用又は収益をする者」（民395Ⅰ①）または「強制管理又は担保不動産収益執行の管理人が競売手続の開始後にした賃貸借により使用又は収益をする者」（民395Ⅰ②）は，買受けの時から6か月の明渡猶予期間が与えられるので，その間は，引渡命令の相手方とならない（多数説・実務。なお ⇨(3)(a)）。(ii) 平成15年の新担保・執行法の施行

（平成16年4月1日）前からの賃貸借には，それが施行以後に更新された場合を含め，施行後も民法旧395条が適用されるので（同法附則5），その適用を受ける短期賃貸借（建物3年，土地5年）による占有者は，その権原を買受人に対抗でき，引渡命令の相手方とならない。(iii) この明渡猶予が適用される賃借人から賃貸人（所有者）に無断で転貸借をしている占有者にも明渡猶予が認められるか。見解は分かれるが，賃借人に明渡猶予があるからといって，所有者に無断の転借人の占有まで保護する必要はないであろう（転使用借人につき同旨，東京高決平成20・4・25判時2032号50頁，執保百選〈2版〉37事件[三上威彦]。引渡命令を認める）。所有者からいつ明渡しを求められても仕方がない立場にある者だからである。

② 使用借権（民593）は，対抗力を具える方法がなく（借地借家1，不登3参照），最先順位の抵当権の設定前から存在する場合でも不動産の売却により失効するので（民執59Ⅱ），使用貸借による占有者は引渡命令の相手方となる。

③ 差押えの発効前から所有権に基づいて不動産を占有するのであっても，未登記の譲受人は，引渡命令の相手方となる。執行債務者と占有者の一方または双方が法人であって，その間に法人格否認の法理が適用される場合も，同様である。

④ **占有権原不明の占有者** 引渡命令の申立てに対する審理を経ても，事件の記録上買受人に対抗できる占有権原の有無が明らかにならない場合には，その占有者は引渡命令の相手方となる。その占有開始と差押えの発効との先後をとわない。

（c） 差押えの発効前（強制競売の場合）または抵当権等の設定登記前（担保競売の場合）に対抗要件を具備した賃借権に基づいて占有する者あるいは民法395条の適用により明渡猶予を受ける者（⇨ (b)①）であっても，その**占有継続が買受人に対する関係で信義則に反する**

場合には，占有権原を買受人に対抗できず，引渡命令の相手方となる。

　問題となるのは，次のような場合である。

> ケース15　Ｙは，Ｚの所有する建物を10年前に賃借して居住し，営業
> をしている。２年前にＹがＨから融資を受けたさい，Ｚは，Ｈに対す
> るＹの貸金債務のためにその建物に抵当権を設定し，その登記がされ
> た。Ｙは，期限が到来しても返済できず，Ｈは，Ｙに対する貸金債権
> の回収のため，この建物に対する抵当権の実行としての競売を申し立て，
> 競売開始決定がなされた。入札による売却の結果，Ｘが買受人となり，
> 買受代金を納付したうえ，Ｙを相手方として本件建物の引渡命令を申
> し立てた。

　（参考　最決平成13・1・25民集55巻1号17頁，執保百選〈3版〉37事
　　件［内田義厚］）

　①　この事例のように，物上保証の対象となった不動産の担保競
売において実行抵当権の被担保債権の債務者が抵当権の設定登記前
から不動産を賃借して占有している場合，債務者は，その賃借権を
抵当権者に対抗できるので，引渡命令の相手方にならないようにみ
える。しかし，競売は抵当権者に対するその賃借人の債務の弁済の
ためにされているのであるから，目的不動産を占有する賃借人＝債
務者は，実質上，執行債務者と違わない。そのような賃借人が，自
ら売却価額の下落をもたらすような自己の賃借権を主張することは，
特段の事情がない限り，信義則に反するというべきであり，引渡命
令の相手方となる（同旨の裁判例として，東京高決平成9・10・29判時
1640号131頁など）。

　②　担保競売の実行抵当権以外の抵当権の被担保債権の債務者が
不動産を賃借して占有している場合は，どうか。そこでは，実行抵

当権の被担保債権は債務者＝所有者に対する貸金債権であって，①の場合とは異なり，賃借人は競売手続上は純然たる第三者といえる。しかし，その競売で得られる目的不動産の売却代金からその賃借人の債務が弁済されるのであれば，やはり，被担保債権の債務者本人である賃借人自身がその不動産をそのまま占有し続けておられるのはおかしいのではないか。

まさにそのような場合を捉えて，前記最高裁平成13年1月25日決定は，次のように判示した。最先順位の抵当権者に対抗できる賃借権により競売不動産を占有する者〔最先賃借人〕であっても，(i)その不動産が〔最先賃借人〕自らの債務の担保に供され，その債務の不履行により抵当不動産の売却代金から自らの債務の弁済がされるべき事情があるときは，その賃借権を主張することは，信義則に反して許されず，(ii)その債務不履行の事実が，〔最先賃借人が債務者である〕当該担保権の実行として競売開始決定がされていることにより「事件の記録上」（民執83Ⅰただし書）明らかである場合には，引渡命令の相手方となる，と。

③ 他人名義で購入した不動産を担保に融資を受けた者が，その他人から賃借した形で居住している場合（大阪高決昭59・6・8判タ535号211頁）や，抵当権設定当時の所有者（債務者・物上保証人）でその後に不動産を譲渡し執行債務者になっていない者が賃借人として不動産を占有している場合（東京高決昭和60・7・17判タ576号95頁参照）などにも，引渡命令の相手方となると解される。

(3)　**発令手続**

(a)　引渡命令の申立ては，代金納付の翌日から起算して6か月以内（買受けの時に6か月の明渡猶予〔民395Ⅰ〕を受ける建物使用者が占有していた建物の買受人なら9か月以内。民執83Ⅱ）に，当事者および申立ての趣旨・原因を記載した書面によってしなければならない。

(b)　引渡命令の申立てに対しては，口頭弁論を必要とせず（審尋の必要な場合がある。民執83Ⅲ），決定で裁判する（憲32・82に違反しない。最決昭和63・10・6判時1298号118頁，執保百選〔初版〕44事件［金子宏直]）。発令要件の認定は，事件記録を基礎とする。現況調査報告書・物件明細書の記載が主要な判断資料となるが，それらが作成された後の新資料も，競売手続の経過において収集されたものは考慮される。

(c)　申立てが適法で発令要件が認められるときは，相手方に対し，申立人への競売不動産の引渡し（・明渡し）を命ずる決定＝**引渡命令**をする。(i) 競売土地上に競売対象外の建物が存在しても，競売土地の引渡命令を発する妨げとはならない（最決平成11・10・26判時1695号75頁）。(ii) 引渡命令では，即時・無条件の引渡し（・明渡し）を命ずる。執行裁判所の裁量によって期限や条件を付した将来給付あるいは金銭支払等との引換給付を命ずることはできない。

(d)　引渡命令の申立てを却下・棄却する決定に対しては申立人が，引渡命令に対しては相手方が，執行抗告をすることができる（民執83Ⅳ）。引渡命令は，確定すれば執行力を生ずる（民執83Ⅴ）。引渡請求権についての既判力はない。

(4)　引渡命令の執行

(a)　引渡命令の執行については，一般の不動産引渡（明渡）請求権の強制執行の方法（⇨ **8-2**(1)）による。執行は，執行文の付された引渡命令の正本に基づいて実施する。執行申立期間を制限する規定はないが，執行申立権につき長期の不行使による失効を認める余地がある。

(b)　売却のための保全処分（・買受人等のための保全処分）として当事者恒定の保全処分（民執55Ⅰ③・77Ⅰ③ ⇨ **4-5**(4)(a)）を命ずる決定の執行がされ，かつ，その決定の被申立人に対して買受人の申

〔M8〕 引渡命令の可否

相　　　手　　　方	引渡命令	明渡猶予
執行債務者	○	×
競売不動産の占有者 （「事件の記録上買受人に対抗することができる権原により占有していると認められる者」を除く。民執83Ⅰただし書）		
例　最先順位の賃借権者	×	×
留置権者	×	×
民法395条1項の「抵当建物使用者」	△	○
使用借権者	○	×
差押え・仮差押えの執行後に設定された賃借権に基づく占有者	○	×
占有権原が明らかでない占有者	○	×

立てにより引渡命令が発せられたときは，買受人は，その引渡命令に基づき，次の者に対しても不動産引渡しの強制執行ができる（民執83の2Ⅰ）。(i) その決定の執行がされたことを知って不動産を占有した者（民執83の2Ⅰ①）。(ii) 決定の執行後にその執行がされたことを知らないで決定の被申立人の占有を承継した者（民執83の2Ⅰ②）。(i)(ii)のいずれについても，決定の執行後に不動産を占有した者の「悪意の推定」がある（民執83の2Ⅱ。なお，執行文付与に対する異議につき，民執83の2Ⅲ）。

5 不動産の収益からの債権回収

5-1 強制管理と担保不動産収益執行

　不動産そのものを差し押さえて売却すれば，一挙に多額の回収ができる。しかし，市況が低迷して有利な売却ができにくいときもあり，競売手続には時間と手数と費用がかかる。事務所用の貸しビルや賃貸マンションなどを差し押さえるような場合には，毎月そこから上がってくる収益によって少しずつでも継続的に回収していきたい。そのために，不動産執行には，強制競売・担保競売と並んで，強制執行における強制管理と担保執行における担保不動産収益執行がある（両者を併せて管理・収益執行という）。

　競売と管理・収益執行は，手続としては，それぞれ独立である。

　民事執行法の規定上は，担保競売と担保不動産収益執行を並べたうえ不動産担保権の実行は「債権者が選択したものにより行う」（民執180）というが，どちらかを選択せよという趣旨ではない。担保権者は，同じ1つの担保権の実行として担保競売と担保不動産収益執行とを，同時にまたは相前後して申し立てることができるのである。両方を申し立てれば，両方の手続が並行して実施されることになる。

　管理・収益執行には，不動産に対する金銭執行としての共通性から，強制競売の規定の多くが強制管理に準用され（民執111），強制管理の規定が担保不動産収益執行に準用される（民執188）。管理・

収益執行は競売と違い，債務者が不動産の使用収益権を制限され，差押えが不動産自体だけでなく，収益にも及ぶので，動産執行・債権執行に類する手立てが加わる。全体として，管理・収益執行は，その目的に照らし，合理的・経済的な観点に従って実施されなければならない。執行裁判所や管理人には，積極的あるいは裁量的な活動も要求される。

5-2　管理・収益執行の手続

(1)　手続の開始

(a)　執行裁判所は，強制管理・担保不動産収益執行の開始決定をすると同時に管理人を選任する（民執93・94・188）。

（たとえば賃貸不動産に対する）管理・収益執行の**開始決定**では，(i)不動産の差押えを宣言し，(ii)債務者（賃貸人）に対して収益の処分を禁止し，(iii)収益の給付義務者（賃借人）に対して給付の目的物（賃料）を管理人に交付せよと命ずる。差押えの効力が及ぶ収益は，天然果実ならば差押発効後に収穫すべきものに限られるが，法定果実（賃料など）ならば，差押発効後に弁済期の到来する法定果実が包括的に含まれるだけでなく，すでに弁済期が到来しているがまだ取立て・譲渡などの処分がない未払の法定果実を含む（民執93 II・188。ただし，担保不動産収益執行の場合には民371の制限がある）。

(b)　選任される管理人の資格には，格別の制限はない。弁護士や執行官が管理人になる例が多いが，信託会社・銀行・不動産管理会社などの法人でも申立債権者でもよい。

(2)　管　理

管理人は，不動産の管理をし，収益の収取および換価（天然果実の売却，地代・賃料等の取立てなど）をする権限をもち，そのために

必要な裁判上・裁判外の行為ができ，その効力は債務者に及ぶ（民執95〜98）。(i) 債務者が占有する不動産については，管理人は債務者の占有を解いて自ら占有することができる（民執96）。管理は，不動産の性状に応じた通常の方法に従わなければならない。(ii) 管理不動産からの収益について管理人が取得するのは，不動産の賃料債権等自体ではなく，「その権利を行使する権限にとどまり，賃料債権等は，開始決定が効力を生じた後も，所有者に帰属している」のであり，「このことは，開始決定が効力を生じた後に弁済期の到来する賃料債権等についても変わるところはない」（担保不動産収益執行につき，最判平成21・7・3民集63巻6号1047頁，執保百選〈3版〉43事件［倉部真由美］。これを前提として，「担保不動産の賃借人は，抵当権に基づく担保不動産収益執行の開始決定の効力が生じた後においても，抵当権設定登記の前に取得した賃貸人に対する債権を自働債権とし，賃料債権を受働債権とする相殺をもって管理人に対抗することができる」と判示。抵当不動産の賃借人が，抵当権設定登記後に取得した債権を自働債権とする賃料債権との相殺をもって，物上代位権を行使した抵当権者に対抗できないとした最判平成13・3・13民集55巻2号363頁を援用している。なお⇨ **5-3**(1)(b)）。(iii) 配当等は，管理人が，収取した収益から公租公課・管理人報酬等の必要な費用を支払い，その残額を執行裁判所の定める期間（配当区分期間）ごとに計算して，その期間の満了までの配当受領権者（民執107Ⅳ・188）に対し，実施する（民執106Ⅰ・107・188）。(iv) 管理人の管理行為については，利害関係人は，執行裁判所の監督権（民執99）の発動を促すことができるほか，管理行為の違法を主張して執行異議を申し立てることができる（民執11類推）。

(3) 手続の終了

各債権者（担保不動産収益執行の場合は，申立債権者およびこれに優先

するまたは同順位の債権者）が配当等によってその債権・執行費用の全部の弁済を受けたときは，執行裁判所は，管理人の最終計算報告を受けて，管理・収益執行の手続を取り消す（民執103・110・188）。この場合に限らず，管理・収益執行の終了は，つねに（申立取下げの場合を除く）執行裁判所の取消決定による。債務者の使用収益権回復の時期をすべての関係人に対して明確にするためである。

5‑3　物上代位権の行使

(1)　行使の手続

　不動産担保権の実行の方法として，民事執行法の併記する担保競売と担保不動産収益執行のほかにも，物上代位権の行使による方法がある。

　(a)　抵当権・特別先取特権・質権は，その目的物（不動産に限らない）の売却・賃貸・滅失・損傷等によって債務者が受けるべき金銭その他の物に対しても行使することができる（民304）。この物上代位権の行使は，債権その他の財産権に対する担保権実行，したがって債権執行と同様の手続による（民執193 I 後段）。実際には，抵当権に基づき目的不動産につき債務者の有する賃料債権に対して物上代位権を行使する例と，動産売買の先取特権（民321）に基づき買主が目的物を第三者に転売して得た代金債権に対して物上代位権を行使する例が多い。

　(b)　抵当権者が抵当不動産の賃料債権に対して物上代位権を行使できるかどうかは，判例・学説上大いに争われた。最高裁は，いわゆる無条件肯定説をとり，しかも，「目的不動産に対して抵当権が実行されている場合でも，実行の結果抵当権が消滅するまでは，賃料債権ないしこれに代わる供託金還付請求権に対しても抵当権を行

使することができる」と判示して，競売権と物上代位権を重ねて行使することまで認めている（最判平成元・10・27民集43巻9号1070頁）。

(2) 物上代位と担保不動産収益執行の比較

物上代位と担保不動産収益執行とでは，それぞれにメリットとデメリットがある。

物上代位の手続では，賃借人を特定して個別に賃料債権を差し押さえなければならないが，差押債権者に直接の取立権が与えられるので，簡易・迅速な債権回収ができ，手続の費用も廉くて済む。しかし，不動産の維持管理が確保されず，不動産の減価を招き，配当の手続がないために抵当権者間の順位調整ができない。これに対して，担保不動産収益執行では，管理人が選任されるので，手続の費用は嵩むが，多数の賃借人がいる不動産でも不動産単位で手続を行うことができ，管理人が不動産の維持管理に当たるし，不法占拠者を排除し，あるいは賃料不払・用法違反を理由として賃貸借契約を解除して新規の賃借人を入れるなどの対応もできる。担保権者の方で賃借人を特定する必要もない。このように見てくると，物上代位は，賃借人の数が少なく賃料収取が簡便な小規模の不動産に適するのに対し，担保不動産収益執行は，大規模の賃貸マンションやテナントビルなどの不動産に適する，ということになりそうだ。民事執行法も，担保不動産収益執行の制度を押しつけることはしないで，事案に応じて物上代位の手続と担保不動産収益執行の手続を債権者が選択できることとし，同一不動産で両方の手続がぶつかった場合の調整規定をおくにとどめている（民執93の4・188）。

5-4 執行手続の競合

同一不動産につき管理・収益執行の手続と他の執行手続がぶつか

るときは，どうなるか。

　(i) 同一または異別の債権者の申立てによる管理・収益執行の手続と強制競売・担保競売の手続が並んだ場合には，両手続を併行して実施できる。しかし，競売手続で不動産が売却されて買受人がすでに代金を納付したときは，その納付があった時に不動産の所有権が買受人に移転し，実行担保権である抵当権等が消滅するので，もはや収益はできなくなり，管理・収益執行の手続は取り消される。(ii) 管理・収益執行の対象となる賃料債権を他の債権者が債権執行により差し押さえた場合，同じ賃料債権に対する差押えの効力が重なるが，債権執行の二重差押えのように第三債務者に供託義務を負わせて手続を複雑にする必要はなく，管理人の総合的な処理によりうる管理・収益執行の優先が認められる（民執93の4Ⅰ・Ⅲ）。(iii) 管理・収益執行の手続と賃料債権に対する物上代位権の行使がぶつかった場合については，**5**‐**3**(2)の場合と同様である。

6 金銭債権に対する強制執行

6-1 債権執行の特質——目にみえぬものとの戦い

(1) 債権その他の財産権に対する執行 (権利執行)

　近代の経済社会における信用取引・金融取引の増加・拡大は，債権の財産価値を大きく押し上げ，企業経営は，多様多彩な契約によって 夥 しい債権債務関係を形成し，生活・技術の変化・革新が絶えず新たな財産権を産んでいる。民事執行は，これらの債権その他の財産権を的確に捉え，金銭化の実効を挙げなければならない。そこでは，不動産執行や動産執行と違って，ヴァーチャルな執行対象に対する敏活なアタックと軽快な債権回収が要請されるのである。

　民事執行法は，債権その他の財産権に対する強制執行・担保執行（＝「権利執行」）のうち，金銭の支払（または船舶・動産の引渡し）を目的とする債権に対する執行（＝「債権執行」）につき詳細な規定をおく（民執143〜166・193）。その他の債権や無体財産権等に対する執行（＝「各種財産権執行」）については，それを全面的に準用しつつ，それぞれの財産権の特質に応じた柔軟な規整をおく（⇨ **7-2**）。最近，債権執行の分流として，少額訴訟債権執行および電子記録債権執行の制度（⇨ **6-6**, **6-7**）も設けられた。

(2) 不動産執行と債権執行の差異

　これまでに見てきた不動産執行と債権執行とを比べて，特に違っている点を挙げておこう。

① 不動産執行の主力は，担保権の実行としての競売であるが，債権執行の主力は，債務名義に基づく強制執行である。

② 不動産執行は，登記によって特定できる物理的存在としての不動産を対象として手続を進めることができる。これに対し，債権執行は，「純粋に観念的な，思考のなかだけに存在する対象に対する，純粋に観念的な，思考のなかだけに存在する作用」である。債務者の債権は，目に見えず，占有もなく，登記も登録もないのが普通であり，手続上，差押対象の特定や公示などが問題となる。

③ 債権執行では，執行債権者・執行債務者のほかに，不動産執行にはない「第三債務者」が出てくる。差し押さえられる債権には，執行債務者の債務者＝第三債務者がいて，自分の債権者が受ける強制執行に巻き込まれて迷惑する。そのような第三債務者にかぶさってくる手続上の負担を軽減する必要があり，執行債権者・執行債務者・第三債務者の３者間での利害調整が問題となる。

④ 不動産執行は，「差押え⇨換価⇨満足」と一貫して執行裁判所が職権で手続を進める。債権執行は，執行裁判所による差押えがあった後の手続進行が一様でなく，換価の段階では執行債権者自身による債権取立ておよび執行債権者への債権転付が重要な位置を占める。

〔M9〕 **債権執行手続**（かっこ書は民事執行法の条文）

差押命令(145)	被差押債権の取立て(155)	配当要求(154)
債務者・第三債務者に送達	取立届 (155Ⅳ)	配当・弁済金交付(166)
第三債務者に対する陳述催告(147)	取立訴訟(157)	
	転付命令(159・160)	

6-2 金銭債権の差押え

(1) どんな権利にかかっていくか――対象適格と差押禁止

(a) **執行対象の適格**　金銭執行である債権執行の主な対象となるのは，もちろん，債務者のもつ金銭債権である（ほかに動産・準不動産の引渡請求権）。(i) 独立の財産価値をもつ債権でなければならないが，私法上の債権でも公法上の債権でもよく，反対給付にかかる債権や質権の対象となっている債権などでもよい。(ii) 差押え当時に債務者がもつ債権でなければならないが，すでに現在化している必要はない。条件付債権・期限付債権でもよく，将来生ずる債権であっても，その発生の基礎となる法律関係が存在して，近い将来の発生を確実に見込むことができる財産価値をもつならば，執行対象となる。

対象適格が問題となる具体例をみておこう。

医療機関のもつ将来の診療報酬請求権を差し押さえることができるか。

現行医療保険制度のもとでは，保険医療機関としての指定を受けた病院や診療所は，患者（被保険者）に対して行った診療等につき，保険者から委託を受けた社会保険診療報酬支払基金等に対してその診療報酬を請求する権利を取得する。この支払基金に対する診療報酬請求権は，「将来生ずるものであっても，それほど遠い将来のものでない限り，現在すでに債権発生の原因が確定し，その発生を確実に予測しうるものであるから，始期と終期を特定してその権利の範囲を確定することによって，これを有効に譲渡」でき（最判昭和53・12・15判時916号25頁），したがって差押えの対象適格を有する。しかし，差押えの対象とされた診療報酬請求権が「それほど遠いも

のでない」かどうかは，明確でない。差押命令の発令時からの1年分に限って差押えを認める実務も行われたが，1年で区切ることになんの根拠もなく，実務は変わりつつある。最高裁も，これまで各期に行われる特定の診療に係るものとみられてきた診療報酬請求権に対して「継続的給付に係る債権」（民執151の2Ⅱ）としての差押えを認めるに至った（最決平成17・12・6民集59巻10号2629頁，執保百選〈3版〉49事件［佐藤鉄男］。なお⇨(4)(a)②）。

条件に係る保険契約上の請求権はどうか。

保険事故の発生や保険解約がなくても，事故発生を条件とする保険金請求権や解約を条件とする返戻金請求権が執行対象の適格をもつ（⇨ **6 - 3** (2)(b)）。

(b) **差押禁止債権**　債権者としては，差押えをする以上，目一杯の回収をしたい。しかし，債務者としては，自分や家族の生活がかかっているから，できるだけ控えてほしい。この厳しく相反する利害をどのように調整するかは，決定的な解決のありえない永遠の課題である。近代の執行法は，動産執行と同じく債権執行においても，はやくから社会政策的配慮に基づき債権の種類・範囲を画して差押えを禁止し，債務者の最低生活の保障を図ってきた。近時に及んで，消費者信用の広汎な拡大・普及があり，そこに機能すべき差押禁止の比重は増大するばかりである。

民事執行法における債権執行の差押禁止規定（民執152・153。担保執行のなかでも一般の先取特権の実行には準用。民執193Ⅱ）のほかにも，多数の特別法に多様な債権差押禁止規定（国民年金法24，健康保険法61，雇用保険法11，生活保護法58，母子保健法24，「高齢者の医療の確保に関する法律」62，「障害者の日常生活及び社会生活を総合的に支援するための法律」13，労基83Ⅱ，労災12の5Ⅱ，自賠18など）があり，これら特別法上の差押禁止規定のある債権には，民事執行法の差押禁止規定

の適用がない（通説）。民事執行法は，差押えの対象となる債権の種類と禁止範囲を掲げた法定の差押禁止（民執152）を基本としつつ，執行裁判所による裁量的変更（民執153）を認めている。

民事執行法の定める差押禁止債権は，次のとおりである。

① **給与債権**　給料・賃金・俸給・退職年金・賞与ならびにこれらの性質を有する給与に係る債権は，後述(i)～(iii)の範囲で差押えを許さない（民執152 I ②）。雇用その他の継続的役務の報酬としての給与につき総合的に規定したもので，給与の名称や計算方式をとわないし，また，今日の給与体系のもとで著しく多様化している各種の手当（扶養手当・超勤手当・管理職手当・勤務地手当など）を広く含む。

差押えが禁止されるのは，(i) 原則として，「支払期に受けるべき給付」——給与の名目額でなく，源泉徴収される給与所得税・住民税・社会保険料を差し引いた手取額（通説）——の「4分の3に相当する部分」である（民執152 I 柱書本文）。(ii) この(i)の額が「標準的な世帯の必要生計費を勘案して政令で定める額」——月払いの場合33万円（民執法施行令2 I ①。支払期の区別に応じ，同じ規準で額が決まる。民執法施行令2 I ②～⑥）——を超えるときは，超える部分は差押可能範囲に入る（民執152 I 柱書かっこ書）。(iii) 例外として，執行債権が扶養料債権など，民事執行法151条の2第1項各号に掲げる扶養義務等に係る金銭債権（定期金債権に限らない）である場合に

〔M10〕　給与債権の差押禁止

給与月額	4万円	10万円	20万円	40万円	44万円	66万円	100万円	200万円
差押禁止額 A	3万円	7.5万円	15万円	30万円	33万円	33万円	33万円	33万円
差押禁止額 B	2万円	5万円	10万円	20万円	22万円	33万円	33万円	33万円

（給与月額は手取額，差押禁止額 A は一般の債権執行の場合，差押禁止額 B は扶養料等債権執行の場合の禁止範囲）

は，差押禁止範囲は「支払期に受けるべき給付」の「2分の1に相当する部分」に縮減される（民執152Ⅲ）。差押禁止の範囲を決める「標準的な世帯の必要生計費」のなかには，執行債権者である扶養等を受けるべき者の生活費も含まれているはずだからである。

給与振込と差押禁止の関係が問題となる。

労働賃金は直接の通貨払いが原則とされている（労基24）。しかし，今日では，給与の支払は執行債務者がもつ銀行その他の金融機関の預貯金口座への振込によってなされることが多く，振込支給によって給与債権が消滅し預金債権などになってしまう。預金債権となってしまえば，債権者は振り込まれた給与の全額を差し押さえることが許されてよいのだろうか。

執行債務者の一般の口座への振込の場合については，差押禁止の適用を否定するのが多数説・裁判例（東京高決平成4・2・5判タ788号270頁，執保百選〈初版〉66事件［高田賢治］など）の立場であり，振込給与分と他の原資による預金との混合によって給与の性質が失われたこと，民事執行法153条1項の申立てによる救済の可能性もあることなどを理由とする。同じ問題が，給与振込によって生じた預金債権を受働債権とする金融機関側からの相殺の可否についても存在し，ここでも，通説は預金債権との相殺を認めており，同旨の裁判例（最判平成10・2・10金法1535号64頁）もある。

② **退職手当債権**　雇用などの継続的役務提供関係にある者が退職または死亡したときに（年金でなく）一時金として支払を受ける退職手当およびその性質を有する給与債権は，その給付の4分の3に相当する部分が差押禁止である（民執152Ⅱ）。

③ **生計維持のための継続的給付債権**　債務者が「国及び地方公共団体以外の者」から生計を維持するために支給を受ける継続的給付に係る債権は，給与債権と同じ範囲で差押禁止に服する（民執

152 I ①)。民法上の扶養請求権（金銭債権として具体化したもの。民881参照）のほか，生命保険会社・銀行等との私的年金契約による継続的収入なども，生計維持に必須なものは，その限度でここに含まれる（国・地方公共団体から支給を受ける継続的給付については，それぞれの法令に差押禁止規定がある。恩給法11Ⅲ，厚生年金保険法41Ⅰなど）。

(c) **差押禁止範囲の変更**　法定の差押禁止は画一的で，各個の具体的事案に必ずしも適合しない。そのため，差押禁止の範囲を裁量的に変更する裁判が認められる。

執行裁判所は，(i) 債務者の申立てにより，債務者および債権者の生活状況その他の事情を考慮して，差押命令の全部または一部を取り消して差押禁止範囲を拡張することができ，あるいは，(ii) 債権者の申立てにより，債権者および債務者の生活状況その他の事情を考慮して，差押禁止範囲を縮減して差押命令を発することができる（民執153Ⅰ。なお，民執153Ⅱ・Ⅲ・Ⅴ）。

債務者が差押禁止範囲の拡張を求める機会を実質的に確保するために，令和元年改正により，裁判所書記官は，差押命令を送達するに際し，債務者に対し，民事執行法153条1項または2項により差押命令の取消しの申立てをすることができることやその手続の内容を書面で教示しなければならないことが定められた（民執145Ⅳ）。また，被差押債権の取立てに応じて支払がされ，または転付命令が効力を生じてしまうと，差押禁止範囲の拡張を求めることができなくなるので，被差押債権が給与債権などその一部が差押禁止とされる所定の債権（民執152Ⅰ・Ⅱ）である場合には，執行債権が扶養義務等に係る金銭債権（民執151の2Ⅰ各号。 ⇨ **7 - 3**）であるときを除き，差押命令が執行債務者に送達された日から4週間を経過するまで，差押債権者は取立てができず（民執155Ⅱ），転付命令が確定してもその効力が生じないことが定められた（民執159Ⅵ）。

(d) **手続上の取扱い**　法定の差押禁止は，執行裁判所が差押命令の申立てを審理するさいに職権で調査する。差押禁止範囲の拡張または縮減の申立てをした債務者または債権者は，その申立てを理由づける特別の事情の存在につき証明責任を負う。法定の差押禁止に違背する差押命令は，執行抗告に基づき取り消されうる（民執145Ⅵ）。

(2) **差押命令の申立て**

(a)　申立書には，執行債権者・執行債務者・第三債務者および執行目的債権を表示し（民執規133），執行債権者の執行債権額を明示する。目的債権が単一ならば，執行債権の額が目的債権の額より小さくても，その全部を差し押さえることができる（民執146Ⅰ）。強制執行では，申立書に執行正本を添付し，担保執行では，担保権の存在を証する文書の提出が必要である。

　差押命令の申立書には，どの債権を差し押さえてほしいのかを，他の債権との誤認・混同がないように「**特定**」して表示する。差し押さえるべき債権の種類および額その他の債権を特定するに足りる事項を記載し，債権の一部を差し押さえる場合には，その範囲を明らかにしなければならない（民執規133Ⅱ）。差し押さえられる債権＝**被差押債権**（実務では「**差押債権**」とよぶ）をその記載によって特定できない差押命令は，無効である。

(b)　**債権を特定するのに必要な事項**を債権者が確知できない場合には，どうすればよいのか。

　次の例で，それを考えてみよう。

> [ケース16]　甲は，乙商社に対する売掛代金請求の訴訟で勝訴の確定判決を得た。すぐに乙のもっている銀行預金債権を差し押さえて転付命令をとってしまいたい。しかし，乙の取引銀行が丙銀行であることまでは判っているものの，乙が丙銀行のどこの支店にどういう種類の預金をも

> ち，預金額はどれだけあるのか，というところまでは判らない。

（参考　最決平成23・9・20民集65巻6号2710頁，執保百選〈3版〉48
事件［髙田昌宏］，東京高決平成5・4・16高民集46巻1号27頁，執保
百選〈初版〉60①事件［髙田昌宏］，東京高決平成8・9・25判時1585
号32頁，執保百選〈初版〉60②事件［髙田昌宏］，東京高決平成24・
4・25判タ1379号247頁）

①　銀行の預金は，実務上，預け入れられた銀行の取扱店舗ごと
に別個の債権であるとして，被差押債権の特定のためには取扱店舗
（本店・支店等）の特定が必要とされてきた。しかし，銀行の取扱店
舗は，それぞれが銀行とは別の独立した法人であるわけはないし，
各金融機関で本・支店の全預金者の「名寄せ」や顧客情報管理シス
テムの整備も行われている。近い将来には，取扱店舗を特定しない，
あるいは複数の店舗に順序を付した差押命令が許されるようになる
かもしれない。しかし，これまでのところ，取扱店舗の検索を銀行
の負担とするのでは膨大な預金総量と業務分担の実態に照らし迅速
な執行を阻害するおそれが大きく，差押命令の申立てにおける取扱
店舗の特定は欠かせない。

　預け入れられた銀行の取扱店舗が特定されれば，預金の種類や口
座番号による特定については，直接の特定でなくても，特定規準を
具体的に指定する間接的特定で十分とされる。たとえば，〔M11〕
のような**差押債権目録**を付してする差押申立てが実務では普通に行
われてきた。差押申立てにおいて指定された順序に従って差し押さ
える預金債権が特定できるならば，これを不適法とする理由はない。

②　しかし，ケース16で，甲は乙の預金債権があるのは丙銀行
であることを知っているが，丙銀行にはA支店・B支店・C支
店・D支店があり，乙の預金債権が丙銀行のどの支店にあるのか

差押債権目録

金 ○○○○ 円

　債務者が第三債務者株式会社○○銀行（○○支店扱い）に対して有する下記預金債権のうち，下記に記載する順序に従い，頭書金額に満つるまで

記

1　差押えのない預金と差押えのある預金があるときは，次の順序による。
　(1)　先行の差押え，仮差押えのないもの
　(2)　先行の差押え，仮差押えのあるもの

2　円貨建預金と外貨建預金があるときは，次の順序による。
　(1)　円貨建預金
　(2)　外貨建預金（差押命令が第三債務者に送達された時点における第三債務者の電信買相場により換算した金額（外貨）。ただし，先物為替予約があるときは原則として予約された相場により換算する。）

3　数種の預金があるときは，次の順序による。
　(1)　定期預金
　(2)　定期積金
　(3)　通知預金
　(4)　貯蓄預金
　(5)　納税準備預金
　(6)　普通預金
　(7)　別段預金
　(8)　当座預金

4　同種の預金が数口あるときは，口座番号の若い順序による。
　なお，口座番号が同一の預金が数口あるときは，預金に付せられた番号の若い順序による。

を知らないという場合はどうか。あるいは，乙の預金債権なら大銀行であるＸ銀行・Ｙ銀行・Ｚ銀行のいずれかの支店にあるはずだというような場合は，どうすればよいのか。

　諸般の事情から，差し押さえるべき債務者の預金債権を厳密に特定しない差押命令の申立てが多くみられる。同じ銀行の複数の支店に順位をつけて（あるいは銀行の支店番号の順序による）預金債権の差押命令の申立てがなされ，そのような支店の順位・順序による被差

押債権の特定を認めない裁判例と，特定を認める裁判例とが，多数それぞれの理由を掲げて対峙し，学説の賛否も分かれた。

このような混沌のなかで，注目すべき1つの最高裁判例が生まれた。

事案は，債権者Xが債務者Yに対する金銭債権の債務名義により，いずれも代表的な大銀行であるZ_1・Z_2・Z_3（第三債務者）のそれぞれにYがもっているはずの預金債権に対する差押命令の申立てをしたもので，その申立てには，これら大銀行の全ての店舗を対象として順位付けをし，先順位の店舗の預金債権の額が差押債権額に満たないときは，順次予備的に後順位の店舗の預金債権を被差押債権とする旨の差押えを求めている。差押申立ての却下，原審の抗告棄却に続き，最高裁が次のように述べて抗告棄却の決定をしたのである（前記最決平成23・9・20）。

判旨は，民事執行法の定め（民執規133Ⅱ，民執145ⅠⅤ・156Ⅱ）に鑑みると，「民事執行規則133条2項の求める〔被〕差押債権の特定とは，債権差押命令の送達を受けた第三債務者において，直ちにとはいえないまでも，差押えの効力が上記送達の時点で生ずることにそぐわない事態とならない程度に速やかに，かつ，確実に，差し押さえられた債権を識別することができるものでなければならないと解するのが相当であり，この要請を満たさない債権差押命令の申立ては，〔被〕差押債権の特定を欠き不適法というべきである。債権差押命令の送達を受けた第三債務者において一定の時間と手順を経ることによって差し押さえられた債権を識別することが物理的に可能であるとしても，その識別を上記の程度に速やかに確実に行い得ないような方式により〔被〕差押債権を表示した債権差押命令が発せられると，差押命令の第三債務者に対する送達後その識別作業が完了するまでの間，差押えの効力が生じた債権の範囲を的確に把握

することができないこととなり，第三債務者はもとより，競合する差押債権者等の利害関係人の地位が不安定なものとなりかねないから，そのような方式による〔被〕差押債権の表示を許容することはできない」。本件申立ては，大規模な金融機関の全ての店舗を対象として順位付けをする方式による預金債権の差押命令を求めるものであり，〔被〕差押債権の特定を欠き不適法である，とした（田原睦夫裁判官の補足意見がある）。

この決定は，貴重な先達として後続する裁判例を導くものと予想される。

しかし，この最決は，それによって前途を塞がれた債権者のためになんらの新しい救済の道を指示することもなかったし，債務者の側では，金融機関等における自分たちの資産の所在を暴かれることもなかった。このため，その後も，債権者なり執行機関が金融機関等から情報を得る方法を設け，あるいは債務者からの財産開示を求める手続の強化を真剣に追求するなどの方策が，課題とされた。この課題に対して，令和元年改正により，財産開示手続（民執196以下）が強化されるとともに，第三者からの情報取得手続（民執204以下）が設けられ，債務名義を有する債権者の申立てにより裁判所が金融機関に対して債務者の預金債権についての情報の提供を命ずること（民執207）が可能となった（⇨ **7‐5**）。

(c)　差押命令の申立てのなかで申立債権者が提示した請求額でも，執行手続中に動く部分がある。

債務名義では執行債権の付帯請求（利息・損害金）の終期が「元本の支払済みに至るまで」となっている場合に，債権執行の実務では，第三債務者が自分で利息・損害金の額を算出しなければならなくなる負担等を考慮して，差押命令申立ての附帯請求には申立日までの確定金額を記載させることが行われ，その当否が問題となった。

最高裁は，この取扱いに理解を示し，力強くバックアップした。このような取扱いに従って差押申立てをした債権者であっても，特段の事情がない限り，配当手続において（配当期日までの額を加えた）債務名義の金額に基づく配当を受けることができると判示し（最判平成21・7・14民集63巻6号1227頁，執保百選〈3版〉65事件［畑宏樹]），さらに，第三債務者から支払を受けた取立金は申立日の翌日以降の遅延損害金にも充当することができると判示したのである（最決平成29・10・10民集71巻8号1482号）。

(d) 適式な差押命令の申立てがあれば，執行裁判所は，申立書の記載に従い，差押えの許否を決定する。差押命令は，執行債務者および第三債務者を審尋しないで発する（民執145Ⅱ）。

執行裁判所は，差押目的債権の執行対象適格（⇨(1)(a)）は調査するが，その債権が存在するかどうかは調査しない。その債権が執行債務者に属するかどうかも調査しない。差押命令の申立てがあった段階で，それを知った執行債務者がサッサと債権譲渡や取立てをしてしまい，執行は挫折しかねないからである。債権の存在や帰属は，差押命令を発した後で，それが争われたときに取立訴訟（民執157）や被転付債権請求訴訟で受訴裁判所に審理・判断してもらえばよい。それが，執行裁判所と受訴裁判所の役割分担である。存在しない債権の差押えも，執行法上は適法であり，差押えが「空振り」となるにすぎない。

執行裁判所は，差押命令の申立てを適法と認めれば差押命令を発し，不適法と認めれば申立てを却下する。これらの決定に対しては，執行抗告ができる（民執145Ⅵ・193Ⅱ）。

(3) 差押命令

(a) 差押命令は，2つの内容をもつ（民執145Ⅰ）。(i) 執行債務者に対する，被差押債権の取立てその他の処分の禁止，および，(ii)

第三債務者に対する，執行債務者への弁済の禁止（「支払の差止め」）
である。

①　差押命令では，被差押債権を**特定**しなければならない。差押
命令自体の合理的解釈によって他の債権と識別できる程度に特定し
て表示するが，その「識別できる程度」は，他に誤認・混同が生じ
そうな債権が存在する可能性などの客観的事態との関連で決まる。
表示の精確さにつき過大な要求を立てることはできず，差押命令自
体で同一性認識が可能ならば，被差押債権の発生原因や額などに不
正確な表示があってもよい。継続的な供給契約・運送契約などの法
律関係を特定して表示し，そこから生じた特定範囲の複数債権をま
とめて差し押さえるような差押命令も許される。

②　被差押債権が1個であれば，その全部について差押命令を発
することができる（民執146 I）。執行債権50万円で債務者の預金債
権200万円の全部を差し押さえても，動産執行の場合（民執128 I）
とは違って，超過差押えとはならないのである（微小の執行債権によ
る巨大債権の差押えの申立ては権利濫用となりうる）。もちろん，債権者
は，「200万円のうち自分の執行債権50万円と執行費用の合算額」と
いうように一部差押えを申し立てることはできる（次の③もその例）。
しかし，債務者が複数の預金債権をもっていて，そのうちの1つの
預金債権の額で債権者の執行債権と執行費用の合算額を超えるよう
な場合には，他の債権を差し押さえることは許されない（民執146 II）。

③　差押命令は，転付命令（⇨ **6-3** (4)）とともに申し立てられ，
差押命令と転付命令がいっしょに発せられることも多い。

(b)　差押命令は，執行債務者および第三債務者に送達しなければ
ならない（民執145 III）。差押えの効力が生ずるのは，「差押命令が第
三債務者に送達された時」である（民執145 V）。

同じ債権に対して執行裁判所による差押命令の発付と執行債務者

事件番号　　令和○年(ル)第○○○号

令和○年(ヲ)第○○○号

債権差押及び転付命令

当事者　　　別紙当事者目録記載のとおり

請求債権　　別紙請求債権目録記載のとおり

1　債権者の申立てにより，上記請求債権の弁済に充てるため，別紙請求債権目録記載の執行力のある債務名義の正本に基づき，債務者が第三債務者に対して有する別紙差押債権目録記載の債権を差し押さえる。

2　債務者は，前項により差し押さえられた債権について取立てその他の処分をしてはならない。

3　第三債務者は，第1項により差し押さえられた債権について債務者に対し弁済をしてはならない。

4　債権者の申立てにより，支払に代えて券面額で第1項により差し押さえられた債権を債権者に転付する。

令和○年○月○○日

○○地方裁判所民事部

裁判官　　　氏　　名　　　印

による債権譲渡がカチ合った場合，どちらが勝つのか。第三債務者に差押命令が送達された日時と第三債務者への確定日付証書による債権譲渡通知の到達または確定日付証書による第三債務者の承諾の発信（民467）の日時のうちどちらが先かによって，差押債権者と譲受債権者の優劣が決まる（最判昭和49・3・7民集28巻2号174頁。なお，動産債権譲渡特例法による債権譲渡登記との競合につき，中野＝下村〈改訂版〉734頁）。

(4) **差押えの効力**

(a) **効力の及ぶ範囲**　①　差押えの効力は，差押命令において
とくに限定しない限り，差押えが効力を生ずる時の被差押債権の全
額に及び，その債権に付いている担保権（根抵当権も含まれる）や差
押発効後の利息・損害金債権などの「従たる権利」にも及ぶ。

②　給料その他の継続的給付に係る債権に対する差押えの効力は，
執行債権および執行費用の額に達するまで，差押え後に受けるべき
給付に及ぶ（民執151）。各月分の給料を毎月差押えをする手数は煩
わしいし，うっかり遅れると債務者が受け取って処分したり他の債
権者が差し押さえ取り立ててしまう危険もあるので，包括的な差押
効を認めて差押債権者を保護する趣旨である。給付の支払期・支払
額が一定でなくても，給付の継続する基本関係が社会通念上同一で
あれば足り（会社の役員報酬なども含む），同一の基本関係が存続する
限り，給付内容に変更（昇給・家賃値上げなど）があってもよい。

(b) **関係人の地位**

①　**差押債権者**　被差押債権を取り立て，あるいは転付命令そ
の他の換価処分を申し立てることができる（⇨ **6 - 3**）。被差押債権
につき証書（貸借証書・預貯金証書，債務名義となる文書など）があれ
ば，執行債務者より引渡しを受けることができる（民執148）。

②　**執行債務者**　差押発効後は，差し押さえられた自分の債権
（被差押債権）の取立てはできず，その他の処分（譲渡・免除・相殺・
期限の猶予など）もできない。この処分禁止に抵触する執行債務者
の処分は，差押債権者のほか，その差押えに基づく執行手続がある
限り，これに参加するすべての債権者に対して，その効力を対抗で
きない（差押えの手続相対効）。

被差押債権の発生原因である法律関係自体についての執行債務者
の処分——給料債権差押え後の退職，賃料債権差押え後の賃貸借契

約の解除など——は，妨げない。しかし，賃貸中の建物の所有者が自己の債権者からその賃料債権を差し押さえられた後に建物を第三者に譲渡した場合には，差押えの効力が及ぶ範囲の賃料債権の処分になるから，建物の譲受人は賃料債権の取得を差押債権者に対抗できない（最判平成10・3・24民集52巻2号399頁，執保百選〈3版〉51事件［河崎祐子］）。

被差押債権について執行債務者が第三債務者を被告として給付の訴えを提起あるいは追行することも許される。訴訟は，直ちに執行債権者の満足を害するわけでないから差押えの処分禁止には反せず，執行債務者は第三債務者に対する無条件の給付判決を受けることができる（なお ⇨ **11 - 2**(2)(c)）。

差押えにより，執行債権につき消滅時効の完成猶予の効力が生ずるが（民148Ⅰ①。⇨ **2 - 6**(6)），被差押債権については生じない。

③ **第三債務者** 差押発効後は，執行債務者に弁済しても，差押債権者には対抗できず，差押債権者から取立てを受ければ二重払いを免れない（民481）。差押発効時に執行債務者に対して有した，それ以前の弁済等の抗弁事由は，すべて差押債権者に対抗できるほか，執行供託により債務を免れることができる（民執156）。

せっかく執行債務者の銀行預金債権を差し押さえても，第三債務者である銀行からの執行債務者に対する貸付債権をもってする預金債権との相殺を受けてアウトになるケースが多い。相殺という手段は，銀行にとっては貸金の担保となるもので（預金担保貸付），相殺権の行使は一種の許された自力執行（相殺権という担保権の私的実行）なのである。**差押えと相殺の関係**につき，民法は，第三債務者が執行債務者に対して差押発効後に取得した債権による相殺をもって差押債権者に対抗することはできないと規定し（旧民511），差押発効前に取得した債権で差押発効時にはまだ約定期限が来ていなかった

債権による差押発効後の相殺をもって第三債務者が差押債権者に対して対抗できるかどうかについては規定がなかった。判例は，変転を経たが，現在では，自働・受働両債権が，それぞれの弁済期の先後をとわず，また（「債務者が差押えを受けたときは直ちに相殺できる」というような）相殺予約を介してであっても，とにかく相殺適状に達しさえすれば，第三債務者は差押発効後の相殺をもって差押債権者に対抗できる，とする立場（いわゆる無制限説）を採った（最大判昭和45・6・24民集24巻6号587頁，執保百選〈初版〉65事件［河野正憲]）。実務も，この線で安定を続けてきた。この点について，平成29年民法改正により，第三債務者は差押発効前に取得した債権による相殺をもって差押債権者に対抗することができることが規定され，無制限説を採ることが明らかにされた（民511Ⅰ）。また，差押発効後に取得した債権による相殺をもって差押債権者に対抗することはできないという原則とともに，その債権が差押発効前の原因に基づいて生じたものであるときは，差押発効後に他人の債権を取得した場合を除き，その債権による相殺をもって差押債権者に対抗することができることが規定された（民511Ⅰ・Ⅱ）。

④　被差押債権が当初から**第三者**に属する場合，または，第三者が差押発効前に執行債務者から債権譲渡を受けあるいは質権の設定を受けて，その対抗要件を具えた場合であれば，第三者の有するこれらの権利は，債権差押えによってなんら影響を受けない。第三債務者が差押債権者の取立てに応じて弁済したときでも，これらの権利者は，第三債務者に対し二重弁済を請求できる。

(5)　**第三債務者**に対する陳述催告

執行債務者が本当に債権をもっているかどうかがハッキリせず，差押債権者が実はヤミクモに差押えを申し立てている場合が多い。差押債権者に多少でも情報を得させて事後どうするかの判断資料を

与えようというのが，陳述催告である。

差押債権者の申立てがあれば，裁判所書記官は，差押命令の送達にさいし（同時に転付命令があった場合でもよい），第三債務者に対して，差押命令送達の日から2週間以内に被差押債権の存否・種類・額その他の所定事項（民執規135Ⅰ①～⑤）について書面で（民執規135Ⅱ）陳述すべき旨を催告しなければならない（民執147）。

催告を受けた第三債務者の陳述は，事実報告にとどまる。第三債務者が被差押債権の存在を認め弁済の意思があると陳べた場合でも，債務承認の効果（民152Ⅰ）は生じないし，その後の相殺も妨げない（最判昭和55・5・12判時968号105頁，執保百選〈3版〉54事件［手賀寛］）。

(6) 担保権付債権の差押え

登記・登録がされた抵当権・先取特権・質権によって担保される債権に対する差押命令が効力を生じたときは，裁判所書記官は，差押債権者の申立てにより，その債権について差押えがされた旨の登記・登録を嘱託しなければならない（民執150）。

被担保債権の差押えは，その効力が従たる権利としての担保権に及ぶので，差押登記等を経ることは，担保権の処分禁止を公示し取引の安全を期するとともに，差押債権者が被差押債権の取立てのために行う担保権実行の準備ともなる。元本確定前の根抵当権の被担保債権に対する差押えの効力が根抵当権に及ぶかどうかについては，争いもあるが，根抵当権によって把捉された担保価値を逸すべきでなく，民法398条の7の射程外として肯定すべきである。

担保権付債権に対する差押えが効力を生じた後は，執行債務者はその担保権を実行できず，差押債権者がその取立権により担保権の実行をすることができ，担保権につき差押えの付記登記のされた登記事項証明書が民事執行法181条1項3号の所定文書となる。同一の担保権付債権につき譲渡と差押えとが競合したときは，債権譲渡

の第三者対抗要件の具備と差押命令の第三債務者への送達との先後によって優劣を決することになる。

被差押債権の換価の終了等に至れば，裁判所書記官は，（転付命令の発効等による）担保権の移転登記等を嘱託するとともに差押登記等の抹消を嘱託する（民執164。転付命令が効力を生じたときには，申立てにより，担保権の移転登記等の嘱託もされる）。

6‑3 金銭債権の換価

(1) 換価方法の特異性

債権のもつ金銭価値を現実化するのに，一般の取引では「債権取立て」と「債権譲渡」の2つの方法がある。被差押債権の換価方法も，基本的にこれに対応する。民事執行法は，差押債権者による被差押債権の取立てを原則としつつ，券面額のある金銭債権である被差押債権を代物弁済的に差押債権者に移転する転付命令を認め，さらに特別換価の手段として譲渡命令・売却命令等を許す。本来ならば強制執行権を有する国家が責任をもって実施すべき執行換価が，不動産執行や動産執行における換価とは異なり，ここでは，私人である差押債権者の取立活動に大きく依存し（民執155参照），転付命令にあっては執行対象である被差押債権そのものが差押債権者の満足に充てられる（民執160）のである。

(2) 被差押債権の取立て

(a) 差押債権者の取立権
金銭債権を差し押さえた債権者は，差押命令が執行債務者に送達された日から1週間（被差押債権が給与債権などその一部が差押禁止とされる所定の債権〔民執152Ⅰ・Ⅱ〕である場合には，原則として，4週間〔⇨ **6‑2**(1)(c)〕）を経過したときは，被差押債権の取立てができる（民執155Ⅰ本文・Ⅱ）。差押えの効力は，

その第三債務者への送達があった時に生じているのに（民執145Ⅴ），なぜ1週間も待たせるのか。それは，差押命令を受けた執行債務者としては執行抗告をして執行停止の仮の処分を求めることもできるわけなので，それをするための時間的余裕が必要だからである。

取立権の範囲は，差押えの効力の及ぶ範囲（⇨ **6 - 2**(4)(a)）に及ぶ。執行債権が50万円であっても200万円の被差押債権の全額につき取立てができるが，差押債権者が取り立てて満足を受けうるのは，その執行債権と執行費用の合計額までに限られる（民執155Ⅰただし書）。第三債務者に対し破産手続開始決定があった場合であれば，差押債権者は，被差押債権の全額で破産債権の届出（破111）をすることができ，この額に応じて破産財団からの配当の額も決まることになるが，差押債権者がそこから満足をうけることができるのは執行債権と執行費用の合計額を限度とするわけである（なお ⇨ **6 - 5**(1)(a)）。

(b) **取立権の内容**　差押債権者は，自分の名で，第三債務者に対して，被差押債権の取立てに必要な裁判上・裁判外の一切の行為ができる（なお，民執148Ⅱ）。支払を催告し，支払督促を申し立て，取立ての訴えを提起し，さらに強制執行もできるし，第三債務者につき開始された破産・民事再生・会社更生等の手続での債権届出もできる。しかし，取立ての目的を超える行為（被差押債権についての免除・期限猶予・債権譲渡など）はできない。

取立てに必要な行為かどうかが問題となる場合もある。

① **相　殺**　取立債権者が，被差押債権を自働債権とし，第三債務者の取立債権者に対する債権を受働債権として相殺できるか。意見は分かれるが，他の債権者との執行競合や配当要求がない限り（民執156Ⅱ参照），認めてよい。相殺を認めずに取立てをさせても，取り立てられた利益は第三債務者によって取立債権者から取り戻さ

れ，第三債務者に環流するだけだからである。

② **取消権・解除権の行使**　取立債権者は，執行債務者の有する詐害行為取消権（民424）を行使し，あるいは差し押さえた定期預金債権につき満期前に解約して，これにより現実化する被差押債権を取り立てることができる。

執行債務者が生命保険に入っている場合の解約返戻金請求権は，どうか。

ケース17　Ｓは，生命保険会社Ｄとの間で，Ｓを被保険者とし保険金受取人をＡとする，保険金額3,500万円の定期付終身生命保険契約を締結している。この保険契約では，Ｓはいつでも保険契約を解約することができ，その場合には保険者であるＤがＳに対し所定の解約返戻金を支払う旨の特約が付いている。Ｓに対して500万円の貸金債権を有するＧは，この貸金債権につき確定判決を得て，ＳのＤに対する解約返戻金請求権を差し押さえ，第三債務者Ｄに対して本件保険契約を解約する旨の意思表示をした後，Ｄに対して解約返戻金の支払を請求した。しかし，Ｄは，生命保険契約には被保険者・保険金受取人の生活保障機能があり，私人である差押債権者の解約権行使は認められないと主張して，解約に応じてくれない。

（最判平成11・9・9民集53巻7号1173頁，執保百選〈3版〉57事件［上原敏夫］）

差押債権者の解約権行使を認めれば，解約権の行使によって債務者は保険金請求権を失い，条件付権利の差押えであるのに無条件の権利の差押えと同じ結果を導くことになる。また，保険は生活保障の手段でもあるから，差押債権者としては，債務者の資力不十分が要件となっている債権者代位権（民423）の行使によるべきものと解すべきだとする意見もある。しかし，最高裁は，ケース17と同様の事案につき，差押債権者の解約権行使を認めた。その理由として，

生命保険契約の解約権は，一身専属権でなく，解約権の行使は差し押さえた解約金返戻請求権を現実化するために必要不可欠な行為であり，取立てを目的とする行為である。解約返戻金請求権は差押禁止財産にもなっていないのに，同じように債務者の生活保障の手段でもある預貯金債権と異なる取扱いをする理由はない，と判示している（前記最判平成11・9・9の多数意見。保険契約の解約により債務者が生活保障の手段を失うとして民事執行法153条により差押命令が取り消され，あるいは解約権の行使が権利濫用となる場合を例外とする）。正当と考える。

　もっとも，平成20年に成立した保険法（平成20年法律56号）は，差押債権者による解除に対し，保険金受取人に介入権を与えた（保険法60～62・89～91）。すなわち，差押債権者による解除は，その通知が保険者に到達した時から1か月を経過しなければ効力を生じない。しかも，その1か月の間に保険金受取人が保険契約者の同意を得て差押債権者に解約返戻金相当額を支払い，その支払の事実を保険者に通知したときは，差押債権者による解除は，ついに効力を生じないことに確定するのである。

　なお，証券投資信託 MMF の受益者である債務者が受益証券を販売した会社に対して解約金支払請求権をもっている場合，これを差し押さえた債権者は取立権の行使として販売会社に対し解約実行請求をすることができ，この実行請求に基づき投信委託者が解約を実行して解約金が販売会社に交付されたときに，差押債権者は販売会社から解約金の支払を受けることができる，とした判例がある（最判平成18・12・14民集60巻10号3914頁，平成19年度重要判解149頁以下［下村眞美］）。

　(c)　**第三債務者の地位**　①　取立てを受ける第三債務者は，被差押債権の不存在・消滅など実体上の事由（弁済，執行債務者・取立

債権者に対する債権での相殺など）のほか，差押命令の無効や執行の停止・取消しなど手続上の事由も主張できる。しかし，取立権は債務名義に基づく執行処分としての差押命令に基づくものなので，執行債権の不存在・消滅・帰属などに関する事由ならば，執行債務者が請求異議の訴え（民執35）によって主張すべきであり，第三債務者がこれを主張して取立てを拒むことはできない（通説・判例）。

② 債権執行に巻き込まれて支払の差止めを受けた第三債務者は，供託をして免責を受けることができ（権利供託），また，債権者が競合する場合には，供託義務を負い，供託をしなければならない（義務供託）。これらの供託は，執行機関が供託金の払渡しにつき直接の管理権限をもつ「執行供託」である（執行目的を超える部分は純然たる弁済供託）。第三債務者の供託は，被差押債権を消滅させると共に，それ以後は他の債権者も配当要求ができなくなり（民執165①），執行手続を配当段階に導く（民執166 I ①）。

ⓐ **権利供託**　第三債務者は，被差押債権の全額に相当する金銭を債務履行地の供託所に供託できる（民執156 I）。債権の一部差押えの場合には，被差押債権全額の供託でも被差押部分だけの供託でもよく，被差押債権の一部が弁済等により消滅しているときは，残存額の供託で足りる。供託をした第三債務者は，執行裁判所に事情届出を，供託書正本を添付した書面でしなければならない（民執156Ⅲ，民執規138）。

ⓑ **義務供託**　S（債務者）がD（第三債務者）に対してもっている200万円の貸金債権を，まずSの債権者 G_1（執行債権100万円）が差し押さえ，次いでSの債権者 G_2（執行債権150万円）が差し押さえ，さらにSの債権者 G_3（債権50万円）が配当要求をしてきた，とする。このように，同一の被差押債権から執行満足を受けようとする債権者が競合するときは，第三債務者は供託しなければならない

（民執156Ⅱ）。供託をしないと免責されず，差押債権者は第三債務者に供託を請求できる。

第三債務者は，すでに差押え（または差押処分・仮差押えの執行）を受けた同一の金銭債権につき，(i)まだ差し押さえられていない部分を超えて発せられた差押命令（・差押処分・仮差押命令）の送達を受けた場合には，被差押債権の全額に相当する金銭を供託しなければならず，(ii)配当要求があった旨の通告書（民執154Ⅱ）の送達を受けた場合には，差押部分に相当する金銭を供託しなければならないのである（民執156Ⅱ。事情届につき，民執156Ⅲ，民執規138）。ただし，(iii)第三債務者が差押債権者の提起した取立訴訟の訴状の送達を受けた時より後に(i)(ii)の事態が生じた場合であれば，供託義務はない（民執156Ⅱ・165②）。

義務供託は，供託された金銭により競合債権者間の平等満足を確保する趣旨である。供託の義務づけも被差押債権の支払方式を限定しただけであって，第三債務者が執行債務者に対し即時に給付する実体上の義務を負わない場合（期限未到来・同時履行・後給付など）であれば，まだ供託しなくてよい。

(d)　差押債権者が第三債務者から支払を受けたときは（支払を受けた旨の届出（取立届）を執行裁判所にしなければならないことにつき，民執155Ⅳ），その執行債権および執行費用は，支払を受けた額の限度で弁済されたものとみなされる（民執155Ⅲ）。執行債権・執行費用の全額または被差押債権の全額に満つる支払のあったときは，債権執行の手続は終了する。支払が執行債権・執行費用の全額に足りない場合には，支払受領は弁済充当の規定（民489）に従って充当され，被差押債権全額の支払がされるまで差押債権者の取立権がなお存続する。このため，被差押債権の全部について支払を受けた旨の届出（取立完了届）が提出されるまで債権執行事件が終了しないと

いう実務上の問題があり，令和元年改正により，差押債権者は，取立権の取得後第三債務者から支払を受けることなく2年を経過したときは，執行裁判所に支払を受けていない旨の届出をしなければならず（民執155Ⅴ），所定の期間内に支払を受けた旨の届出も支払を受けていない旨の届出もなされない場合，執行裁判所は差押命令を取り消すことができることとされた（民執155Ⅵ）。

(3) 取立訴訟

(a) 差押債権者が被差押債権を取り立てるさいに第三債務者が任意に支払も供託もしないときは，差押債権者は，自己の名で，第三債務者を被告として取立ての訴えを提起することができる（民執157）。

① この取立訴訟は，どんな訴訟なのか（法的性質）。「第三者の訴訟担当」なのか（訴訟担当説），それとも，差押債権者固有の実体的地位に基づく訴訟なのか（固有適格説）。判例上は，明確でない。

訴訟担当説によれば，訴訟物は被差押債権であり，取立訴訟の判決は取立債権者の勝訴・敗訴にかかわらず執行債務者にも及ぶ。この見解が旧法当時から通説の地位を保ってきたが，民事執行法のもとでは，固有適格説からの批判が厳しい。取立訴訟が行われている間でも被差押債権が執行債務者に属することは確かであるが，差押債権者は，差押命令によって与えられた自己の取立権に基づいて，ひたすら自己の執行債権の満足のために取り立てるのであり，取り立てれば直接に執行債権の弁済となる（民執155Ⅲ）。取立訴訟の敗訴判決の効力が手続権の保障を欠く執行債務者に及ぶとするのは，だれが見ても当をえないのである（⇨ (c)③）。

② **要件事実** 通説とされる訴訟担当説によれば，訴訟物は，被差押債権である執行債務者の第三債務者に対する給付請求権であり，請求原因となるのは，被差押債権の発生原因事実である。さら

に，原告適格を基礎づける事実として，取立権の発生原因事実である，(i) 差押命令の発付，(ii) 差押命令の被告（第三債務者）への送達（民執145Ⅴ），(iii) 差押命令の債務者への送達から1週間の経過（民執155Ⅰ本文）も，請求原因となる。抗弁となるのは，ⓐ 被差押債権の発生障害・消滅事由となる事実（差押命令送達前の弁済・相殺・債権譲渡など。執行債権の不存在・消滅の事由を含まない ⇨ (2)(c)①），ⓑ 取立権の発生障害・消滅事由となる事実（差押命令の無効・取消し・執行停止など。第三債務者が取立債権者に対して有する債権による被差押債権との相殺も消滅事由となる），などである（要件事実講座Ⅱ206頁以下［松本明敏］など参照）。

(b) **訴訟手続**　取立訴訟の管轄および訴訟手続については，おおむね一般の例による。以下のような特則がある。

① **参加命令**　被告である第三債務者は，参加命令の申立てができる。この申立てがあれば，受訴裁判所は，取立訴訟の訴状が第三債務者に送達される時（＝配当等を受ける債権者の締切。民執165②参照）までに同じ目的債権を差し押さえた他の債権者に対し，共同訴訟人として原告に参加せよとの命令を発する（民執157Ⅰ・Ⅱ）。

第三債務者の応訴負担を軽減し，手続経済を図る趣旨である。「第三者の訴訟引込み」の一種といえるが，参加命令を受けた債権者は当然には参加人とならず，参加するには共同訴訟参加（民訴52）の申立てが必要である。

② すでに取立訴訟が係属している場合，(i) 他の差押債権者は，別個に取立ての訴えを提起することはできない（提起すれば訴えの利益なしとして却下）。参加命令を受けたかどうかにかかわらず他の差押債権者が取立訴訟に参加したときは，共通の審判に服させる必要があり，類似必要的共同訴訟（民訴40）となる。(ii) 取立訴訟は，差押債権者の固有適格に基づくので，執行債務者の提起する給付訴訟

と重なっても重複起訴の禁止（民訴142）には触れず，双方の訴訟を併合して審理し，ともに認容することを妨げない。(iii) 執行債務者の権利を代位行使しているにすぎない債権者代位訴訟と取立訴訟との関係も同様である（最判昭和45・6・2民集24巻6号447頁，執保百選〈3版〉58事件［岡成玄太］参照）。

③　取立訴訟では，執行債権の存否は審理の直接の対象ではない。しかし，審理の過程で執行債権の不存在が明白になったときは，どうするか。

最高裁は，執行債権の実質的審査は請求異議の訴えによるべきだとして例外を認めようとしない（最判昭和45・6・11民集24巻6号509頁，執保百選〈3版〉59事件［渡部美由紀］）。強制執行では，執行機関は，強制執行をするだけの機関であって，債務名義さえあれば，その債務名義に表示された実体上の請求権の存否またはその行使自体の違法性の有無（請求権の行使が権利の濫用または信義則違反にあたるかどうかなども同じ）を調査することなしに執行を実施すべきものとされている。このような実質的審査は，簡易迅速が大事な執行手続内で行うのは不適当なので，執行手続についての争訟手続と，実体上の請求権の存否またはその行使自体の違法性の有無についての争訟手続（請求異議の訴え）とは，峻別されているのである。だから，執行手続である取立訴訟では，債務名義の内容である執行債権の存否またはその行使の違法性の有無を争うことはできない，というのである。スッキリした説明であるが，これでは，裁判所が違法な取立てに協力する結果ともなりかねず，後始末がどうなるのかという疑問が残っている。

(c)　判　決　①　取立訴訟の判決は，債権者の競合がないときは主文が「被告は，原告に対して金○○万円を支払え」となる単純な給付判決であるが，債権者が競合して第三債務者が供託義務を負

う場合には，「被告は，原告に対して金〇〇万円を支払え。支払は，供託の方法によりしなければならない」との主文をもつ供託判決になる（民執157Ⅳ）。

② 判決の効力は，共同訴訟人として取立訴訟に参加した差押債権者にとどまらず，参加命令を受けたのに取立訴訟に参加しなかった差押債権者にも及ぶ（民執157Ⅲ）。参加命令を受けず参加もしなかった差押債権者には及ばない。

③ 判決の効力は執行債務者に及ぶか。

最も争われる点であり，訴訟担当説・固有適格説（⇨ (a)①）のいずれにも見解の対立がある。しかし，いずれにせよ，執行債務者に対しては，取立訴訟における手続権が全く保障されていないので，判決効を及ぼすわけにはいかない。旧民事訴訟法では取立債権者が取立訴訟の提起を執行債務者に知らせる告知義務（民訴旧610，ド民訴841）があったが，それがなくなった現行民事執行法のもとで取立訴訟の判決効を執行債務者に拡張するのは，その財産である被差押債権を喪失させる結果となりかねない。民事執行法の明文上も，取立訴訟に参加せず参加命令も受けていない他の差押債権者には判決の効力が及ばない（民執157Ⅲ）のであるから，判決効の及ばない他の差押債権者が別個に取立訴訟を提起することを予定しているわけで，もしそれぞれの取立訴訟における判決の異別の効力が執行債務者に及ぶなら，収拾がつかないであろう。

④ 敗訴した第三債務者が任意に支払または供託をしないときは，取立債権者は，第三債務者を執行債務者として第2次の強制執行をすることになる。供託を命じた判決の執行手続において換価金の配当等を受けるべき場合には，その配当等の額に相当する金銭を執行機関が供託する（民執157Ⅴ）。

(4) 転付命令

差押債権者が，もっと手っ取り早く他の債権者などが入ってこないうちに執行満足を確保したいなら，転付命令がある。

(a) 被差押債権が金銭債権である場合，執行裁判所は，差押債権者の申立てにより，執行債権（および執行費用）の支払に代えて被差押債権を券面額で差押債権者に転付する旨の命令（転付命令）を発することができる（民執159 I）。執行債権と被差押債権の間で代物弁済的決済を図る趣旨である。執行債権者は，民事執行法が平等主義を基調とするにもかかわらず，ここでは独占的満足に至ることができる。しかし，被差押債権を独り占めできるといっても，その代わり被差押債権の券面額の範囲で執行債権は消滅するわけなので，もし第三債務者が無資力だったら，せっかくの執行債権をドブに捨てた結果となりかねない。

(b) 要 件

① 手続要件　転付命令を発するには，差押命令の存在が前提となる。しかし，差押命令が転付命令よりも先にあるいは同時に発令されていればよく，差押えの効力がまだ生じていなくても（民執145 V参照），転付命令の発令はできる。

競合債権者の不存在が要件である。

平等に満足を受ける立場にある他の債権者が手続上すでに現れている場合には，被差押債権の独り占めになる転付は許されず，債権者の競合を看過して発せられた転付命令は，それら競合債権者による執行抗告の対象となる。転付命令が第三債務者に送達される時（民執160との対応）までに，目的債権について差押え，仮差押えの執行または配当要求（それぞれの発効時点が基準となる）をした他の債権者がある場合には，転付命令は許されず，発せられた転付命令が確定し，効力を生じても（民執159 IV～VI），転付の効果は生じない

のである（民執159Ⅲ。滞納処分による差押え・交付要求についても同じ。滞調36の5）。

しかし，転付命令の第三債務者への送達より先に他の債権者の差押え・配当要求がされたとしても，次の諸場合には，目的債権の同一部分上に債権者の執行競合を生ずるわけではないから，転付命令が許される。(i) 転付を受ける債権者が実体法に従い競合債権者に優先する権利者である場合（一般債権者が差し押さえた後に先取特権に基づく物上代位権の行使として差押・転付命令を得た債権者の場合がその例。最判昭和60・7・19民集39巻5号1326頁，執保百選〈3版〉56事件 [田邊誠]，75事件 [近藤隆司]）。(ii) 他の債権者の差押え・配当要求よりも先に，取立訴訟が提起されて訴状が第三債務者に送達されている場合（民執165②参照）。(iii) 各債権者が目的債権の一部を差し押さえ，執行債権の総額が目的債権額以下である場合（民執149前段参照）。

②　被差押債権の被転付適格　　被差押債権が譲渡できるものでなければならない（譲渡可能性）。法律上または性質上譲渡を許さない債権（一身専属権）は，差押えができず，転付命令の対象にもできない。しかし，譲渡制限の意思表示がされた債権（民466Ⅱ）であっても転付命令によって移転することができ（平成29年債権法改正前の民法466条2項について，最判昭和45・4・10民集24巻4号240頁，執保百選〈初版〉73事件 [我妻学]），差押債権者が悪意または重過失であっても民法466条3項は適用されない（民466の4Ⅰ）。

被差押債権が転付により執行債権と即時に決済できるためには「**券面額**」（民執159Ⅰ・160）をもつものでなければならない（即時決済可能性）。「券面額」というのは，「金〇〇円」というように一定の金額で表示される債権の名目額であって，普通の金銭貸借証書ならば頭書で「一，金〇〇円」と記載される類いの金額である。債権の名目額であって，現存額あるいは実価ではない。券面額のない債権

は転付できないが，券面額のある債権ならすべて転付できるという
わけでなく，やはり即時決済ができるものでなければ転付できない。
しかし，即時決済ができる債権かどうかは，以下の例にみるように，
必ずしも簡単な問題ではない。

> ケース18 Ａは，道路を歩行中に，Ｂの保有する自動車に衝突され，死亡した。Ａの相続人であるＸは，Ｂを被告として，自動車損害賠償保障法３条に基づく損害賠償請求の訴えを提起し，勝訴の確定判決を得た。Ｂは保険会社Ｙとの間で加害車両につき自賠責保険契約を締結しているが，事故後すでに３年余を経過しており，ＸはＹに対する保険金支払の直接請求ができない（自賠16Ⅰ・19）。そこで，Ｘは，Ｂに対する確定判決を債務名義として，ＢのＹに対する保険金請求権に対する債権差押命令および転付命令を得て，これが確定した。しかし，Ｙは任意の支払に応じようとせず，Ｘは，Ｙを被告として保険金支払請求の訴えを提起した。Ｙは，ＢがＸに賠償金を支払ったわけではないので，転付命令の目的となったＢのＹに対する保険金請求権はまだ発生しておらず，転付命令の効力はない，と争っている。

（参考　最判昭和56・3・24民集35巻2号271頁，執保百選〈初版〉74事件［三輪和雄］）

ⓐ　**将来の債権・停止条件付債権**は，即時決済可能か。

一般に，発生するかどうか，あるいはその金額はいくらかがまだ
確定しない債権（保険事故発生前の保険金請求権など）や，債務者が反
対給付を履行するということで相手方に対し発生する将来の債権
（将来の給料債権・賃料債権など）は，執行債権と即時に決済できない。
しかし，発生・金額がすでに確定している債権であれば，当事者間
にまだ争いが続いている場合でも，被転付適格はある。

それでは，ケース18におけるＢのＹに対する保険金請求権はど
うか。

自動車損害賠償保障法15条は，「被保険者は，被害者に対する損害賠償額について自己が支払をした限度においてのみ，保険会社に対して保険金の支払を請求することができる」と定める。Ｂはまだ自己の支払をしていないのだから保険金請求権は発生しておらず，転付は許されないのではないか。この疑問に対し，最高裁は，同様の事案につき，そのような見解のもとにＸの請求を棄却した原判決を破棄して，次のように判示した。「被保険者の保険金請求権は，被保険者の被害者に対する賠償金の支払を停止条件とする債権であるが，被保険者の保険金請求権につき転付命令が有効に発せられて被害者の執行債権の弁済の効果が生ずるというまさにそのことによって，その停止条件が成就するのであるから，この保険金請求権を券面額ある債権として取り扱い，その被転付適格を肯定すべき」である（前記最判昭和56・3・24）。

　この事案と次の例を比較してみよう。債務整理事務の委任を受けた弁護士が交付を受けた事務処理費用1,500万円のうち現在の残額1,080万円につき，委任者の債権者が委任者の弁護士に対する費用残額返還請求権を差し押さえ，転付命令が発せられた事案において，最高裁は，これを是認した原審決定を破棄自判して，以下のように判示した。「前払費用は，受任者が委任事務を処理するために費用を支出するたびに当該費用に充当することが予定されており，委任事務の終了前においては，委任者の返還請求権の額を確定することができないのであるから，券面額を有するとはいえず，転付命令の対象となる適格を有しない」（最決平成18・4・14民集60巻4号1535頁，執保百選〈3版〉60事件［小林明彦］）。

　被転付適格を認めるについて，前者（最判昭和56・3・24）は緩やかで後者（最決平成18・4・14）は厳しいという感じを受ける。しかし，前者では，保険金請求権の額は確定しており，転付命令確定時

の即時決済はできるとしたのに対し，後者は，委任が存続している以上，まだ返還請求権の額は確定できないとしたもので，いずれも正当である。

　ⓑ　他人の優先権の目的となっている債権はどうか。

　学説の多くは被転付適格を否定するが，判例は，おおむね肯定の立場をとっている。

　転付を認めても優先債権者の法的地位が害されない場合には，転付される債権に他人の優先権が付着していても，それは，差押債権者にとっては，そっちへもっていかれてしまうかもしれないという満足上のリスク計算の問題となるだけあり，被転付適格を認めてよい。差押債権者としては，転付命令を申し立てるかどうかは，後で他人の優先権が実行されたら自分の満足が害されるという危険と，いま直ちに転付を受けて他の債権者の配当加入を防ぎ独占的満足を得る可能性を確保しておく利益とを比較考量して決めればよいのである。質権が設定されている債権では，質権の負担付のままの債権名目額を券面額として転付命令を発することができる（最決平成12・4・7民集54巻4号1355頁，執保百選〈3版〉61事件［齋藤哲］）。質権者の優先権行使によって転付債権者の実際の満足が券面額に満たなかった場合には，その差額につき執行債務者に対して不当利得返還請求をすればいい。

　(c)　手　続　①　転付命令の申立ては，実務では，差押命令の申立てと併せて行われ，同時に発令されることが多い。執行裁判所は，決定をもって転付命令を発し，転付命令は，執行債務者および第三債務者に送達されて決定としての効力を生ずる（民執159Ⅰ・Ⅱ）。転付命令申立てについての決定に対しては執行抗告が許される（民執159Ⅳ）。

　転付命令の発効と転付効の発生（⇨(d)）とは，時点がズレている

ことに注意したい。転付命令は執行債務者および第三債務者に送達され，それによって決定としての形式的効力を生ずるが（民執159Ⅱ・20，民訴119），その転付命令が転付の実体的効果（転付効）を生ずるのは，転付命令が確定したとき（民執159Ⅴ。被差押債権が給与債権などその一部が差押禁止とされる所定の債権〔民執152Ⅰ・Ⅱ〕である場合には，原則として，転付命令が確定し，かつ，差押命令が執行債務者に送達された日から4週間を経過したとき〔民執159Ⅵ。⇨ **6‐2**(1)(c)〕）であり，そのときに第三債務者への転付命令送達時に遡って実体的効果が生ずるのである（民執160）。

　なぜ，このように転付命令の送達と転付効果の発生の間に時間的ギャップを設け，その転付効果の遡及を認めたのか。

　それは，転付命令が第三債務者に送達されて効力を生じたからといって，その時点で直ちに転付の効果が発生するとすれば，執行債権につき被転付債権の券面額で弁済があったことになり，強制執行は直ちに終了する（⇨ **2‐6**(5)）。強制執行が終了すれば，もし転付命令がその要件を欠いていたとしても，執行債務者なり第三債務者あるいは差押えの執行や配当要求をしていた他の債権者が転付命令に対する不服申立てができない。それでは，アッという間に生じた転付の効果が，そのまま，まかり通ることになってしまうので，転付命令の適否を執行手続上で争う手段として執行抗告を認めることにしたのである（民執159Ⅳ）。しかし，執行抗告によって生じた時間的スペースに他の債権者の差押え・仮差押えの執行・配当要求が入ってくる可能性があり，それが出てくれば転付命令が取り消され

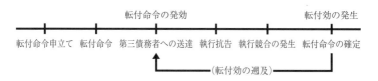

るというのでは，せっかく他の債権者に先んじて転付命令をとった差押債権者の利益状態は簡単に崩れてしまう。そこで，民事執行法は，転付命令が第三債務者に送達される時（＝転付命令の発効時）までに他の債権者との執行競合が生じたときは，「転付命令は，その効力〔＝転付効〕を生じない」とする（民執159Ⅲ）と同時に，「転付命令は，確定しなければその効力〔＝転付効〕を生じない」（民執159Ⅴ）とした。転付効の発生時を執行競合存否の判断の基準時に合わせて，確定した転付命令の効力（＝転付効）は「転付命令が第三債務者に送達された時」に生ずる（民執160），と規定したのである。

②　転付命令の発令後に執行停止文書（民執39Ⅰ⑦・⑧）を提出したことを理由として執行抗告がされた場合には，執行裁判所は，執行抗告についての裁判を，執行停止の成行きをみるまで留保しなければならない（民執159Ⅶ。ただし，他に転付命令を取り消す理由があれば執行抗告を認容）。

(d)　**転付の実体的効果**（転付効）　　差押命令および転付命令が確定したときは，被転付債権が存在する限り，転付命令が第三債務者に送達された時に遡って，転付の実体的効果を生ずる（民執160）。その実体的効果は，被転付債権についての権利移転効，および，執行債権についての弁済効である。

①　転付の効果として，被転付債権は執行債務者から執行債権者に移転する（**権利移転効**）。転付命令の送達・確定が前提となるので，民法467条の対抗要件は要らない（債権の譲受人と転付債権者との優劣は，譲受人が民法467条の第三者対抗要件を具えた時と転付命令の第三債務者送達時との先後で決まる）。執行債権者は，被転付債権の債権者となり，これによって執行手続も終了するので，今度は自分自身が債権者として任意に取立て・譲渡・相殺などの処分ができるし，自ら

給付の訴えを提起することもできる。被転付債権の従たる権利（転付命令の第三債務者送達時以後の利息・損害金，保証人に対する権利，担保物権など）も，転付に随伴する（例外として，民398の7Ⅰ前段）。裁判所書記官は，申立てにより，転付債権者のために担保権移転の登記等を嘱託しなければならない（民執164Ⅰ〜Ⅲ）。

第三債務者は，執行債務者に対して主張できたあらゆる実体上の理由（弁済・免除・相殺，取消権・解除権の行使，同時履行の抗弁など）をもって転付債権者に対抗できる。

執行債務者に対する反対債権による相殺を第三債務者が対抗できるのは，差押えの発効前に取得した債権または差押えの発効前の原因に基づいて生じた債権による相殺であることを要するが（民511），転付債権者は，第三債務者が相殺の意思表示をするまでに被転付債権を自働債権とし第三債務者に対する自己の債務を受働債権として相殺（いわゆる逆相殺）をすることができ，この転付債権者の相殺により被転付債権が消滅した場合，その後にされた第三債務者の相殺の意思表示は，両相殺における相殺適状の成立の先後を問わず，効力を生じない（最判昭和54・7・10民集33巻5号533頁，執保百選〈初版〉78事件［菱田雄郷］）。

② 差押命令および転付命令が確定したときは，差押債権者＝転付債権者の執行債権および執行費用は，被転付債権が存在する限り，その券面額に相当する範囲で，転付命令が第三債務者に送達された時点で弁済されたものとみなす（民執160。**弁済効**）。転付命令の確定時において被転付債権が全部または一部存在しない場合は，その限りで弁済効は生じない（券面額ではなく現存額で弁済効を生ずる）。転付債権者は，転付の無効を主張して執行債務者の他の財産に執行し直すことができる。

(e) **執行手続の終了**　執行債権および執行費用の全部につき転

付命令が確定した場合には，たとえ被転付債権が存在しなかったため執行債権の消滅という効果が生じないときであっても，執行手続は転付命令の確定時に終了する。転付命令の第三債務者への送達後にされた差押え・配当要求は，転付命令の確定により失効するが（民執159Ⅲの反対解釈），転付命令の確定までにされた第三債務者の供託（民執156）は有効であり，供託金還付請求権は転付債権者に帰属する。

(5) **特別換価**

(a) 被差押債権の取立てが差押債権者にとって困難な場合には，特別換価として，執行裁判所は，差押債権者の申立てにより，譲渡命令・売却命令・管理命令その他，相当な方法による換価を命ずることができる（民執161Ⅰ）。取立てが困難となっている理由（差押債権が条件付・期限付あるいは反対給付に係るとか，他人の優先権の目的となっているなど）をとわない。特別換価についての執行債務者の利害を考慮するため，発令に先立って執行裁判所は執行債務者を審尋する（民執161Ⅱ）。特別換価命令には，執行抗告をすることができ，確定しなければ効力が生じない（民執161Ⅲ・Ⅳ）。

(b) 特別換価命令は，一般の債権執行よりも，各種財産権執行（民執167，民執規149・149の2）において適当として利用されることが多い（基本コメ民執463頁以下［馬場英彦・小林昭彦］。なお，民執実務37頁以下参照）。

6-4 二重差押え・配当要求

(1) **二重差押え**

すでに差押えがあった債権に対してさらに差押申立てがあったときは，執行裁判所は，重ねて差押命令を発する（民執144Ⅲ・156Ⅱ・

165参照）。

　差押えの目的が単一の債権である場合には，その債権額が執行債権の額より大きくても，その債権を全額そのままで差し押さえることができる（民執146 I）。しかし，差押えの目的が金銭債権である場合には，性質が可分債権なので，債権の一部に対する差押えも可能である。複数の債権者による全部差押え・一部差押えが重なることもあり，そのために同一の債権に対する複数の差押えがされても，執行手続が重なる場合（「執行競合」）と重ならない場合が出てくる。

> ［ケース19］　債務者 S に対して50万円の貸金債権を有する債権者 G₁ は，期限がきても返済がないので，S が D 銀行 P 支店にもっている100万円の預金債権を差し押さえた。S に対しては，ほかに，40万円の貸金債権を有する債権者 G₂ と30万円の貸金債権を有する債権者 G₃ がいて，いずれもが G₁ の差し押さえた S の預金債権に対する差押えの申立てをしてきた。

　(a)　債権者 G₁ が S の預金債権100万円のうち50万円を差し押さえた後に，債権者 G₂ が40万円を差し押さえ，債権者 G₃ が10万円を差し押さえた場合には，それぞれが100万円の預金債権の別の部分を差し押さえたことになるので，執行競合は生じない。G₁・G₂・G₃ は，それぞれ独立に執行手続を進めることができる。

　(b)　債権者 G₁ が S の預金債権100万円のうち50万円を差し押さえた後に，債権者 G₂ が40万円を差し押さえ，債権者 G₃ が30万円を差し押さえた場合には，差押部分の合計が差押債権の額をハミ出してしまう。このように債権の一部が差し押さえられ，その後にまだ差し押さえられていない部分を超えて一部差押えがされた場合には，各差押えの効力は，その債権の全部に及ぶ（差押効の拡張。民執149前段）。G₃ の差押えが来て差押部分の合計が差押債権の額をハミ

出したとたんに，$G_1 \cdot G_2 \cdot G_3$ のそれぞれの差押えの効力が預金債権100万円の全部に及ぶのである。もちろん，その預金債権が取り立てられれば，義務供託または供託判決を経て各債権者の執行債権額に応じて配分される。

(c) 債権者 G_1 の執行債権は50万円であるが，S の預金債権100万円の全額を差し押さえることができる（民執146Ⅰ）。G_1 が全部差押えをした後に，$G_2 \cdot G_3$ が一部差押えをしたときは，どうなるか。債権の全額が差し押さえられた後にその債権の一部が差し押さえられたときも，(b)と同じように，その一部差押えの効力は債権の全部に及ぶ（民執149後段）。

なお，同一の目的債権につき，差押えと仮差押えの執行とが競合する場合，または仮差押えの執行同士が競合する場合にも，(a)〜(c)と同じように差押効の拡張が生ずる。

(2) 配当要求

(a) 債権執行で配当要求ができるのは，(i) 執行正本を有する債権者，および，(ii) 文書により先取特権を有することを証明した債権者に限られる（民執154Ⅰ。配当要求の方式につき，民執規145・26）。時期は，差押えが効力を生じた後，法定の配当要求終期（民執165①〜④）までに限る。

(b) 執行裁判所は，配当要求を適法と認めるときは，配当要求があった旨の通告書を第三債務者に送達する（民執154Ⅱ。差押債権者と執行債務者には裁判所書記官が通知。民執規145・27）。配当要求の効力は，すでに執行裁判所が配当要求を受理した時に生じ，第三債務者への配当要求通告書の送達をまたない。配当要求は，配当要求債権について消滅時効の完成猶予・更新（民148に準ずる。⇨ **2 - 6** (6)，**4 - 7** (3)(d)）および付遅滞（民412Ⅲ。ただし民591Ⅰ参照）の効果をもつ。配当要求をした債権者は，被差押債権の換価金からの配当等に

与る地位を取得し，その範囲でのみ執行手続に参加できる（民執165柱書。取立権を与えられる地位にはない）。

(c) 債権執行についても，税務署長等の交付要求が認められ，配当要求と同様に取り扱われる（税徴82，滞調36の10参照）。

6‑5 配　　当

(1) 配当等の要否

(a) 金銭債権に対する執行において，差押債権者が被差押債権の取立てを完了し，または転付命令（・譲渡命令）が確定した場合には，取立時または転付命令の第三債務者への送達時に，執行債権と執行費用につき弁済の効力が生じ（民執155Ⅲ・160・161Ⅶ），配当等の手続を行うことなく，債権執行の手続は終了する。差押債権者の取立権の範囲は被差押債権の全部に及ぶが，差押債権者が支払を受けることができるのはその執行債権および執行費用の額までに限られるから（民執155Ⅰただし書），その額を超えて取り立てた金銭は，取り立てた差押債権者自身が直接に執行債務者に返還する等の措置をしなければならない（なお，民執156Ⅱ・166Ⅰ①）。

(b) 被差押債権の換価金が執行機関・供託機関の手中におかれる場合には，執行裁判所が配当または弁済金交付を実施する。それは，(i) 第三債務者が権利供託・義務供託をした場合，および，(ii) 取立訴訟に基づく供託がされた場合である（民執166Ⅰ①。ほかにも，民執166Ⅰ②③・161Ⅶ・109の定める諸場合がある）。

(2) 配当等に与る債権者

債権執行では，配当加入終期までに差押え・仮差押えの執行・配当要求・交付要求をした債権者が配当等に与る（民執165）。

差押えは，差押えの申立てでは足らず，配当加入終期までに差押

えの効力が生じたことを要する（最判平成5・3・30民集47巻4号3300頁，執保百選〈3版〉76事件［野村秀敏］）。

配当加入終期は，配当に充てる金銭ができた時でなく，次に掲げる時――「時刻」であって「日」ではない――と定められている。(i) 第三債務者が供託（民執156 I・II）をした時（民執165①）。(ii) 取立訴訟の訴状が被告である第三債務者に送達された時（民執165②）。事後の配当加入を排除して取立訴訟の追行に報いる趣旨である。なお，その他の終期につき，民執165③・④）。

(3) **配当等の手続**

債権執行における弁済金交付・配当の手続には，不動産競売における手続が広く準用される（民執166 II・民執規145）。

物上代位との関係で若干の問題がある。(i) 被差押債権が担保権者の物上代位の目的である場合，担保権者は，配当加入終期までに物上代位権の行使としての差押え（民304，民執193 I 後段）をして，優先弁済を受けることができる。配当要求では足りない（最判平成13・10・25民集55巻6号975頁，執保百選〈3版〉79事件［杉山悦子］）。(ii) 同一の債権について一般債権者の申立てによる強制執行としての差押えと抵当権者の物上代位権の行使としての差押えが競合した場合には，一般債権者の得た差押命令の第三債務者への送達と当該抵当権の対抗要件の具備の先後によって優劣が決まる（最判平成10・3・26民集52巻2号483頁，執保百選〈3版〉77事件［原強］。なお，動産売買先取特権者による物上代位権の行使につき ⇨ **7-1**(4)(c)）。

6-6 少額訴訟債権執行

(1) **制度の趣旨**

(a) 少額の債権では，できるだけ簡易・迅速に低いコストで権利

を実現できなければならない。そのために，少額訴訟の制度（民訴368〜381）が設けられ，少額（訴額60万円以下）の金銭債権につき，手続も原則として「一期日審理・即日判決・一審限り」で判決が得られるようになり，多く利用されている。しかし，判決を得ても債務者が支払に応じなければ強制執行になるし，強制執行となれば今度は地方裁判所にも行かなければならない。少額訴訟手続で得た債務名義をもつ債権者が簡易に利用できる特別の強制執行手続が必要であり，まず債権執行についてだけであるが，設けられた（民執167の2〜167の14。平成16年の改正〔続改善法〕により追加）。それが，「少額訴訟債権執行」の制度である。

（b）　最も注目されるのは，執行機関の構成である。ここでは，**裁判所書記官**を執行裁判所と並ぶ執行機関とし，差押処分と弁済金交付が裁判所書記官の権限とされた。

裁判所書記官の執行処分に対しては，執行裁判所——ここでは，地方裁判所でなく，その裁判所書記官の所属する簡易裁判所（民執167の3）——に執行異議を申し立てることができ（民執167の4Ⅱ・Ⅲ），通常の債権執行なら執行抗告ができる執行処分に相当する裁判所書記官の執行処分については，その執行異議の申立てについての執行裁判所の裁判に対してさらに執行抗告ができる（民執167の5Ⅲ・Ⅳなど）。また，複雑・困難な法的判断が必要となることも多い転付命令や配当等のためには，執行裁判所が事件を地方裁判所における一般の債権執行の手続に移行させなければならないものとするほか（民執167の10・167の11），執行裁判所が差押対象となる金銭債権の内容その他の事情を考慮して相当と認めるときは，事件を地方裁判所における一般の債権執行の手続に移行させること（裁量移行）が認められている（民執167の12）。

（c）　少額訴訟債権執行の適用範囲は，「少額訴訟に係る債務名

義」による金銭執行に限る（民執167の2Ⅰ）。「少額訴訟に係る債務名義」は，少額訴訟における確定判決・仮執行宣言付判決だけでなく，少額訴訟における和解調書・調停調書・和解に代わる決定・訴訟費用額等を確定する裁判所書記官の処分を含む（民執167の2Ⅰ①〜⑤）。執行対象となるのは，債務者のもつ金銭債権に限られる。執行申立てのさいに特定しやすい預貯金債権・給料債権・賃料債権・敷金返還請求権などが適例となる。

少額訴訟における確定判決・仮執行宣言付判決によって当事者を変えずに執行するときは，執行文は要らない（民執25ただし書）。

(2) 執行手続の特則

(a) 少額訴訟債権執行の申立ては，その債務名義となる判決がされ，あるいは和解・認諾がされたことなどにより債務名義の区分に応じ定められた簡易裁判所の裁判所書記官に対してする（民執167の2Ⅲ①〜⑤）。

(b) 代理人は弁護士に限られず，簡易裁判所の民事訴訟手続についての代理ができる有資格の司法書士（司法書士法3Ⅱ）は，強制執行についても，少額訴訟債権執行の手続で請求金額が140万円を超えないもの（少額訴訟の訴額の上限は60万円だが，これを超える額の和解が成立しうる）は代理できる（司法書士法3Ⅰ⑥ホ・Ⅵ）。代理できる範囲は，執行文付与の申立ておよび執行文付与に関する異議にも及ぶが，請求異議等の執行関係訴訟には及ばない。

(c) 少額訴訟債権執行は，裁判所書記官の差押処分によって開始される（民執167の2Ⅱ，民執規149の4）。

差押処分が執行債務者に送達された日から1週間（被差押債権が給与債権などその一部が差押禁止とされる所定の債権〔民執152Ⅰ・Ⅱ〕である場合には，原則として，4週間〔⇨**6**‐**2**(1)(c)〕）を経過したときは，差押債権者は，被差押債権の取立てができる（民執167の14Ⅰ・155

ⅠⅡ）。他の債権者は裁判所書記官に対して配当要求（民執167の9）ができるなど，手続は，おおむね，通常の債権執行におけると同様である。しかし，少額訴訟債権執行では，取立て以外の方法による換価は認められない。

少額訴訟債権執行の差押債権者が被差押債権について転付命令を求めるときは，執行裁判所に対し，通常の債権執行の手続への事件移行の申立てをしなければならない（民執167の10）。この申立てを受けて，執行裁判所は，その所在地を管轄する地方裁判所における債権執行の手続に事件を移行させる決定をする。移行決定が効力を生じたときは，移行先の地方裁判所において，差押処分の申立てがあった時に差押命令の申立てが，また，移行申立てがあった時に転付命令の申立てがあったものとみなされるとともに，すでにされた執行処分その他の行為は，移行を受けた地方裁判所の債権執行の手続においてされたものとみなされる（民執167の10Ⅵ）。

（d）　債権者への弁済金交付は，裁判所書記官が行う。第三債務者が供託した場合でも同様である（民執167の11Ⅲ）。

債権者が2人以上であって供託金で各債権者の債権および執行費用の全部を弁済することができないときは執行裁判所が配当を実施しなければならない。配当のような複雑な処分を少額訴訟債権執行の手続において実施することは許されず，執行裁判所は，職権で，地方裁判所における債権執行の手続に事件を移行させなければならない（民執167の11Ⅰ・Ⅱ・Ⅴ）。

6-7　電子記録債権に対する執行

平成19年の立法によって生まれた新種の金銭債権である電子記録債権に対する強制執行（電子記録債権執行）をみておこう。

(1) **電子記録債権**

電子記録債権は，その発生や譲渡について電子記録を要件とする金銭債権である。

事業者の資金調達には，これまで，債務者から約束手形を振り出してもらってそれを譲渡するとか，指名債権の譲渡等の方法がとられてきたが，手形の盗難や紛失とか，同一の指名債権が二重に譲渡されるといったリスクがあるうえ，それなりにコストがかかる。そこで，新たに，電子記録という方法で電子記録債権の発生や譲渡ができることにしたのが電子記録債権法（平成19年法律102号）である。電子記録債権は，債務者が債権者に対して一定の金額を一定の期日に支払うことを内容とするものであり，その点では約束手形と類似しているが，電子記録債権は，電子債権記録機関の記録原簿に発生記録をすることによって生じ（電子債権15），その譲渡は電子債権記録機関が記録原簿に譲渡記録をしなければ効力を生じない（電子債権17）。電子記録債権には，手形と同様に，善意取得（電子債権19）・人的抗弁の切断（電子債権20）・支払免責（電子債権21）等が認められており，手形を電子化するのと同様の機能を果たすことができる。電子記録債権に対する強制執行等については，強制執行等の電子記録に関し必要な事項は政令で定めるが，強制執行等の手続に関し必要な事項は最高裁規則で定めることになっている（電子債権49Ⅲ）。これを受けて改正（平成20年最高裁規15号）された民事執行規則は，基本として債権執行に関する民事執行法の規定の準用を定めながら（民執規150の15），電子記録債権の特性に対応しての手続特則を整備している（民執規150の9～150の16）。

(2) **執行手続の特則**

(a) 電子記録債権に対する差押命令では，執行債務者に対する被差押債権の処分禁止および被差押債権の債務者（第三債務者）に対

する執行債務者への弁済の禁止だけでなく，執行債務者に対して被差押債権についての譲渡記録等の電子記録の請求を禁止し，被差押債権の電子記録をしている電子債権記録機関に対して電子記録を禁止する（民執規150の10Ⅰ）。差押命令は，執行債務者・第三債務者・電子債権記録機関に送達する（民執規150の10Ⅲ。発令前には審尋しない。民執規150の10Ⅱ）。差押えの効力は，差押命令が電子債権記録機関に送達された時に生ずるが，第三債務者に対する差押えの効力は，差押命令が第三債務者に送達された時に生ずる（民執規150の10Ⅳ）。差押債権者に対抗できる支払・相殺等の電子記録など差押債権者の権利を害さない電子記録の請求は，差押命令によって禁止されない（民執規150の10Ⅴ。なお，民執規150の10Ⅵ）。

第三債務者の権利供託および義務供託についても特則がある（民執規150の12）。

(b) 被差押電子記録債権の換価は，原則として差押債権者による取立て（民執155）および転付命令（民執159）によるが（民執規150の15Ⅰ），取立てが困難な場合には，電子記録債権譲渡命令（民執規150の14Ⅰ①）および電子記録債権売却命令（民執規150の14Ⅰ②）が認められる（発令の手続等につき，民執規150の14Ⅱ〜Ⅷに特則がある）。

(c) 電子記録債権を目的とする担保権（質権・一般先取特権）の実行および電子記録債権に対する物上代位権の行使等についても，特則がある（民執規180の3）。

7 その他の民事執行

これまで民事執行の主力である不動産執行と債権執行をみてきたが、ここで、非金銭執行（⇨**8**）を除くその他の民事執行について略説しておこう。

7-1 動産執行

(1) 動産執行の機能

(a) 金銭債権の債務名義により債務者の家財等を差し押さえて売却する強制執行（＝動産執行）は、クラシックで最もポピュラーなはずの執行である。しかし、現在では、執行貫徹を積極的に志向しない非効率な債権回収手段となっており、動産差押えは、「執行不能」が多く、差し押さえても間接強制的にしか機能していない場合が多い。換価方式の現代化とともに個別の事案に応じた執行官の実際的判断に従う換価延期・割賦弁済の裁量的許容（いわゆる和解的執行）等の推進による活性化が望まれる（なお、動産担保執行につき⇨(4)）。

(b) **動産執行に服する「動産」**（民執122 I）　民法上の動産である物（民86 II）でも、登記・登録により権利変動を公示しなければならない船舶・自動車等は除かれ、反対に、民法上は不動産に属する土地の定着物であっても登記できないもの（鉄塔、ガソリンスタンドの給油設備など）や収穫目前の米麦・野菜・果物などのほか、裏書の禁止されていない**有価証券**（手形・小切手、公・社債券、倉荷証券、

抵当証券など）も含む。

(c) 動産執行は，執行官が対象動産の存する場所に臨場し，債務者や家族が営む生活の現実に接触・介入しつつ，強制力を加えて実施される。そこでは，強制執行の実効性確保の要請と債務者保護の要請が鋭く交錯し，その調整が必要となる。

超過差押えの禁止（民執128），無剰余差押えの禁止（民執129），売却の見込みのない差押物の差押えの取消し（民執130）などは，当然であろう。

差押禁止財産に注目したい。民事執行法は，(i) まず，一般的な差押禁止財産が制限的列挙で定められている（民執131①〜⑭）。債務者等の生活保障・個人的生業の維持・債務者の私的専用の確保・文化政策・災害防止等の要請に基づく考量を基礎とするものである。そのうえで，(ii) 各個の事案における具体的事態に即して執行裁判所が法定禁止範囲を弾力的に変更・修正できるものとしている（民執132・192）。これとは別に，(iii) 個別の立法による差押禁止（生活保護法58，児童福祉法57の5 II など）が少なくない。(iv) 執行対象が差押禁止財産に当たるかどうかは，執行官が執行実施にさいし職権で審査・判定するが，微妙な面もあり，判断は社会事情の変化に対応しなければならない。差押禁止に違背した差押えも有効であるが（通説），債務者その他の利害関係人は，執行終了までに執行異議（民執11）を申し立て，差押取消しの裁判を求めることができる。

(d) 動産執行は，ほとんどが単独執行である。不動産執行や債権執行とは異なり，動産執行では，不動産執行とは異なり，すでに差押えまたは仮差押えの執行があった動産をさらに差し押さえることは許されず，後発の差押えは無効である（**二重差押えの禁止**。民執125 I・192）。差押えまたは仮差押えのあった動産に対する執行申立てがあった場合には，**事件併合の手続**がとられる（民執125 II 〜 IV，民

保49Ⅳ)。

(2) 動産執行の手続（民執122〜142・192, 民執規99〜132・178）

(a) 「差押え⇨換価⇨満足」と進む手続の各段階を通じ, おおむね, 執行官の現実的執行処分による。執行裁判所は部分的・補充的にしか関与しない。

(b) 動産に対する強制執行は, 特定の場所を基準として, そこにある動産を複合的に執行対象として実施される（**場所単位主義**）。不動産執行や債権執行とは違って, 執行申立書には「どの動産を」と特定する必要がなく,「どこにある動産を」と場所を特定するだけでよい（民執規99）。ふつうは, 動産の所在する土地・建物の地番等によって表示することになるが, 執行官が同一の機会に差押えを続けられる範囲（隣接する住居と店舗, 営業所と付属の倉庫, 工場と事務所など）で場所の同一性が認められよう。具体的な個々の差押物の選択は, その場所に臨んだ執行官の判断に委ねられる（民執規100）。なお ⇨(3)。

(c) **差押え** ① 債務者の直接占有（事実上の直接支配＝所持）する動産の差押えは, 執行官がそれを占有してする（民執123Ⅰ・192）。

執行官は, その差押物を債務者に保管させるのが通例になっており, その場合は「差押えの表示」が差押えの効力要件である（民執123ⅢⅣ・192）。「差押えの表示」は, 対象物に執行官の表示のある差押物件封印票あるいは差押物件標目票（使用許可の場合）を貼り付けるのが普通だが, 立て札や公示書によることもある（民執規104Ⅱ・178Ⅲ）。

債務者の動産を債権者または第三者が占有する場合には, これらの者が任意に動産を提出するか差押えを（明示的・黙示的に）承諾した場合でないと, 差押えはできない（民執124・192）。承諾なしに差押えを受けた第三者は, 執行異議を申し立てることができる（実体

上の権利を主張して第三者異議の訴え〔民執38〕を提起することも可能）。

② 債務者占有の動産を執行官が差押えにより占有しても，債務者は私法上の占有を失わない。

執行官占有は，強制執行上の換価を行うことを目的とする公法上の機関占有であって，保管・点検，侵奪者からの回収，引渡しなどにつき特別の規整があり（民執127，民執規108〜110・126・127など），私法上の占有に関する民法規定のほとんど（民188・189・192・196・197など）は，執行官占有には適用の余地がない。私法関係上の占有者は依然として債務者である。したがって，(ⅰ) 差押え後に債務者から差押物を譲り受けた第三者でも，債務者から対抗要件としての引渡し（民178・183・184）を受けることができるだけでなく，(ⅱ) 債務者のための取得時効は差押えによって中断（民164）されず，(ⅲ) 債務者は，差押物について行使する権利の適法の推定（民188）を受け，(ⅳ) 差押物が侵奪された場合には債務者が占有の訴えを提起することも妨げない（民197）。

③ 差押えにより，差押物についての債務者の処分は禁止される。禁止にかかわらず債務者が譲渡などの処分をした場合，その処分は，差押債権者のほか，事件併合や配当要求により執行手続に参加するすべての債権者に対しても，その効力を対抗することができない（＝手続相対効）。差押物を第三者が持ち去ったときは，差押債権者は，執行裁判所にその第三者に対する差押物引渡命令を得て，それを（保全的な）債務名義とする差押物取上げの執行ができる（民執127・22③・192）。

④ **差押物の解放**　当事者間で話しがついたり任意弁済があったりして，動産執行の申立てが取り下げられ，あるいは差押えが取り消される場合には，差押物の解放（民執規127・178Ⅲ）が行われる。動産の差押えは執行官がその動産を占有して行うので，差押えを解

消するにも執行官の占有解除が必要なわけである。

(d) **換価・満足** ① 差押動産の換価方法（民執134・192）は競り売りが普通で，入札等は，ほとんど行われない。執行官が差押動産の種類・数量等を考慮して相当と認めるときは，執行裁判所の許可を受けて，特別売却（民執規121・122・178Ⅲ）もできる。差押物が銃砲刀剣類や劇薬など，買受人となる資格が限定されている場合に，執行官が個別に売買交渉をして売却するとか，大量の生鮮食料品等である場合に集荷市場での売却を委託するなどの方法が，その例である。相当な方法で売却を実施してもなお売却の見込みがない物については，執行官は差押えを取り消すことができる（民執130・192）。

② 差押物の売却によって得られた金銭によって，差押債権者（および配当要求債権者）が執行債権の満足を受ける（民執140・192）。動産執行において配当要求ができるのは，先取特権者と質権者に限られる（民執133・192）。動産執行では，緩やかに配当要求を受け入れるだけの容量がない（民執128）からである。弁済金交付または配当の手続は，原則として執行官が行うが，第2次的に執行裁判所が実施する場合がある（民執139～142・192）。

(3) **貸金庫執行**

最近では，銀行等が店舗内に開設している貸金庫を利用して貴金属や有価証券等を収納している人が多い。

ケース20 建設業者Gは，工事が完成したのに請負代金を支払おうとしないSに対して訴えを提起し，350万円の支払を命ずる確定判決を得たが，取立てがうまくいかないでいるうちに，A銀行R支店が貸金庫契約に基づきSから現金・株券などの有価証券・貴金属を預かり保管中であるとの情報を得た。同支店には，多数の保護函を設置した貸金庫室があり，契約した利用者は，それぞれに鍵のかかる保護函が貸し与えられ，銀行が保管専用するマスターキーと利用者が自己保管している鍵

によって開扉し，貸金庫から物品を格納した収納箱を取り出して貸金庫室内の個室で内容物の出し入れをするのであり，貸金庫の閉扉は利用者保管の鍵だけによって行う。Ｇは，Ｓがどのような物品をどれだけ貸金庫に格納しているのかを全く知らないが，とにかく貸金庫内のＳの財産によって債権の回収を図りたい。

（参考　最判平成11・11・29民集53巻 8 号1926頁，執保百選〈3 版〉64事件［山本研］）

　貸金庫の内容物は，すべて動産に違いないから，その内容物に対する強制執行としては動産執行の方法によるのが本則であろう。しかし，貸金庫自体は銀行の占有・管理に服しているので，執行官が銀行に赴いて差押えを実施しようとしても，銀行が執行官の立入りと解錠に協力し，あるいは任意に内容物を提出しない限り，動産執行の差押えはできない（民執124）。では，銀行が協力してくれない場合は，どうするのか。

　貸金庫の内容物に対する強制執行の可否と方法については，貸金庫契約の法的性質（賃貸借か，寄託か，あるいは非典型契約か），内容物の占有の帰属等と絡んで実務と理論の混迷が続いてきたが，前記の最高裁平成11年11月29日判決により明確な判示が与えられ，問題解決への大きな前進をみた。

　この判決の法廷意見の要点は，次のとおり（(i)～(iii)）である。(i)銀行は，貸金庫の内容物について，利用者と共同して民法上の占有を有し，この占有は，貸金庫に納められた各物件についてではなく，内容物全体につき 1 個の包括的な占有として成立する。(ii) 貸金庫の利用者は，銀行に対し，貸金庫契約に基づいて貸金庫の内容物全体を一括して引き渡すことを請求する権利を有し，利用者の債権者は，民事執行法143条に基づいて利用者の銀行に対する貸金庫契約上の内容物引渡請求権を差し押さえる方法により，強制執行をする

ことができる。㈢ 引渡請求権の差押えにより貸金庫内の動産全体に引渡請求権の差押えの効力が及ぶので，執行を申し立てる債権者としては，貸金庫を特定すれば引渡請求権を特定することができ，個々の動産の特定とその存在を立証する必要はない。

なお，この判決には，引渡請求権に対する差押命令があった後の手続についても，周到な補足意見（裁判長・北川弘治裁判官）が付せられている。ケース20 について，この最高裁判決の法廷意見および補足意見が示す理論構成に沿って，動産執行・債権執行・引渡執行の諸規定が入り交じって登場する執行手続の具体的な経過を辿ってみてほしい。

前記最判は債務者の財産に対する金銭執行の例であるが，債権者の財産である「定期預金証書と印鑑を引き渡せ」というような動産引渡義務の執行（⇨ **8 - 2** ⑶⑷）として，債務者が銀行に対して有する貸金庫内容物引渡請求権を（対象を限定して）差し押さえることができるのかどうか。これも考えておこう。肯定した裁判例（東京高決平成21・4・30判時2053号43頁）がある。

⑷ 動産売買先取特権の実行

動産を目的とする担保権の実行としての競売（動産競売）の手続については，要件に特則（民執190）があるほか，ほぼ全面的に動産執行の規定が準用されている（民執192）。実務上とくに問題とされてきたのは，動産売買先取特権の実行方法であり，民事執行法は，平成15年の新担保・執行法による改正で立法的解決を図った。

ケース21 Xは，その製造した塗料ドラム缶50本をYに売却して引渡しをしたが，1か月後にYは代金決済をしないまま倒産して，Yに対する破産手続開始決定があった。Xの売却した塗料のうちドラム缶30本は，すでにZに転売されたが，Yの手元に残っていた20本は，破産管

財人Kが保管している。Xは，未払の塗料代金150万円を回収したい。

（参考　最判昭和59・2・2民集38巻3号431頁，松下淳一＝菱田雄郷編・倒産判例百選〔第6版，有斐閣，2021年〕56事件〔阿部裕介〕）

(a)　動産の担保権には，不動産登記のように確実な公示もなく，担保権の存在の判断は必ずしも容易でない。民事執行法は，動産競売の開始を，次の3つの場合に限っている（民執190Ⅰ）。(i) 債権者が執行官に目的動産を提出した場合（民執190Ⅰ①），(ii) 債権者が執行官に占有者の差押承諾文書を提出した場合（民執190Ⅰ②），(iii) 債権者が執行官に執行裁判所の競売開始許可決定書の謄本を提出し，同決定の債務者への送達もあった場合（民執190Ⅰ③），である。

　動産質権の実行なら(i)の方法もとれるが，その必要は，あまりない（民354・非訟93参照）。(ii)の差押承諾文書をもらっておくことも実際には難しいだろう。問題は，目的動産や差押承諾文書の提出が実際上期待できない非占有型の担保権，とくに動産売買先取特権（民321）の実行であり，その実効性を確保するために平成15年の新担保・執行法によって加えられたのが，(iii)の競売開始許可決定の制度である。この制度は，動産に対する一般先取特権（民306）の実行の場合にも使える。

(b)　債権者が執行裁判所の**競売開始許可決定**を得るには，「担保権の存在を証する文書」を提出して担保権実行の申立てをしなければならない（民執190Ⅱ，民執規170Ⅰ・178Ⅰ・Ⅱ）。「担保権の存在を証する文書」は，私文書（動産売買先取特権なら注文書・納品書・請求書・受領書など，また，一般先取特権なら賃金台帳の写し・給与支払担当者の賃金支払証明書・銀行等の給与振込未了証明書など）でもよい。債権者の提出した文書が担保権の存在を証するに足りる場合には，競売開始許可決定が出て（民執190Ⅱ本文。ただし書の例外に注意），債務

者に送達される（民執190Ⅲ）。許可申立てについての裁判に対しては執行抗告ができ（民執190Ⅳ），担保権の不存在・消滅を理由とすることもできる（民執193Ⅱ・182）。

(c) ケース21 のXとしては，売却した目的物（塗料）がまだYの手元にある場合には，執行裁判所の競売開始許可決定を得たうえで，決定書の謄本を執行官に提出して動産売買先取特権に基づく動産競売を申し立て，売買代金と利息につき差押物の換価金から満足を受けることができる。

売却した目的物がすでにYからZに転売され，引き渡されてしまうと，先取特権は，もはやその目的物には及びえないが（民333），Xは，Yが取得した転売代金債権に対して**物上代位権を行使する**ことができる（民304Ⅰ本文）。しかし，そのためには，Zが買受代金をYに支払う前にXがYの転売代金債権を差し押さえなければならない（民304Ⅰただし書）。

Yから第三者が転売代金債権の譲渡を受けて対抗要件を備えた場合にも，Xがその後に転売代金債権を差し押さえて物上代位権を行使することはできない（最判平成17・2・22民集59巻2号314頁）。しかし，先んじての差押えを物上代位権者に要求する民法304条1項ただし書の趣旨は，第三債務者を二重弁済の危険から保護するためにすぎず，差押えをもって第三者一般に対する対抗要件としようというのではない。したがって，債務者に対する一般債権者が債務名義に基づいて転売代金債権を差し押さえたにとどまる場合，あるいは債務者が破産手続開始決定を受けたにとどまる場合においても，動産先取特権の物上代位による追及効はなおも転売代金債権に及んでおり，売主が動産売買先取特権（買主破産の場合は別除権となる）に基づいて転売代金債権に対して物上代位権を行使することは妨げられないのである（前記最判昭和59・2・2）。

7-2　各種財産権執行

(1)　「その他の財産権」に対する執行

　執行の対象となるような財産は，いろいろとある。どんな財産であっても，それをどうやって差し押さえ換価するかは，すべて法律で規定されていなければならない（憲29参照）。不動産執行・準不動産執行・動産執行・債権執行については民事執行法に詳細な規定があり，「その他の財産権」（**各種財産権**）については，法律や（その委任による）規則に特別の定めがあるものはそれが優先して適用されるが，原則としては「債権執行の例による」（民執167 I・193 II），つまり債権執行に関する規定が包括的に適用される。不動産執行・準不動産執行・動産執行・債権執行のどれにも乗らない，特別の執行法規もないような財産権のすべてを拾い上げて，それらに対する強制執行・担保執行は債権執行の例によるものとしたのである。

　各種財産権の差押えについては，債権差押えの例によるが，管轄・差押登記・差押発効時期等に関して特則がある（民執167 II～V）。換価も，おおむね金銭債権の換価に準じ，取立てのほか譲渡命令・売却命令その他，相当な方法による換価を命ずる命令が認められるが，それぞれの財産権の性質・内容に応じての特則がある。

(2)　知的財産権執行

　特許権・実用新案権・意匠権・商標権・著作権その他の知的財産に係る権利で，独立に財産価値をもち債権者の金銭的満足の手段となりうるものは，執行対象となる。

　権利の移転について登録等が必要な知的財産に対する民事執行の管轄は，その登録等の地（特許庁長官・文化庁長官の所在する東京都）を管轄する東京地方裁判所の専属管轄に属する（民執167 II・19）。

差押命令では，債務者に対し，被差押財産権についての移転その他一切の処分を禁止するとともに，第三債務者のある権利（実施権・使用権・出版権等）の差押命令では，第三債務者に対し，債務者のする権利の処分に対する承諾その他の協力を禁止する（民執167 I・145 I）。

　知的財産権の換価は，譲渡命令・売却命令（民執161）による例がほとんどである。発令にあたっては，債務者を審尋しなければならない（民執167 I・161 II）。譲渡命令が確定し，または売却命令による売却が終了して買受人が代金を納付したときは，裁判所書記官が知的財産権の移転，失効した担保権に係る登録の抹消等の登録等を嘱託する（民執167 V・82）。

(3)　クラブ会員権執行

　趣味・文化活動等の共通目的をもって組織されるクラブの会員権で取引対象とされるものは執行対象ともなりうる。実際に多いのは，預託金会員制ゴルフクラブの会員権に対する強制執行である。

　ゴルフクラブ会員権は，ゴルフ場の優先的利用権・会費納入義務・預託金返還請求権等を包含する契約上の地位であるが，譲渡可能な1つの財産権として執行対象となる。内容の一部にすぎない預託金返還請求権だけの差押えは，独立の処分対象となる特段の事情がある場合を除き，ゴルフクラブ会員権の財産価値を破壊するものとして許されない。

　差押命令では，執行債務者に対し会員権の処分，預託金の取立てを禁止すると同時に，第三債務者（ゴルフ場経営者）に対し会員権の処分についての承諾・名義書換および預託金の返還を禁止する。会員権証書の引渡しについても，債権執行の例による（民執167 I・148）。差し押さえたゴルフクラブ会員権の換価については，譲渡命令（東京高決昭和60・8・15判タ578号95頁，執保百選〈3版〉66事件［松

下祐記］はその例）あるいは売却命令によるが（民執167Ⅰ・161），ゴルフクラブ会員権の差押えの効力が及んでいる預託金返還請求権の取立て・転付も可能である（東京地判平成10・5・28判時1660号78頁参照）。

(4) 振替社債等執行

証券の大量発行・大量取引が進むなかで，証券の交付・占有に代わる振替決済の制度が設けられ，その利用が拡大しつつある。平成21年に，いわゆる株式等決済合理化法（平成16年法律88号）が施行されて，当初の株券等保管振替法（昭和59年法律30号）が廃止されると共に「社債等の振替に関する法律」（平成13年法律75号）が改正されて現行の「社債，株式等の振替に関する法律」となっている。

対象となる「社債等」には，社債・国債・地方債・株式のほか，投資信託の受益権・貸付信託の受益権・受益証券発行信託の受益権などを含む。振替社債等に関する強制執行については，民事執行規則に規定がある（社債株式振替280，民執規150の2〜150の8・180の2）。

振替社債等に関する執行は，執行裁判所の差押命令により開始する（民執規150の2）。差押命令では，執行債務者に対し振替もしくは抹消の申請または取立てその他の処分を禁止すると共に，振替機関等に対し振替および抹消を禁止する（民執規150の3Ⅰ）。差押命令は，債務者および振替機関等に送達され，差押えの効力は，差押命令が振替機関等に送達された時に生ずる（民執規150の3Ⅳ・Ⅴ）。

被差押社債等の取立て（民執規150の5Ⅰ）については，差押債権者は，差押命令に基づいて，債務者に属する権利であって被差押社債等の取立てに必要なもの（受益証券返還請求権・解約権・解約金支払請求権など）を行使することができる（民執規150の5Ⅱ）。差押債権者の取立てのほかに振替社債等譲渡命令および振替社債売却命令を申し立てる方法があり（民執規150の7），発行者の権利供託（民執規

150の6Ⅰ）と義務供託（民執規150の6Ⅱ）もある。そのほか，一般の債権執行についての民事執行法の規定が多く準用される（民執規150の8）。

7-3 扶養義務等に係る金銭債権についての強制執行

(1) なぜ特別の定めがあるのか——扶養義務の特質

(a) 歳をとって働けなくなった。それなのに近親者が扶養の手をさしのべてくれないというような場合，その老人は，どうするのであろうか。

民法は，夫婦・親子を中心に一定範囲の近親者に，未熟児や高齢・障害・病気・失業などのために経済的に自立できない人を扶助する義務を課している（民877〜880）。近親者の間には自然の愛情，共同生活の連帯感，一般の慣行などによって，自発的に扶養義務を果たすことが期待できるからであるという。義務者は，その自由な意思によって扶養義務を引き受けたわけでなく，扶養義務を果たすには義務者自身の生活に負担がかかる。しかし，扶養は，扶養を受ける者の現実の日々の生活を維持するための給付であるから，時を移さず，速やかに履行される必要がある。扶養義務を履行させる法的手段をとる手数や費用等によって扶養が破壊されることになってはならない。債務名義に基づいて義務者の財産を差し押さえて売却する強制執行の通常の手続では直ぐに間に合わない。どうしても，扶養義務の実現をはかるために特別の手立てを講ずる必要がある。

(b) この必要に応えるものとして，家庭裁判所の**履行命令**の制度（人訴39，家事290）がある。家庭裁判所の判決や審判で定められた義務の履行を怠っている者に対して，家庭裁判所は，相当の期間を定めてその義務の履行をするように命ずることができ，正当な事由が

ないのに命令に従わないときは10万円以下の過料に処する。しかし，この履行命令は，義務の履行に国家機関が協力する点では強制執行と共通する面もあるが，強制執行ではない。これを利用できるのは，家庭裁判所で定められた義務に限られる。過料も，履行命令に従わないことに対する1回限りの制裁で，その金は国庫に支払われ，債権者には渡らない。そのため，履行命令の利用度は極めて低く，より一般的に扶養義務等について強制的実現を図る必要がある。

(c) そこで，民事執行法では，平成15年・16年の改正により，扶養義務等に係る金銭債権についての強制執行に特則を設けた。その1つは，扶養料等を支払う期限が到来する前に差押えをすることができる予備差押えを認めたことであり（⇨(2)），他の1つは，間接強制による方法を認め，債権者は一般の金銭執行の方法と間接強制の方法とを選択して申し立てることができるものとしたこと（⇨(3)）である。

(2) **扶養義務者の給料債権に対する予備差押え**

(a) **予備差押えの許容** ① 扶養は，定期金の形で，毎月一定金額の扶養料を支払う方法をとることが多い。その場合には，扶養料債権は定期金債権である。普通は，債務名義に表示された給付が「本年12月31日に金○○万円を支払え」というように確定期限の到来にかかる場合には，期限が到来した後でないと差押えによる執行開始はできず（民執30Ⅰ），執行債権が「毎月末日ごとに金○○万円を支払え」というような定期金である場合には，執行が開始できるのは，すでに期限が到来した部分の定期金債権の強制執行に限られる。しかし，扶養義務に係る定期金債権については，同様の特質をもつ他の若干の定期金債権と併せて，期限到来に先立っての差押え（予備差押え）ができることになった（民執151の2。平成15年改正〔新担保・執行法〕により追加）。扶養義務に係る各期の定期金は，少額

なのが普通であって，扶養権利者としては各期の定期金の期限が来るたびに差押えの申立てをするのは耐え難い負担となるし，なによりも期限が来たときに直ぐに扶養料を支払ってもらえる状態になってないと扶養権利者は生活が維持できないことにもなるからである。

　② 予備差押えの執行債権となるのは，定められた範囲の**扶養義務等に係る定期金債権**である。それは，民法上の扶養義務（民877〜880），子の監護費用を分担する義務（民766・749・771・788），婚姻費用分担義務（民760），夫婦間の協力扶助義務（民752）に係る定期金債権であって，いつ支払うという確定期限のあるもの（民執151の2 Ⅰ①〜④）に限られている（主なものは，いわゆる養育費であるが，民法上の扶養義務のない者が扶養契約により金銭給付義務を負う場合などは，含まれない）。また，予備差押えをするには，このような定期金債権の一部にすでに期限がきて債務不履行となっていることを必要とする（民執151の2 Ⅰ柱書。申立債権者は，債権一部の期限経過を主張すれば足りる）。

　③ 予備差押えの対象となるのは，執行債権である各期の定期金債権について，その確定期限の到来後に弁済期が到来する給料債権・賃料債権その他の継続的給付債権に限られる（民執151の2 Ⅱ）。6月末に支払う分の定期金ならそれ以後に支払われる分の給料債権でというように，各期の定期金債権の満足とそのための引当てとなる債務者財産の発生とを時期的に同調させる趣旨である。予備差押えといっても，来年1月分以降の扶養料債権のために債務者が今年12月に受けるボーナスを差し押さえることはできないのである。

　(b) 予備差押えは，執行債権の期限が到来する以前に差押えができる特例を認めただけで，差押えおよび差押え後の手続は，普通の差押えと全く変わらない。給料債権の予備差押えがあっても，給料を支払う側では，普通どおりの支払期ごとに，これに対応する扶養

料債権の取立てに応ずれば足りる。

(3) **扶養義務等に係る金銭債権**についての間接強制執行

(a) 一般に，金銭債権についての強制執行は，債務者の財産を差し押さえて売却する直接強制が可能であり，間接強制による方法は認められていない。唯一の例外として，扶養義務等に係る金銭債権（民執151の2Ⅰ各号。定期金債権に限らない。 ⇨ (2)(a)②）についての間接強制による強制執行がある（民執167の15。平成16年の改正〔続改善法〕により追加）。扶養義務の特質（⇨ (1)）から，その強制的実現のために直接強制と並んで間接強制をも認めることが必要・適切とされ，同様の特質をもつ他の若干の債権と併せて，間接強制を許している。

(b) 間接強制執行ができるのは，扶養義務等に係る金銭債権に限られる。

しかし，扶養義務等に係る金銭債権であっても，十分な資力のない債務者に対して間接強制をかけると，債務の履行ができないまま，その上に間接強制金がどんどん積み上がっていくという過酷な結果が生ずることにもなるので，制限が設けられている。債務者の資力がないために金銭債務の弁済をすることができないとき，または，その債務を弁済することによって債務者が最低限度の生活水準さえ維持できないほどの窮迫に陥るときは，間接強制による執行は許されないのである（民執167の15Ⅰただし書。これを適用して間接強制の申立てを却下した例として，大阪家決平成17・10・17家月58巻2号175頁）。債務者の窮状については，債務者と生計を同じくする家族等の収入や支出も考慮して判断される。

(c) **間接強制の手続** 間接強制による執行手続は，非金銭執行における間接強制の手続（⇨ **8‑1**(3)）に準じて行われるが（民執167の15Ⅰ・172Ⅰ），次のような特則がある。

① **強制金決定の申立て**があれば，執行裁判所は，一般の執行要

件および間接強制執行の要件を審査し（債務者の審尋が必要），申立てを認容するときは強制金決定を発する。強制金の金額を決めるさいには，執行裁判所は，とくに，(i) 債務不履行により債権者が受ける不利益の大きさや程度，(ii) 債務者の資力状態，(iii) 従前の債務の履行がどうであったかを考慮しなければならない（民執167の15Ⅱ）。強制金決定の発効後に執行債権の一部の弁済があっても，強制金の金額に当然の減少は生じないが，強制金決定自体において一部弁済がされる額に応じての強制金の額を定めておくこともできよう。

② 強制金決定において強制の存続期間を定めることも許されよう。

強制金決定において「支払済みまで1日につき金〇〇円を支払え」と命ずるだけでは，強制金がドンドン積み重なっていき，ついには債務者に苛酷な状況が生じるおそれがある。そのような場合に，「〇〇〇日間を限度とする」というかたちで間接強制の存続期間を制限すること（実例として，旭川家決平成17・9・27家月58巻2号172頁）は，合理的であり，一定の履行期間を定めての強制一時金を認めている明文（民執172Ⅰ）とも照応するといえる。間接強制の存続期間として定められた期間が経過してもなお履行が得られない場合には，再度の間接強制申立てを妨げない。

③ **強制金決定の変更・取消し** 強制金決定の当時には債務者に資力があったが，その後に資力を失うということがありうる。そのような事情の変更があった場合には，債務者に過酷な結果が生ずることのないようにするため，執行裁判所は，債務者の申立てにより，強制金決定を変更することができる（民執167の15Ⅵ・172Ⅱ）だけでなく，強制金決定自体を取り消すことができる（民執167の15Ⅲ。債権者が取消しを予測できずに強制金を取り立ててしまうこともあるので，

取消申立てがあった時またはその後の事情変更があった時まで遡っての取消しに限定）。

④　強制金の取立てについては，非金銭執行の間接強制におけるとおおむね同様である（民執167の15Ⅵ・172Ⅱ～Ⅴ）。強制金決定がされても扶養義務等の履行がないときは，強制金決定の正本に，強制金の発生とその金額を明示した補充（条件成就）執行文（民執27Ⅰ）の付与を受け，強制金取立ての強制執行をすることができる。

7-4　形式競売

(1)　種　　類

民事執行の一種とされる形式競売には，留置権による競売と形式的競売（民法・商法その他の法律による換価のための競売）とがある（民執1・195）。請求権の満足を目的としないが担保競売の規定によってされる換価手続である。

留置権（民295，商31・521など）には優先弁済権がなく，**留置権による競売**は担保権の実行ではないが，被担保債権の弁済があるまで目的物を留置できる権利なので，目的物を競売により金銭に換えて保管することを認めたのである。競売による換価金は留置権者に交付されるので，目的物の所有者が留置権の被担保債権の債務者である場合には，留置権者は，換価金引渡債務を自己の債権で相殺することにより事実上の優先的満足を確保できる。**形式的競売**も，そのほとんどが目的財産を金銭に換えることだけを目的として競売換価を行うものである（共有財産分割のための競売〔民258〕，自助売却〔民497，商524など〕その他）。

(2)　形式競売の手続

(a)　形式競売の手続は，担保権の実行としての競売の例による

（民執195。「例による」は規定の全面的準用の意）。

「担保権の実行としての競売」の例によるとなると，不動産を目的とする形式競売を申し立てるには，担保権の存在を証する確定判決その他の法定文書（民執181）を提出しなければならない（⇨ **3 - 2**(3)(a)）。登録自動車など準不動産の形式競売についても同様である（民執規174〜177の2）。その場合の法定文書としては，どのような文書が必要であろうか。登録自動車を目的とする留置権による形式競売につきそれが問題となった判例があるので，みておこう。

事案は，こうである。Xがその営業するスーパーの店舗の買物客のために有料駐車場を管理運営していたところ，Y所有の自動車が駐車したまま長期間放置され，Yの所在も不明で，困り果てたXがYに対して駐車料金の支払請求の訴えを提起し，勝訴の確定判決を得たうえ，留置権に基づく競売を申し立てたが，執行裁判所は，申立てを却下した。留置権の成立は，債権者が目的物に関して生じた債権を有していることと，債権者が目的物を占有していることを要件とするが，債権者の目的物占有は駐車料金請求における要件事実ではなく，この確定判決では留置権の存在を証するに足りない，というのである。この却下決定は抗告審でも支持されたが，最高裁は，次のように述べて破棄し，地裁に差し戻した。債権者による占有の事実が認定されていなくても，債権者が占有しているかどうかはどうせ競売になれば分かることだから，留置権の被担保債権がその自動車に関して生じたことが認定されている確定判決であれば「担保権の存在を証する確定判決」に当たる（最決平成18・10・27民集60巻8号3234頁，執保百選〈3版〉21事件［佐瀬裕史］）。

(b) 競売申立てに基づき差押えをもって手続を開始する。物的負担の処遇が問題となるが，共有物分割のための不動産競売（民258）では，目的物が負担付きのまま換価されれば足りるので，抵当権は

買受人の引受となると考える（中野＝下村〈改訂版〉825頁以下）。しかし，最決平成24・2・7判時2163号3頁は，抵当権が消除されること（民執59の準用）を前提として，無剰余措置の規定（民執63）の準用を肯定している。

7–5　債務者の財産状況の調査

⑴　制度の趣旨

　債務者の財産状況の調査（民事執行法第4章）は，債務者がどこにどういう財産を持っているかを明らかに示す制度であり，財産開示手続（民執196条〜203条）と第三者からの情報取得手続（民執204条〜211条）から成る。

　金銭債権を回収しようとする債権者は，債務者の財産状況について必要な情報をもたなければならない。金銭債権について強制執行の申立てをするには，執行の対象とする財産はこれであると特定して申し立てなければならず（民執規21・23・133），場所の明示で足りる動産執行の申立てでも，差し押さえる動産の所在場所を特定しなければならない（民執123，民執規99）。ところが，そのような債務者の財産の所在・内容が債権者には明らかでない場合が多いので，平成15年改正（新担保・執行法）により，裁判所の手続によって債権者のため債務者に財産を明らかにさせようとする財産開示の制度が設けられた。しかし，債務者が財産を開示すべき期日に出頭せず，あるいは宣誓拒絶や虚偽陳述をしても，金額の低い過料の制裁にとどまり，刑罰はなく，立法としては異例の弱さであった。このため，財産開示の事件は統計上あまりにも少なかった（日本執行官連盟編・新民事執行実務〔民事法研究会〕10号（2012年）116頁・124頁，19号（2022年）98頁・111頁など参照）。そこで，令和元年改正（令和元年法律2

号）により，債務者に開示させる財産開示手続の実効性を向上させるために，債務者の開示義務違反に対する制裁として刑事罰が設けられるとともに，債務者自身による開示にはその実効性に限界があるので，所定の公的機関や金融機関等に対して債務者の財産に関する情報を提供させる制度である第三者からの情報取得手続が導入された。

民事執行法は，債務者の財産状況の調査を強制執行・担保執行・形式競売とならぶ民事執行の1つとしているが（民執1），財産開示手続や第三者からの情報取得手続によって直接に権利が実現されるわけではなく，これらの手続は，金銭債権の強制執行が実効を挙げるための手段として設けられた準備段階の執行にほかならない。原則として債務者の普通裁判籍の所在地を管轄する地方裁判所が執行裁判所となる（民執196・204）。

(2) 財産開示の要件と手続

(a) 財産開示手続は，債権者の申立てによって開始されるが，財産開示手続の申立てをすることができるのは，金銭債権についての執行正本（＝執行力のある債務名義の正本）を有する金銭債権の債権者および一般の先取特権を証明する文書を提出した債権者でなければならない（民執197Ⅰ・Ⅱ）。令和元年改正により，仮執行宣言付判決・執行証書・支払督促などの債務名義（改正前民執197Ⅰ柱書かっこ書）を有する債権者も申立てをすることができるようになった。

(b) 執行裁判所が財産開示手続実施の決定をするのは，次の場合に限られる。(i) 先に行った強制執行または担保執行での配当等の手続において，申立債権者がその金銭債権の完全な弁済が受けられなかったとき（民執197Ⅰ①・Ⅱ①）。(ii) 知れている財産に対する強制執行または担保執行を実施しても，申立債権者がその金銭債権の完全な弁済が得られないことの疎明があったとき（民執197Ⅰ②・Ⅱ

②)。

　実施決定は債務者に送達され，債務者はその決定に対して執行抗告をすることができるが，実施決定が確定すれば（民執197Ⅳ〜Ⅵ），債務者に公法上の財産陳述義務が課されたことになる。執行裁判所が財産開示期日を指定して申立人・開示義務者を呼び出し，開示義務者は，定められた期限までに，執行裁判所に財産目録を提出しなければならない（民執198，民執規183）。この「開示義務者」は，もちろん，債務者が普通であるが，現実に開示行為ができなければならないので，債務者に法定代理人がある場合にはその法定代理人，債務者が法人である場合にはその代表者が開示義務者となる（民執198Ⅱ②・199Ⅰ）。

　(c)　財産開示期日（民執199）には，開示義務者は，財産開示期日に出頭して，宣誓を行い，債務者が現在有する財産について陳述しなければならない。

　開示義務者が，正当な理由もなく財産開示期日に出頭せずあるいは宣誓を拒んだ場合，また，期日には出頭して宣誓したが，正当な理由もなしに，陳述すべき事項について陳述をせず，または虚偽の陳述をした場合には，6月以下の懲役または50万円以下の罰金に処せられる（民執213Ⅰ⑤⑥）。

(3)　第三者からの情報取得の要件と手続

　令和元年改正により創設された第三者からの情報取得手続は，①法務省令で定められた登記所（東京法務局。令和3年法務省令15号）から債務者の不動産の情報を取得する手続（民執205），②市町村や日本年金機構等から債務者の給与債権（勤務先）の情報を取得する手続（民執206），③金融機関等から債務者の預貯金債権の情報や振替社債等の情報を取得する手続（民執207）から成る。

　これらの手続の申立てをすることができるのは，(i) 上記の①と

③の手続（不動産，預貯金債権・振替社債等）においては，改正後の財産開示手続と同様に，金銭債権について執行正本を有する債権者または一般先取特権の存在を証明する文書を提出した債権者である（民執205 I ①②・207 I・Ⅱ）が，上記の②の手続（給与債権）については，情報提供により債務者に与える不利益が特に大きいことから，扶養義務等に係る金銭債権（民執151の2 I 各号。⇨ **7 - 3**）または人の生命身体侵害による損害賠償請求権について執行正本を有する債権者に限定されている（民執206 I 本文）。さらに，(ii) 執行正本に基づく場合には，強制執行を開始することができる場合であることを要し（民執205 I ただし書・206 I ただし書・207 I ただし書），(iii) 前述した財産開示の要件と同様に，民事執行法197条1項各号または2項各号が定める要件（⇨ (2)(b)(i)(ii)）をみたすことを要する（民執205 I・206 I・207 I・Ⅱ）。

これらの要件に加えて，公的機関からの情報取得（上記の①および②）の手続の実施は，(iv) 財産開示手続が先行して実施され，その開示期日から3年以内であることを要する（民執205Ⅱ・206Ⅱ）。債務者に対して守秘義務を負う公的機関に対して情報提供義務を課すには，先行する財産開示手続において債務者がその財産に関する情報について開示義務を負うと確定的に判断される必要があるからである。これに対して，預貯金債権や振替社債等は債務者による処分が容易であり，債務者に知られることなく債権者が情報を取得する必要性が高いことから，金融機関等からの情報取得（上記の③）の手続の実施は財産開示手続の先行を要しない。

執行裁判所は，上記の申立権者の申立てに基づき，これらの要件を具備する場合には，申立人が選択する公的機関や金融機関等に対し債務者の財産について情報の提供を命ずる。提供すべき情報はその財産に対する強制執行等の申立てに必要な事項である（民執205

Ⅰ・206Ⅰ・207ⅠⅡ, 民執規189〜191)。第三者に対し情報の提供を命ずる決定は, 公的機関からの情報取得（上記の①および②）の手続では, 債務者に送達され, 債務者はその決定に対して執行抗告をすることができる（民執205Ⅲ・Ⅳ・206Ⅱ）。これに対して, 金融機関等からの情報取得（上記の③）の手続では, 情報の提供を命ずる決定は金融機関等への告知により効力を生じ（民訴119）, 債務者に知られずに差押えができるように債務者に対する送達はされず, 執行抗告をすることもできない。

情報の提供を命じられた公的機関や金融機関等は, 執行裁判所に対して書面でその情報を提供しなければならず（民執208Ⅰ）, 執行裁判所または情報を提供する機関から申立人にその書面の写しが送付される（民執208Ⅱ, 民執規192Ⅰただし書・Ⅱ）。いずれの手続においても, 提供される情報は債務者の個人情報であることから, 執行裁判所は情報の提供がされた旨を債務者に通知しなければならない（民執208Ⅱ）。

8 「渡せ」「せよ」「するな」の強制執行

8-1 非金銭執行

(1) どんな執行か

(a) 強制執行は，**金銭執行**（＝金銭の支払を目的とする債権についての強制執行）と**非金銭執行**（＝金銭の支払を目的としない請求権についての強制執行）に大きく分かれる（⇨ **1**-**3**〔M1〕）。

基本法典としての民事執行法は，金銭執行には150に近い法条をおきながら（民執43〜167の16），非金銭執行には11の法条しかおいていない（民執168〜177）。しかも，金銭執行は，執行対象がいろいろと異っても，手続はつねに「差押え⇨換価⇨満足」という共通のパターンをもつのに対し，非金銭執行は，請求権が物引渡し・作為・不作為・子の引渡し・意思表示のいずれを目的とするかによって手続はかなり違う。金銭執行では，執行対象はどんなに違っても，要するに換価して金銭的な満足を債権者に与えれば足りるのに対して，非金銭執行では，執行債権も「債権」に限らず「物権的請求権」を含み，金銭の支払以外の多様な目的をもつ請求権に満足を与えるには，多様な執行方法（直接強制・代替執行・間接強制の区別につき ⇨ **1**-**2**(2)(b)）が必要となる。

(b) **執行方法** ① 物の引渡しを求める請求権についての強制執行は，執行機関の実力で物の現実的支配を移転する**直接強制**によることができ，当然ながら，それが原則的な執行方法である。しか

し，直接強制の実施が困難であったり**間接強制**のほうがより適切に実効を挙げうる場合もあるので，民事執行法は，平成15年改正（新担保・執行法）により，債権者が**直接強制**（民執168〜170）と**間接強制**（民執172）のどちらを選択して申し立てることもできるものとした（民執173）。

② 作為義務のなかで，建物を収去せよとか，家屋を修理せよというような「**代替的作為**」（＝債務者自身がやっても第三者がやっても債権者の受ける結果には経済的・法律的な違いがない作為）を求める請求権についての強制執行では，債務者が自分で履行しようとしないなら第三者にやってもらえばいいわけで，執行方法は，代替執行によることになる。しかし，ここでも，事案によっては間接強制のほうが適切な場合もある（収去すべき建物が特殊であるため債務者に収去させるのが迅速・安全・効率的である場合など）ので，債権者は，代替執行（民執171）と間接強制（民執172）のどちらかを選択して申し立てることができる（民執173）。

③ 作為義務のなかで，どうしても債務者自身にやってもらわないと，他の第三者がやったのでは同じ結果が得られないような「**不代替的作為**」を求める請求権についての強制執行では，執行方法は間接強制による（民執172）。

④ **不作為義務**の強制執行には，次の3種がある。(i) 違反行為継続中の不作為執行，(ii) 違反行為前の不作為執行，(iii) 違反行為後の結果除去の執行。このうち，(i)(ii)は間接強制により，(iii)は，代替執行または間接強制による。

⑤ **子の引渡し**の強制執行は，(i) 執行裁判所が決定により執行官に子の引渡しを実施させる方法（直接的な強制執行の方法）と，(ii) 間接強制の方法のいずれかによる（民執174 I）。

⑥ 「**意思表示**」を求める請求権についての強制執行は，法律に

〔M13〕 非金銭執行の種類と執行方法

執行の種類	直接強制	代替執行	間接強制	
物引渡しの強制執行	○	×	○	
代替的作為義務の強制執行	×	○	○	
不代替的作為義務の強制執行	×	×	○	
不作為義務の強制執行	×	△	○	
子の引渡しの強制執行	直接的な強制執行		○	
意思表示義務の強制執行	×	×	×	意思表示の擬制

よる「擬制」という極端に圧縮された執行方法でされる（⇨**8**-**6**）。

(2) 代替執行の手続

(a) 授権決定の申立てによって開始する。

執行裁判所は，一般の執行要件および代替執行の要件を審査し，決定で裁判する。履行の有無等の実体上の理由は，審理の対象とならない。授権決定をするには，あらかじめ債務者を審尋しなければならない（民執171Ⅲ）。不意打ちを避け，債務者にも言い分を述べる機会を与えるためである。

申立てについての裁判に対しては執行抗告ができる（民執171Ⅴ）。

(b) 申立てを認容するときは，執行裁判所は，執行債権の目的である債務者の作為に替わる行為（代替行為）を債務者の費用で債務者以外の者に実施させることを債権者に認める決定＝**授権決定**をする（民執171Ⅰ①）。

授権決定（⇨〔M14〕）には，(i) 授権される代替行為の具体的な表示が必要である。(ii) 実施する者を指定する必要はない。実務では，建物収去執行等につき授権決定で執行官を指定することが多い。執行官なら代替行為の実施にさいして抵抗があっても排除できるが，代替行為の実施者を債権者なり第三者とした場合でも，抵抗を受ければ執行官に援助を求めることができる（民執171Ⅵ・6Ⅱ）。

[M14] 代替執行——授権決定

```
┌─────────────────────────────────────────────────────┐
│                                                     │
│                      事件番号    令和○年(ヲ)第○○○号      │
│                    決    定                          │
│                                                     │
│     当事者    別紙当事者目録記載のとおり                  │
│    上記当事者間の○○地方裁判所令和○年(ワ)第○○○号建物収去土地明  │
│   渡請求事件の執行力のある判決の正本に基づく債権者の申立てを正当と認  │
│   め,次のとおり決定する。                              │
│                      主    文                        │
│    債権者の申立てを受けた執行官は,別紙物件目録記載の建物を債務者の  │
│   費用で収去することができる。                           │
│    令和○年○月○○日                                   │
│        ○○地方裁判所民事部                             │
│                      裁判官    氏  名  印             │
│                                                     │
└─────────────────────────────────────────────────────┘
```

(c) 債権者は,授権決定(その確定前でも)に基づいて,**代替行為
の実施**に当たる。

実施者が債権者,債権者の委任した第三者,執行官のいずれであ
っても,代替行為の実施は「ひとしく債務者の意思を排除して国家
の強制執行権を実現する行為であるから,国の公権力の行使である
というべき」で,執行官の実施については国家賠償法１条の適用も
ありうる(最判昭和41・9・22民集20巻7号1367頁)。代替行為の実施
が完結すれば,そのときに代替執行は終了する。

(d) 代替行為の実施にかかる費用は,執行債務者の負担である
(民執171Ⅰ①②)。

執行裁判所は,債権者の申立て(費用の概算書類を添付する。授権
決定の申立てと共にされるのが普通であるが,授権決定後でもよい。いず
れの場合も代替執行とは別事件として処理される)があれば,債務者に

対し，代替行為をするために必要と見込まれる費用の概算額をあらかじめ債権者に支払えと命ずる（**費用前払決定**。民執171Ⅳ）。債権者は，前払決定を債務名義（民執22③）として金銭執行による取立てができる。前払決定がない場合または前払費用に不足が生じた場合には，執行費用一般の取立てとして，執行裁判所の裁判所書記官による費用額確定処分が取立ての債務名義となる（民執22④の2・42Ⅳ）。

(3) 間接強制の手続

(a) 間接強制の申立てによって手続を開始する。

執行裁判所は，一般の執行要件および間接強制の要件を審査し，**強制金決定**（民執172Ⅰ）をする。履行の有無等の実体上の理由は，審理の対象とならないが，債務者には事情や言い分を述べる機会を与えるために審尋しなければならない（民執172Ⅲ）。

強制金決定（⇨〔M15〕）は，その主文において，執行債権の債務名義を基本として債務者のすべき行為を特定したうえで，いつまでの間に履行しないと不履行に対する制裁として裁判所が定めた強制金を債権者に支払うことをあらかじめ債務者に命ずる（民執172Ⅰ）。「いつまでの間に」という期間や強制金の額等は，債権者の申立てにおける記載にかかわらず，執行裁判所が具体的事案に応じた裁量によって決める。強制金決定があった後に新たな事情が発生したり，定めた強制金では実効なくあるいは苛酷にすぎることがハッキリしたような場合には，執行裁判所は，債権者または債務者の申立てにより強制金決定を変更することができる（民執172Ⅱ）。

(b) **強制金** ① 強制金の命じ方には，(ⅰ) 義務の履行がない期間に応じ一定の金額の割合で金銭の支払を命ずるもの，(ⅱ) 一定の履行期間を定め，その期間内に履行がないときは直ちに一定額の金銭を支払えと命ずるもの，(ⅲ) 違反行為があったことを条件として一定額の金銭を支払えと命ずるもの，がある。

〔M15〕 間接強制——強制金決定

事件番号　　令和○年（ヲ）第○○○号

決　　定

　　当事者　　別紙当事者目録記載のとおり

　上記当事者間の○○地方裁判所令和○年（ワ）第○○○号営業差止請求事件の執行力のある判決の正本に基づく債権者の申立てを正当と認め，次のとおり決定する。

主　　文

１　債務者は，○○県および△△県において○○営業またはこれに類似する営業をしてはならない。

２　本決定送達の日から７日を経過した日以降，債務者が前項記載の義務に違反し，○○県および△△県において○○営業またはこれに類似する営業をしたときは，債務者は，債権者に対し，違反行為をした店舗１店につき，各１日につき金10万円の割合による金員を支払え。

　　令和○年○月○○日

　　　○○地方裁判所民事部

裁判官　　　氏　　名　　　印

（後記最決平成17・12・9の事件〔240頁〕における実例によった）

　②　強制金の額は，債務者の義務違反を阻止し執行債権を実現させるために債務者の心理を強制する目的に即した合理的裁量によって決める。執行裁判所が考慮するファクターとしては，(i) 執行債権の性質（金銭の受領によっても実質的な満足が得られるか，あくまで債務者の行為を必要とするか），(ii) 義務の不履行によって債権者が受ける不利益，(iii) 義務の不履行によって債務者が受ける利益，(iv) 義務履行の難易，(v) 義務不履行による社会的影響などがある。

　③　**強制金の性質**　　強制金は，執行法上の制裁金であって，私的な違約金・賠償金ではない。しかし，わが法では，債権者がその

支払を受ける権利を与えられ，債権者が取り立てた強制金は債権者に帰し，その損害の補塡に充てられる。制裁金であるから，強制金額が現実の損害額を超えても差額の返還は不要であり，逆に現実の損害額が上回っておれば，その差額の賠償を債務者に請求することができる（民執172Ⅳ）。

　(c)　強制金決定があったにもかかわらず債務者が物引渡義務・作為義務を履行せず，あるいは不作為義務の違反があったときは，債権者は，強制金決定の正本に執行文の付与を受けて，**強制金取立ての強制執行**ができる。強制金が債務者の遅延あるいは違反に応じて積算される場合には，債権者は，執行文付与の申立てのさいに，取り立てるべき合計金額を示し，裁判所書記官が金額を確定して，その金額の取立てのために執行文を付与する旨を執行文のなかで表示する。強制金決定は，非金銭執行の基本債務名義に基づいて派生する強制金取立執行の債務名義となるわけである。

8-2　渡す義務の強制執行

(1)　不動産等の引渡・明渡義務の執行

　(a)　「不動産等」の「引渡し又は明渡しの強制執行」は，債権者の執行申立てに基づき，執行官が債務者の不動産等に対する占有を解いて債権者にその占有を取得させる方法（直接強制）により行うほか（民執168Ⅰ。なお，民執27Ⅲ・Ⅳ），債権者が間接強制の申立てをしたときは，執行裁判所が強制金の支払を命ずる方法（間接強制）により行う（民執173Ⅰ）。

　①　ここでいう「不動産等」は，民法上の「不動産」（民86Ⅰ）である土地およびその定着物のほかに「人の居住する船舶等」を含み（民執168Ⅰかっこ書），その「船舶等」とは，船舶のほかに人の居住

する動産を含む。ここでの船舶は、船舶執行の対象となる「船舶」（民執112）には入らない20トン未満の船舶や端舟をも含み、その他の動産でも人の居住するもの（キャンピングカー・トレーラーハウス・プレハブ簡易家屋など）は、「船舶等」に含まれる。

　②　「引渡し」は、単に目的物の占有（直接支配）を債権者に移転すれば足りる場合であるのに対して、「明渡し」は、目的物のなかに債務者や家族などが居住しあるいは物品を置いて占有している場合であり、人を立ち退かせ物を撤去したうえで債権者に引き渡すので、人の立退きや物の撤去のための手続が要る。

　(b)　**夫婦居住家屋の明渡執行**　夫婦が住んでいる家屋の明渡しの強制執行を求める場合、夫婦の一方に対する明渡請求権の債務名義だけで夫婦の双方を強制的に退去させることができるのだろうか。

　大審院の裁判例は、「我国ノ社会事情ニ顧レバ特別ノ事情ナキ限リ妻ハ単ニ夫ニ従ヒテ之ト同居スルニ過ギザルモノト推認スベク」、妻の居住は独立の占有を成すものでない、と勇敢に言い切った（大判昭和10・6・10民集14巻1077頁）。しかし、両性の本質的平等（憲24）を謳った日本国憲法のもとでは、この先例をそのまま受け継ぐことはできないが、理論的な解決は単純でない。執行上の問題を2つに分けて、次のように考えておこう。執行行為としての適法性については、夫または妻に対する明渡しの債務名義に基づく強制執行において債務者の配偶者が共同居住の外形や利用状況等から独立の居住権原をもってないと認められる場合には、その配偶者を強制的に退去させることができる。債務者の配偶者自身が債権者に対抗できる占有権原（所有権・賃借権など。債務者と共同でもよい）を有する場合には、その配偶者は第三者異議の訴え（民執38）により執行を排除できる。

　(c)　**不動産引渡・明渡執行の手続**

①　不動産の引渡し・明渡しの強制執行は，とくに住居の明渡執行において顕著なように，債務者の生活の本拠を奪うなどの深刻な影響を与えるので，苛酷執行を避け執行妨害を抑えるために適切な配慮を必要とする場合も多く，直接強制による執行実施には，十分な事前準備と債権者の協力が望まれる（民執規154の2V参照）。

執行官は，不動産の引渡し・明渡しの強制執行の申立てがあった場合に，債務者がその不動産を占有していることが分かれば，引渡し期限（原則として1か月）を定めて「**明渡しの催告**」（＝引渡しまたは明渡しの催告）をすることができる（民執168の2Ⅰ・Ⅱ，民執規154の3Ⅰ）。突然の明渡し断行による債務者の生活急変に伴う摩擦や妨害を予防し，当事者双方に適切な対応を用意させ，明渡しの確実を期する趣旨である。

明渡しの催告には，当事者恒定効がある。明渡しの催告がされた場合には，債務者は，不動産の占有を移転してはならない（民執168の2V）。催告の後に不動産の占有が移転されても，それが引渡し期限の経過前であれば，債権者は，移転を受けて入った占有者に対して，承継執行文の付与（民執27Ⅱ）もなしに，当初の執行申立てに基づく明渡執行ができる（民執168の2Ⅵ）のである。

②　明渡執行のため現地に赴いた執行官は，債務者の占有する不動産に強制的に立ち入り，必要があれば閉鎖した戸を開くため必要な処分をとることができ，債務者の占有を解いて債権者にその占有を取得させる（民執168Ⅰ～Ⅳ）。執行官は，執行にさいし抵抗を受けるときは威力を用い，また警察上の援助を求めることができるほか（民執6Ⅰ），申立債権者に対しても，執行手続の段階をとわず，債務者の占有の状況等についての情報の提供その他，手続の進行のために必要な協力を求めることができる（債権者の協力義務。民執規154の2V）。

明け渡すべき建物に執行債務者あるいはその家族が居住している場合には，建物からの退去を求めることができる。建物のなかに居住者の使っていた家具やピアノなどの動産がある場合には，明渡執行を実施するさいに執行官が執行債務者等に引き渡すが，それができないときは執行官が保管・売却する（民執168Ⅴ～Ⅷ，民執規154の2）。実務では，放置された自動車の処理などが問題となっている。

③　間接強制による執行の手続については ⇨ **8-1**(3)。

(2)　**建物収去土地明渡義務の執行**

(a)　土地と地上の建物は別個の不動産なのであるから，「土地を明け渡せ」との債務名義であっても「地上にある建物を収去せよ」という趣旨の文言が入ってなければ，建物収去の強制執行はできない。また，「建物を収去して土地を明け渡せ」という債務名義があっても，建物を収去する執行は作為義務の執行であり，代替執行または間接強制の方法で行う（民執171・173）のに対して，土地を明け渡す執行は，物引渡義務の執行であり，直接強制または間接強制の方法で行う（民執168・173）という区別がある。

(b)　次の事例を考えてみよう。

> ［ケース22］　土地は，Ｘの所有である。ＹがＸから借地し，地上に住宅を建てて建物保存登記を了し，その住宅に住んでいた。借地権の存続期間が満了し，契約の更新がなくて借地関係は終了したが，Ｙは土地を返還せず，建物もそのままである。Ｘは，Ｙを被告として土地所有権に基づく建物収去土地明渡請求の訴えを提起し，「Ｙは地上建物を収去して土地をＸに明け渡せ」との判決が確定した。

①　この事例で，Ｘが収去明渡しの執行申立てをする前にＹが自分の建てた建物をＺに売却していた場合は，どうか。

建物収去の強制執行には，収去される建物の所有者（建物所有に

よる土地占有者）に対する建物収去請求権の債務名義が必要である。
(i) YからZへの建物所有権移転登記がまだされていない限り，X
は，建物の登記名義人であるYに対して収去明渡しを命ずる判決
を得ることができ（最判平成6・2・8民集48巻2号373頁），Yに対す
る単純執行文の付与を受けて執行してよい。(ii) YからZへの建物
の売却および所有権移転登記がX・Y間の収去明渡請求訴訟の口
頭弁論の終結後にされた場合であれば，Xの得た収去明渡判決の
執行力はZに及ぶから（民執23Ⅰ③），Xは，この判決にZに対す
る承継執行文の付与（民執27Ⅱ）を受けて，Zに対する建物収去土
地明渡しの強制執行ができる。しかし，(iii) YからZへの建物の売
却および所有権移転登記が弁論終結前にされている場合には，Y
に対する判決の執行力はZに及ばないから，Xは，Zを被告とし
て建物収去土地明渡請求の訴えを提起するなどしてZに対する債
務名義を得なければならない。このような事態に陥るのを防ぐため
には，Xとしては，あらかじめYに対し建物収去土地明渡請求権
を保全するための建物処分禁止仮処分命令（民保55）を得て建物に
つき，処分禁止の登記をしておく必要がある（⇨ **12 - 2**）。

②　建物収去土地明渡しの強制執行は，Yに対する金銭債権
者・担保権者がその建物を差し押さえても，それに構わずに収去執
行を実施することができる。また，第三者がYに対する所有権移
転登記請求権保全の仮登記あるいは抵当権等の設定登記を得ていて
も，収去執行に支障はない。収去されるべき不法占拠の建物は，土
地所有者にとっては地上のゴミに等しい。ゴミ同然の建物を差し押
さえたり，担保にとったり，買い受けた人がいても，かれらが土地
所有者の収去明渡執行に異議を唱える理由は全くないのである。

③　XのYに対する建物収去土地明渡しの債務名義が成立した
後にYが建物買取請求権（借地借家13）を行使した場合については

⇨ **9-3**(3)(b)②。

　収去すべき建物を第三者 M が Y から賃借するなどして占有している場合，M は，建物を占有することによって土地を占有しているわけであるから，X としては，M をも被告として建物退去土地明渡請求の訴えを提起するなどして，M に対する建物退去土地明渡請求権の債務名義を得なければならない。しかし，M が X・Y 間の収去明渡訴訟の口頭弁論終結後に Y の占有を受け継いだのであれば，X の得た収去明渡判決の執行力が M に及ぶから，X は，この判決に M に対する承継執行文の付与（民執27Ⅱ）を受けて M に対する建物退去の強制執行をすることができる。

(3)　動産引渡義務の執行

　債務者の占有する動産（民85・86Ⅱ。人の居住する船舶等を除く。民執168Ⅰ）の引渡しの強制執行は，債権者の申立てに従い，直接強制または間接強制による。直接強制は，執行官が債務者から取り上げて債権者に引き渡す方法による（民執169）。間接強制の手続については ⇨ **8-1**(3)。

(4)　第三者占有物の引渡義務の強制執行

　引渡執行の目的物が不動産であれ動産であれ，第三者が占有している場合に，占有する第三者が債務者に対して引渡義務を負っているときは，執行裁判所が債務者のもつ引渡請求権を差し押さえて請求権の行使を債権者に許す旨の命令を発する方法で執行することができる（民執170。貸金庫内容物引渡請求権についての活用例につき ⇨ **7-1**(3)）。同じ目的は，民法上の債権者代位権（民423）を行使する方法によっても達することができる（債権者代位権の転用）。

8 - 3　作為義務の強制執行

(1)　代替的作為義務の強制執行

(a)　執行債権の目的である「作為」が「代替性」を有する場合
(⇨ **8 - 1** (1)(b)②) には，その強制執行は，代替執行によるが，間接
強制によることもできる（民執171・173）。代替執行および間接強制
の手続については ⇨ **8 - 1** (2)(3)。

(b)　代替的作為義務の強制執行は代替執行によることも間接強制
によることもできる。それならば，この 2 つの方法を併用してもよ
いのだろうか。

[ケース23]　X 所有の山林のなかの小道に，遠方の都市で営業している
産業廃棄物処理業者 Y の軽トラックが度々やってきて，多量の建築廃
材を棄て，山のように積み上がっている。それを知った X が Y を被告
として訴えを提起し，「Y は同地上の建築廃材を撤去せよ」との判決が
あり，確定した。しかし，Y は，「近いうちに撤去しますよ」というば
かりで，一向に実行しようとしない。

（参考　広島高松江支決平成17・2・24平成16年（ラ）53号・54号事件，
判タ1217号73頁以下［大濱しのぶ］）

このような事例では，一般には，次のように考えることになろう
か。(i) 債権者は，代替執行と間接強制のうち，どちらを選んで申
し立てることもできる。間接強制では，強制金支払の負担が重なっ
て代替執行よりも債務者に酷な結果となる場合もありうるが，事案
に応じた救済ができないわけでなく（民執172），目的となる作為が
代替的でも代替執行が事実上困難あるいは不適当な場合があり，債
権者の選択に任せてよい。(ii) 債権者が代替執行あるいは間接強制

の一方を申し立て，その方法では目的を達し得ないことが明らかになった場合に，債権者が他方の執行方法を申し立てることも可能と解される。(ⅲ) 対象は同じだが方法は違うので，代替執行の手続と間接強制の手続を同時に並行して実施することはできない。

(c) **謝罪広告義務の強制執行**　たとえば，選挙運動中に政見放送のなかで対立候補者から身に覚えのない非行を言い立てられて名誉を毀損されたというような場合（後記の最大判昭和31・7・4もその例）に，名誉回復処分（民723）として，一定内容の謝罪広告を特定の新聞紙等のメディアによって行えという確定判決や和解調書・調停調書を得た場合，その強制執行はどうなるか。

① 一般に，謝罪広告判決は，謝罪の意思表示をせよと命じたものでなく，謝罪する内容の広告を新聞社等と契約して掲載させるなどの代替的作為を命じたものと解されるので，執行方法としては代替執行によることができ，また，間接強制によることもできる（民執171・173）。

② 謝罪広告の内容が思想・良心の自由（憲19）や表現の自由（憲21）と絡んで問題となることに注意したい。謝罪広告義務の執行方法として代替執行を認めた最高裁大法廷判決の多数意見は，次のように判示している。謝罪広告判決には，内容上，(ⅰ) それを強制することが債務者の名誉を毀損し意思決定の自由ないし良心の自由を不当に制限することになって，「強制執行に適さない場合」に該当するものがある。しかし，(ⅱ) 強制執行はできるが，その方法は，謝罪広告の新聞紙掲載を謝罪者の意思決定に委ねて，代替執行でなく間接強制によるのを相当とするものもあろうし，(ⅲ)「単に事実の真相を告白し陳謝の意を表明するに止まる程度のもの」であれば，代替執行の手続によって強制執行ができる（最大判昭和31・7・4民集10巻7号785頁，執保百選〈3版〉68事件［越山和宏］）。

(2) 不代替的作為義務の強制執行

(a) 執行債権の目的である「作為」が「代替性」を有しない場合（⇨ **8 - 1** (1)(b)③）には，その強制執行は間接強制（民執172）による。

目的である「作為」が「代替性」を有しないというのは，(i) 債務者本人でないと履行することができない場合（自分のやってきた財産管理につき清算をすべき義務，証券に署名すべき義務など），(ii) 特別の地位・技能・学識・経験等を有する債務者本人が履行するのでないと「債務の本旨に従った履行」（民415）にならない場合（団体交渉応諾義務，芸能人の出演義務，鑑定義務など）が，その例とされる。

間接強制の手続については ⇨ **8 - 1** (3)。

(b) **間接強制の適用範囲**　不代替的作為義務のすべてについて間接強制が適用できるわけではない。

① 不代替的作為債務には，「強制執行に親しまない義務」（⇨ **2 - 1** (1)）もあり，そこでは間接強制の適用は許されない。

② 間接強制が適用できるのは，「債務者が其の意思のみに因り為し得べき行為」（民訴旧734条の原規定，ド民訴888 I ）を義務内容とする場合に限る。間接強制は，債務者の意思を圧迫して義務を履行させる執行方法であるから，「債務者がやろうと思えばやれるはずの行為」でなければならないのである。債権者の側でまだ受電設備をしていない場合の電力会社の送電義務などには，間接強制は適用できない。しかし，適例とされる財産管理の清算をする義務であっても，その履行が債務者の意思のみにかかるかどうかは，清算に要する帳簿等の資料を債務者自身が保有しているかどうか，その所有者・占有者の協力を確保できるのか等の事情によって異なる。各個の事案に応じて，強制執行では克服できない法律上・事実上の障害があるのかどうかを，審尋（民執172Ⅲ）のさいに審査し，判断すべきである。

債務者が両立し得ない債務を負った場合はどうだろうか。国が設置した諫早湾干拓地潮受堤防の排水門につき，その開放を求める漁業者らが国に対してその開放を命ずる確定判決を得たが，他方で，その開放の差止めを求める営農者らが国に対してその開放をしてはならない旨の仮処分決定を得て，双方が国に対して間接強制の申立てをしたという事案において，最高裁判所は，債務の内容が，それ自体，性質上債務者の意思のみで履行することができるものであることは，別件の仮処分決定により相反する義務を負ったことや別件の確定判決により相反する義務を負っていることにより左右されないとして，それぞれ国に対して間接強制決定をすることができると判示した（最決平成27・1・22判時2252号33頁①，執保百選〈3版〉71①事件［栗原伸輔］，最決平成27・1・22判時2252号33頁②，執保百選〈3版〉71②事件［栗原伸輔］）。

　③　家庭裁判所の調停・審判によって面会交流義務（民766，家事別表第二3項）を負う者に対する間接強制の可否については，見解が分かれる。実務では積極説が有力とされてきたが，最高裁（最決平成25・3・28民集67巻3号864頁）も積極説に立ち，監護親がすべき給付の特定に欠けるところがないといえる場合は，審判に基づき監護親に対し間接強制決定をすることができる，とした。

　(c)　不代替的作為義務について間接強制によることができない場合には，債権者は，債務不履行による損害の賠償を請求して金銭執行に進むほかはない。

8-4　不作為義務の強制執行

(1)　執行方法

不作為義務の内容によって，その執行方法が異なる。

(a) 不作為義務には，(i) 債務者の積極的行為（たとえば，土地への立入り，建築工事の実施）を禁止することを内容とするものと，債権者なり第三者のする行為を妨害しないことを内容とするもの（受忍義務）とがあり，また，(ii) 一回的な不作為を求めるもの（たとえば，特定の美術品を他に譲渡しない義務），反復的な不作為を求めるもの（たとえば，午後10時以後には工場の操業をしない義務），継続的な不作為を求めるもの（たとえば，競業をしない義務）がある。

(b) ケース3（⇨ 1 - 1 (4)）のように，不作為義務の違反が現に行われている場合には，これを強制的に鎮圧することが許される。(i) 単純な不作為義務の違反が継続中であれば，間接強制により，執行裁判所が以後の違反継続の期間に応じ「違反行為をした日1日につき金○○円の割合による金員を支払え」とか，相当と認める一定の期間を定めて「○月○日までに違反を中止しないときは直ちに金○○円を債権者に支払え」などと命ずる（民執172 I。なお，民執172 II〜VI）。(ii) これに対し，受忍義務の違反が物的設備による妨害ならば，違反結果の除去につき代替執行または間接強制によることができる。(iii) 債務者またはその指図に従う者の人力による抵抗であれば，間接強制によるほかに，債権者は，執行官に援助を求め，執行官は，抵抗を排除するために実力を用いまたは警察上の援助を求めることができる（民執171 VI・6 IIの類推）。

(c) 不作為義務の違反があって，その違反行為により生じた違法な物的状態（不作為義務に違反して造られた建築物など）が残る場合には，債権者は，代替執行により，執行裁判所の授権決定を得て，債務者に費用を負担させてこれを除去することができるほか，間接強制により，執行裁判所の強制金決定を得て債務者に除去を求め，除去しなければ強制金の取立てもできる（民執171・173）。また，反復的・継続的な不作為義務の違反があった場合には，裁判所は，将来

のため適当な処分（違反防止のための物的設備の構築や担保の提供など）を命ずる決定をすることができ（民執171），債権者は，この決定に基づいて代替執行・間接強制あるいは金銭執行ができる。

(2) 違反行為がある前の執行

不作為義務というのは，「しない」義務であり，債務者に「する」ことを禁じているわけだから，債務者が「しない」でいる間は不作為義務の違反はないことになる。しかし，債務者が違反行為をやってしまったとたんに債権者がガツンと損害をこうむって，あとは損害賠償の請求しかない，というのでは，不作為義務の実効はないことになり，いったい何のために不作為義務の債務名義をとったのか分からない。やはり，事前の執行を認めなければならないが，どのような要件のもとに事前の執行を認めるかが問題となる。

違反行為がまだ開始されていない間に違反行為を差し止める間接強制の申立てがあった事案につき，最高裁は，「不作為債務の強制執行として間接強制決定をするには，債権者において，債務者がその不作為義務に違反するおそれがあることを立証すれば足り，債務者が現にその不作為義務に違反していることを立証する必要はない」と判示した（最決平成17・12・9民集59巻10号2889頁，執保百選〈3版〉69事件［大濱しのぶ］）。債務者が現に不作為義務に違反していなくても，違反するおそれがあることが立証されれば間接強制の決定ができることについては，学説も，賛成に一致している。しかし，この判決の事案は，すでに違反行為があったが現在は行われていない状況での間接強制の当否が問題となった例であり，判旨の射程については，まだ必ずしも明確でない。「違反するおそれ」についての裁判所の裁量的判断の当否が執行文付与の段階で争われることにもなろう。

⑶ 執行の範囲

債務名義に表示された禁止行為と違反行為がピッタリ一致しなくても強制執行はできるか。

この問題は，大きな広がりをもつ。

公害や**生活妨害**を排除しようとしても，被害者は侵害発生のメカニズムが分からず，どんな侵害防止措置をとれと具体的に特定して請求することが困難な場合が多い。知的財産の侵害行為も，さまざまのやり方で行われるので，差止めの対象を狭く限定すると，侵害者は侵害態様を変更することで容易に差止めを潜脱できてしまう。そこで，「東海道新幹線鉄道列車の走行によって発生する騒音を原告らの居住地域内に65ホンを超えて侵入させてはならない」とか，「『三菱建設株式会社』その他の『三菱』という文字を含む商号・標章を使用してはならない」というような，禁止行為の具体的特定のない差止判決が求められるわけである（名古屋高判昭和60・4・12下民集34巻1〜4号461頁，執保百選〈3版〉67事件［川嶋隆憲］，大阪高判昭和41・4・5高民集19巻3号215頁など参照）。議論はあるが，債務名義によりある範囲の行為が禁止されているということが社会通念上特定できると認められるならば，行為態様の具体的な選定は債務者に委ねられているものとみて，その範囲での強制執行は可能と解される。

侵害態様を特定して差し止める内容の債務名義が成立した後に債務者が従前の侵害態様をいくらか変更して侵害を続ける場合にも，承継執行に準じて転換執行が認められよう（⇨ **2 - 5** ⑵(b)②）。

8 - 5　子の引渡しの強制執行

家庭裁判所での特に困難な事件の1つとして子の引渡しをめぐる

事件が挙げられる。その紛争の態様にも多様なヴァリエーションが
あるうえ，離婚や親権者・監護権者の指定・変更等の紛争とも絡ん
で複雑な様相を呈し，多くの問題を含んでいる。以下には，民事執
行法上の論点だけを取り上げておく。

　(a)　まず，次の事例を考えてみよう。

> [ケース24]　Ｘ女とＹ男の間に生まれた３歳の子供Ａがあり，Ｙが親権
> 者で，ＡはＹの住所でＹおよびＹの母親Ｍと共に暮らしている。Ｘ
> は，子Ａの利益のために必要があると主張し，Ｙを相手方として家庭
> 裁判所に親権者変更の申立て（民819Ⅵ，家事別表第二 8 項）をすると
> ともに，審判前の保全処分として子の引渡仮処分（家事105，175）を
> 申し立て，家庭裁判所は，「ＹはＸに対し子Ａを仮に引き渡せ」との
> 審判をした。しかし，ＹとＭは，頑としてＡをＸに引き渡そうとしな
> い。

　(参考　札幌地決平成 6 ・ 7 ・ 8 家月47巻 4 号71頁，執保百選〈 2 版〉
67①事件［園田賢治］)

　義務者に子の引渡しをさせるために設けられている他の制度とし
て，家事事件手続法・人事訴訟法上の**履行確保制度**（家事289・290，
人訴38・39）があるが，子の引渡義務については，履行勧告だけで，
履行命令はできない。また，**人身保護請求**も，手続がきわめて迅速
で救済妨害には刑罰の制裁があるために（人身保護法 1 ・ 6 ・26），
夫婦間の子の引渡しに関する紛争にも実務上利用されてきたが，平
成に入って，人身保護請求の守備範囲を狭く限定する方向での運用
が定着しているし（最判平成 5 ・10・19民集47巻 8 号5099頁は，拘束者
の幼児監護が「子の幸福に反することが明白であることを要する」と判示
した），もともと人身保護事件の判決には執行力がないのである。
いずれも，強制執行を不要とする理由とはならない。

(b) 子を引き渡す義務の強制執行の**執行方法**について，令和元年改正前の民事執行法には明文の規定がなく，学説と裁判例には，種々の見解が出された（直接強制説・間接強制説・折衷説）。これらの見解を通じて，いずれにしてもハッキリしているのは，強制力の行使が必要な場合はあるということである。任意に引き渡してくれないから執行申立てが出ているわけなので，「家人が必死に子を抱きしめて離しません」といってそのまま引き返すわけにはいかない。しかし，どのように強制をかけるのかとなると，その方法は場合によって異なり，一様ではありえないのである。

子は，意思能力がなくても，物（民85・86）ではなく人であって（民3），人と人の情愛のなかで生きている。意思能力のない子の引渡しの執行では，子の置かれている状況，義務者と子の関係，執行に対する義務者や近親による抵抗の有無，義務者の財産状況等に応じて，適切な手段は違ってくる。つねに執行官による取上げ（民執169）でいくという直接強制説では，無理を冒し，執行不能に陥る。つねに不代替的作為執行としての間接強制（民執172）でいくという間接強制説では，強制金の負課に動じない義務者の反抗を排除できない。そこで，場合に応じて適切な方法を採ることの可能な折衷説が正当と考えた。すなわち，執行裁判所が，相手方を審尋したうえ，(i) 妨害の抑圧のために間接強制として強制金の支払を命じ（民執172），あるいは，(ii) 不履行の結果を除く将来のための適当な処分（民執171Ⅰ②，旧民414Ⅲ）として，執行官に対し子を取り上げて執行債権者に引き渡せと命ずることができ，同一事件について(i)(ii)の方法を併用することもできる。このように考えれば，各個の事案に応じた執行裁判所の判断を介して子の引渡しを実現するための多様な手段を用いることができ，その事案を調査したうえで子の引渡義務の債務名義を作成した家庭裁判所との連携・協力を図ることも可

能となる。この問題については、ひとえに「子本位での子の福祉」を指導理念とすべきであろう。

(c) 令和元年改正により、子の引渡しの強制執行は、執行裁判所が決定により執行官に子の引渡しを実施させる方法（直接的な強制執行の方法）と、間接強制の方法により行うものとされた（民執174 I）。直接的な強制執行の方法は、間接強制を行っても債務者（執行債務者）が子の引渡しをしない場合に実施することができるほか、間接強制を実施しても債務者が子の引渡しをする見込みがあるとはいえない場合や子の急迫の危険を防止するため必要がある場合には、間接強制を経ることなく実施することができる（民執174 II）。直接的な強制執行の方法は、家事調停や家事審判が行われた家庭裁判所などが執行裁判所となり、債権者（執行債権者）の申立てにより、原則として債務者の審尋を経て（審尋をすると強制執行の目的が達せられない場合は不要である。民執174 III）、執行官に子の引渡しを実施させる決定をし（民執174 I①）、この決定に基づき、（地方裁判所に所属する）執行官が、債権者の申立てにより、執行場所において、債務者による子の監護を解き、債権者またはその代理人に子を引き渡す（民執175）というものである。執行裁判所および執行官は、できる限り、直接的な強制執行が子の心身に有害な影響を及ぼさないよう配慮しなければならない（民執176）。

執行官は、債務者による子の監護を解くために必要な行為（引渡実施）として、債務者を説得することのほか、執行場所に立ち入り、子を捜索すること、債権者・その代理人と債務者または子を面会させること、執行場所に債権者やその代理人を立ち入らせることなどをすることができる（民執175 I）。執行官は、職務の執行に際し抵抗を受ける場合に威力を用いることができる（民執6 I）が、子に対して威力を用いることはできず、子の心身に有害な影響を及ぼす

おそれがある場合には，子以外の者に対して威力を用いることもできない（民執175Ⅷ）。

執行場所は，原則として，債務者の住居その他債務者の占有する場所であり（民執175Ⅰ），子の祖父母の自宅など債務者の占有する場所以外の場所において引渡実施をするには，(i) 子の心身に及ぼす影響などを考慮して相当と認められ，かつ，(ii) その場所の占有者の同意または執行裁判所による許可を要する（民執175Ⅱ）。占有者の同意に代わる許可がされるのは，その場所が子の住居であり，かつ，その場所の占有者の私生活や業務との関係で相当と認められる場合である（民執175Ⅲ）。

平成25年に制定された「国際的な子の奪取の民事上の側面に関する条約の実施に関する法律」（ハーグ条約実施法）は，外国への子の返還のための子の解放実施について，債務者の協力が得られれば子に負担の少ない形で子の返還を実現できることや，債務者不在の場で子を連れ出すと，子が事態を飲み込むことができず，恐怖や混乱を感じるおそれがあることから，執行官が債務者による子の監護を解く際に，子が債務者と共にいること（同時存在）を要件としていた（同法旧140Ⅲ）。しかし，債務者が子を祖父母に預けて意図的に同時存在の状況を回避する事案や，執行場所において債務者が激しく抵抗する事案が想定され，執行不能となることや，子の心身に有害な影響を与えることが指摘された。そこで，令和元年改正により，国内の引渡しについても，外国への子の返還についても，執行官が子の監護を解くために必要な行為をする際に，子が債務者と共にいることを要しないとされた。その代わりとして，債務者不在の場で子が不安を覚えることがないよう，原則として債権者本人が執行場所に出頭することが必要とされた（民執175Ⅴ・ハーグ条約実施法140Ⅰ）。債権者が入院中であるなどの理由で出頭することができない

場合には，執行裁判所の決定により，子と交流のある親族などが債権者の代理人として執行場所に出頭することが子の利益の保護のために相当であると認められれば，当該代理人が出頭した場合にも引渡実施をすることができる（民執175Ⅵ）。

8-6　意思表示義務の強制執行

(1)　**特異な執行方法──法による「擬制」**

(a)　意思表示義務の強制執行をみるのは，実際には，ほとんどが不動産の登記申請義務の執行である。

①　不動産の売買があった場合，売主は，買主への所有権移転登記に協力する義務がある。登記がなければ，買主は，その所有権取得を第三者に対抗できない。しかし，登記は，登記権利者・登記義務者の共同申請により登記官がするので（不登11・60），売主の登記申請も必要である。どうしても売主が協力してくれない場合には，売主を被告として登記手続請求の訴えを提起することになる。そして，たとえば，「被告は，原告に対し，別紙物件目録記載の土地について令和○年○月○日の売買を原因とする所有権移転登記手続をせよ」という確定判決を得た場合，なおも協力してくれない被告＝売主に対しての強制執行はどうなるか。なにも心配は要らない。判決が確定した時に被告＝売主がその登記申請（登記所に向けての公法上の意思表示）をしたものとみなされ（民執177Ⅰ本文），買主は，この確定判決の正本なり謄本をもって登記所にゆき，単独で所有権移転登記の申請をすることができるのである（不登63）。

②　民事執行法は，「意思表示をすべきことを債務者に命ずる判決その他の裁判が確定し，又は和解，認諾，調停若しくは労働審判に係る債務名義が成立したときは，債務者は，その確定又は成立の

時に意思表示をしたものとみなす」と定めている（民執177Ⅰ本文）。

　ここで「意思表示をしたものとみなす」というのは，「意思表示をせよという判決が確定した等の事実」と「債務者が実際に意思表示をしたという事実」とは違うのだけれども，それを同一のものとして同一の法律効果を生じさせる，という意味であり，法律による「**擬制**」である。

　なぜ，意思表示義務の執行に「擬制」という方法をとっているのか。確実に執行効果が得られるからである。意思表示義務は不代替的作為義務であるから，普通であれば間接強制によることになるが，強制金決定（民執172Ⅰ）でプレッシャーをかけても，相手が頑として意思表示を拒否する事態が続くならば執行の目的は達せられないし，相手に意思表示をさせるのがその意思表示による法律効果を手に入れるためであるならば，意思表示を現実の行為として実行すること自体を強制することに独立の意味はなく，意思表示があったのと同じ法律効果を直接に法律の規定によって与えれば済むことではないか。それを執行方法としたのが，「**意思表示の擬制**」なのである。

　(b)　**適用範囲**　擬制による強制執行は，意思表示義務の性質によって適用範囲が画される。執行債権の目的が「擬制」だけで直ちに意思表示が実行されたのと同じ結果ができてしまうような意思表示義務に限られるのである。

　そのような意思表示義務であるならば，民法上の法律行為の要素となる意思表示だけに限る必要はなく，準法律行為である観念の通知（債権譲渡の通知など）や意思通知（催告など）でも，要式行為でもよく，公法上の意思表示や第三者に対する意思表示でもよい。逆からいえば，意思表示であっても，「擬制」だけで直ちに意思表示が実行されたのと同じ結果ができてしまうことにならないような意

思表示，たとえば債務者自身の事実的な行為を必要とする意思表示（証券上の署名を要する手形行為など）については，「擬制」による強制執行はできず，間接強制によらなければならないのである。

したがって，擬制による強制執行のためには，擬制されるべき意思表示の内容が債務名義のうえで明確に特定されていなければならない。登記手続義務ならば，登記すべき不動産の表示，登記原因とその日付，登記の目的など必要な申請情報（不登18）が債務名義のなかで明瞭に表示されていなければならないのである。

(c)　「擬制」の時点は，原則として，債務名義が判決などの裁判なら確定した時，和解等の債務名義ならその成立した時である（民執177Ⅰ本文）。いずれでも，執行文の付与を要しない。

例外として，意思表示義務の債務名義によっては執行文が必要で，執行文が付与された時点まで「擬制」が繰り延べられる場合（民執177Ⅰただし書）がある。たとえば，「解決金〇〇万円の支払と引換に移転登記の抹消登記手続をする」という裁判上の和解ができて調書に記載されたときは，債務者の抹消登記申請義務につき債務名義が成立する。しかし，引換給付の債務名義であるから，反対給付を受けるべき債務者の利益を保護するために，債務者の意思表示の「擬制」は，債権者が反対給付を先に履行または提供したことを証する文書を提出して執行文が付与された時に生ずることになっている（民執177Ⅰただし書・Ⅱ）。債務者の意思表示が，債権者の証明すべき事実の到来（停止条件の成就など）に係る場合，あるいは，債務者の証明すべき事実（債務の履行など）のないことに係る場合にも，同様に擬制時点の繰り延べがある（民執27Ⅰ・177Ⅰただし書。後者の場合につき，過怠を争う機会を債務者に与える措置として民執177Ⅲ）。

(2)　擬制の効果

(a)　擬制による強制執行では，現実の執行処分というものはなく，

判決その他の裁判が確定しまたは和解等の債務名義が成立した時に，債務者が有効・適式にその意思表示を現実に行ったものとみなされる。要式行為であれば，所定の方式に従ってした意思表示が擬制され，債務者が制限能力者であれば法定代理人等による能力の補充のもとにされた意思表示が擬制され，債務者が法人であれば正当な代表者がした意思表示が擬制されるのであって，その当時に法定代理人や代表権を有する者が現実にいたかどうかなどは問題にならない。意思表示の擬制により，意思表示請求権は実現されて消滅し，意思表示義務の強制執行は即時に終了する（執行救済の可否につき，中野＝下村〈改訂版〉874頁）。

　(b)　効果は，債務者の意思表示が擬制される以上には及ばない。債務者の意思表示以外にも法律行為の成立のためになお他の要件（債権者の意思表示，要物契約の場合の物の引渡しなど）が必要ならば，それは普通どおりなされなければならない。

　このことを，次の例によって確認しておこう。

> [ケース25]　Xは，建物を新築し，その所有権を取得したが，所有権保存登記はY₁名義でされ，その後，Y₁からY₂への所有権移転登記がされている。Xが建物所有権に基づきY₁・Y₂を共同被告として提起した抹消登記手続請求訴訟の判決において，裁判所は，XのY₁に対する請求を認容し，「Y₁は所有権保存登記の抹消登記手続をせよ」と命ずるとともに，XのY₂に対する請求については，民法94条2項の類推適用によるY₂の所有権取得を認めて請求を棄却した。Y₁に対する請求についての判決には，Y₁は控訴せず，判決は確定した。Y₂に対する請求についての判決には，Xが控訴し，訴訟が続いている。

　　（参考　最判昭和41・3・18民集20巻3号464頁，執保百選〈3版〉72事件［伊東俊明］）

① この判決の確定によって生ずる「擬制」の効果は，法律上，Y_1が現実にその抹消登記申請をしたのと同じ結果が生じたものとして取り扱われるにとどまり，その申請に基づき抹消登記がなされたという効果までは生じない。不動産登記法は，「申請を共同してしなければならない者の一方に登記手続をすべきことを命ずる確定判決による登記は，当該申請を共同してしなければならない者の他方が単独で申請することができる」（不登63Ⅰ）と定めているが，これは，共同申請の原則（不登60）にかかわらず，登記義務者の登記申請につき確定判決による擬制があれば登記権利者の単独申請でよいという注意規定にすぎず，確定判決と同一の効力を有する和解調書・調停調書等（民執22⑦）による登記についても，適用がある。

② XのY_1に対する抹消登記手続請求とY_2に対する抹消登記手続請求とは，関連しているが，「合一にのみ確定」（民訴40Ⅰ）すべき関係にはなく，通常の共同訴訟であるから，Y_1に対する請求だけについての判決が先に確定することを妨げない。しかし，Y_1に対する判決の確定の時に生ずる「擬制」により強制執行は終了しても，擬制の効果は，Y_1がその抹消登記申請をしたのと同じ結果が生じたものとして取り扱われるにとどまり，Y_2がその抹消登記申請をしたという効果は生じない。権利に関する登記の抹消申請には，登記上の利害関係を有する第三者の承諾がなければならない（不登68）。Xとしては，Y_2の承諾書なりY_2に対するX勝訴の確定判決がないと，Y_1の所有権保存登記の抹消登記申請もできないのである（その抹消登記の実行ができないとしても，Y_1に抹消登記申請義務がある以上，Y_1に対する抹消登記手続請求の訴えが「訴えの利益」を欠いて不適法となるものではないことにつき，前記最判昭和41・3・18参照）。

9 執行救済の体系

9-1 どのような救済を求めるか

強制執行をめぐって，種々の間違ったと思われる状況が発生し，その適否・当否が争われる。債務名義をもっているのに強制執行をしてくれない，あるいは，債務名義に表示された債務は存在せずあるいは消滅したのに強制執行をしてくるとか，行われた差押え等の執行処分が手続法規に違背しているなど。債務名義のない担保執行においても，実行される担保権の登記は残っているがその被担保債権は完済されて抵当権は消滅しているというような事態が起こるし，執行処分の手続法規違背も問題となる。

そのような場合に，その状況をどのような手段で打開できるか。どんな場合でもこれでいけるという統一的な救済手段はない。起こりうる種々の場合に対応できるように，執行法上および実体法上，多様な救済手段が設けられている。

(1) 執行法上の救済

(a) **違法執行・不当執行**　間違った執行には，2種がある。(i)執行の実施が民事執行の手続法規に違背している場合（違法執行）と，(ii)執行の実施が実体法に照らして是認されない場合（不当執行）である。

たとえば，貸した金の弁済期がきて債務者の財産を差し押さえたところ，その財産は差押禁止財産（民執131・152）だったという場

合は，違法執行であって不当執行ではない。すでに全額弁済を受けているのに手元に残っていた債務名義を使って債務者の財産を差し押さえたという場合は，違法執行ではないが不当執行である。

違法執行は，手続違背なので，執行抗告（民執10）あるいは執行異議（民執11）を申し立てて執行裁判所の決定手続による迅速な救済を求めることができる（⇨ **9‑2**）。しかし，不当執行については，実体関係の判断が必要となるので，請求異議の訴え（民執35）あるいは第三者異議の訴え（民執38）を提起し，受訴裁判所が口頭弁論を開いて審理する判決手続による救済を求めなければならないのである（⇨ **9‑3**, **9‑6**）。

(b) 民事執行法が定めている強制執行の救済手段を，救済が求められる事項に従って整理してみると，〔M16〕のようになる。

いずれの救済手段をとったにしても，救済の要件を審理しなければならず，その手続のための時間を要する。しかし，審理している間にその救済に係る強制執行が進行し終了してしまうと，救済のための申立ては利益を失って却下される始末となる。そんなことにならないために，両方の手続を結ぶハシゴをかける必要があり，救済のための手続が進行する間の強制執行手続をストップする仮の処分が，どの救済手段についても認められている（民執10Ⅵ・11Ⅱ・32Ⅱ・36Ⅰ・37Ⅰ・38Ⅳ）。執行停止（あるいは続行のための立担保）を命

〔M16〕 **執行救済**

救 済 事 項	救 済 手 段
債務名義の執行力の排除	請求異議の訴え（民執35）
執行文の付与・付与拒絶	執行文付与に関する異議（民執32），執行文付与の訴え（民執33），執行文付与に対する異議の訴え（民執34）
執行処分の是正・排除	執行抗告（民執10），執行異議（民執11），第三者異議の訴え（民執38）

ずる仮の処分の正本が執行機関に提出されれば，強制執行はストップされる（民執39）。

(c) 救済手段は，強制執行と担保執行の間に異同がある。(i) 担保執行の救済手段は，必ずしも違法執行・不当執行の区別によらない。(ii) 担保執行では，債務名義を要件としていないので，債務名義や執行文に関する救済の適用はなく，執行異議・執行抗告が違法・不当な担保執行の開始に対しても適用される広い救済手段となっている（⇨ **9 - 2**(4)）。もちろん，(iii) 一般の確認の訴え等により担保権の存否・内容を争ってその既判力ある確定を求めることはできる（民執181Ⅰ①・183Ⅰ①②）。

(d) 違法・不当な強制執行・担保執行によって第三者が害される場合もある。そのような第三者のための救済として，執行異議・執行抗告のほか，第三者異議の訴えが認められる（民執38・194）。

(2) 実体法上の救済――不当利得・損害賠償

(1)に挙げた手段は，執行抗告・執行異議にせよ請求異議の訴え・第三者異議の訴えにせよ，いずれも，いま行われている（あるいは行われようとしている）執行手続に対して，「それはやめろ」と求めるものである。しかし，違法執行や不当執行がされ，終わってしまったら，どうするか。

(a) **不当利得返還請求・損害賠償請求**　執行債権・実行担保権が実体法上は存在しないのに強制執行・担保執行がされ，あるいは債務者の責任財産に属しない財産に対する強制執行がされて，債権者が利得を受けたときは，損失を被った執行債務者・第三者は，不当利得の返還を請求することができる（民703）。また，債権者が故意または過失によって，債権・担保権が実体法上は存在しないのにかかわらず執行を申し立て，あるいは第三者の所有物に対する執行を申し立て，差押え・売却に至らせた場合には，権利・利益を侵害

された債務者なり第三者は，不法行為による損害の賠償を請求することができる（民709）。しかし，強制執行が既判力をもつ債務名義に基づいてされた場合には，不当利得の返還や損害賠償を請求する債務者が既判力の基準時（民執35Ⅱ）に先立つ請求権の不成立や消滅等の主張を妨げられるのは当然である。

(b) **国家賠償**　国の強制執行権の行使に当たる公務員が，その職務を行うについて，故意または過失によって違法に他人に損害を加えたときは，国が賠償責任を負う（憲17，国賠1Ⅰ）。

しかし，違法な執行処分を受けたのなら，その被害者は違法執行に対する救済として直ちに執行異議なり執行抗告を申し立てて執行処分を取り消してもらえば損害は生じなかったのではないか。そのような考えから，最高裁は，被害者に厳しく，次のようにいう。不動産競売における執行裁判所の処分は，債権者の主張や記録にあらわれた外形に依拠して行われるものであり，その結果として生ずる実体関係との不適合は，「執行手続の性質上，強制執行法に定める救済の手続により是正されることが予定されているものである」から，「執行裁判所みずからがその処分を是正すべき場合等特別の事情がある場合は格別，そうでない場合には権利者がその手続による救済を求めることを怠ったため損害が発生しても，その賠償を国に対して請求することはできない」（最判昭和57・2・23民集36巻2号154頁，執保百選〈3版〉12事件［平野哲郎］）。これに従う下級審裁判例も多いが，執行法上の救済手段と国賠責任とは別問題だとする強い批判がある。

9-2 執行抗告・執行異議

(1) 執行処分に対する2種の救済

(a) 執行抗告（民執10）と執行異議（民執11）は，どちらも，執行機関の（広義の）執行処分——法律効果を伴う「処分」に限らず，執行手続上の事実行為（抵抗排除など）や不作為も含む——に対する不服申立てであり，主に執行機関が自ら調査・判断すべき事項についての違法＝手続法規の違背を主張する救済手段である。

救済手段を執行抗告と執行異議に分けたのは，執行機関の2本立て構成（執行裁判所と執行官）に対応するとともに，不服申立ての対象となる執行処分にはその要件や手続上の役割がいろいろと違うものがあるので，その差異に応じて審判方式に差等を設けたのである。

(b) **執行抗告**は，執行裁判所の執行手続に関する裁判に対しての上級裁判所（抗告裁判所）への不服申立てである（さらに特別抗告・許可抗告〔民訴336・337〕の余地がある）。執行手続に関する執行裁判所の裁判ならなんでもというわけではない。執行抗告は，執行抗告を許すという「特別の定めがある場合に限り」，許されるのである（民執10）。

「特別の定めがある場合」は，およそ次の3種に分類できる（実際の件数では，不動産競売の売却許可決定や引渡命令に対する執行抗告が多い）。(i) 民事執行の手続（全体としての手続または特定の債権者との関係）がそこでブチ切られてしまう裁判（民執12Ⅰ・14Ⅴ・45Ⅲ・51Ⅱ・105Ⅱ・154Ⅲなど）。(ii) それがされた段階で執行抗告を認めておかないと関係人に重大な不利益を与えるおそれがある裁判（民執55Ⅵ・77Ⅱ・93Ⅴ・145Ⅵなど）。(iii) 実体関係の変動・確定が生ずる裁判（民執74Ⅰ・83Ⅳ・159Ⅳ・171Ⅴ・172Ⅴなど）。

（c）　**執行異議**は，執行抗告の認められない執行処分に対しての不服申立てであり，主としてその手続上の違法に対する救済手段となる。

その適用範囲は，執行裁判所・執行官の執行処分のほか，執行機関として裁判所書記官が行う執行処分にも及ぶ。

①　執行裁判所の執行処分で執行抗告のできないものは，原則として，すべて執行異議の対象となる（民執11Ⅰ前段）。裁判の形式をとるかどうかをとわない。例外として，執行抗告・執行異議のどちらもできない場合がある（民執10Ⅸ・11Ⅱ・36Ⅴ・44Ⅳ・119Ⅱ・144Ⅳなど）。

執行裁判所の執行処分に対する執行異議は，不服対象となる執行処分をした当の裁判所に対する不服申立てであるが（実質からいえば再度の考案），裁判は１審限りであって，執行異議の申立てについての裁判に対する不服申立ては認められていない（例外は民執12だけ）。異議申立てを却下する裁判であっても，これに通常抗告をすることもできない。民事執行法は，執行裁判所の裁判に対しては，執行抗告を認めるべきものを個別的に規定する建前をとっているからである。

②　執行官の執行処分に対しては，執行異議だけが許される（民執11Ⅰ後段）。執行の種類をとわず，執行手続上の執行官の処分であれば，すべて執行異議の対象となるのが原則である。

執行裁判所が執行機関として行う執行手続の一部を執行官にさせる場合の執行官の行為（執行官２Ⅰただし書）は，その執行官の行為を前提としてされる執行裁判所の処分に対する執行抗告・執行異議による救済で十分な場合（競売不動産の売却実施など）であれば，執行異議は認められないが，それ以外の場合には執行異議の対象となりうる。

③　裁判所書記官が執行機関として行う執行処分に対しても，執行異議の申立てができる（民執167の4Ⅱ）。また，執行裁判所が執行機関として行う執行手続において裁判所書記官が独立の権限により行う処分については，執行裁判所に執行異議と同様の異議（**準執行異議**）を申し立てることができる（民執47Ⅳ・62Ⅲ・64Ⅵ・78Ⅵ。その他の処分に対しては，民事訴訟法121条の異議をその裁判所書記官の所属する裁判所に申し立てるほかはない）。

（2）　**執行抗告の手続**

（a）　執行抗告が認められている裁判によって直接に不利益を受ける者は，執行抗告をすることができる（民執10Ⅰ）。執行債権者・執行債務者・第三者をとわないが，裁判の取消し・変更を求める利益を有しなければならない。

①　執行抗告は，裁判の告知を受けた日から1週間の不変期間内に，抗告状を原裁判所に提出してする（民執10Ⅱ。始期の特例として，民執規5）。原裁判所以外の裁判所に提出すれば，不適法として却下される（最決昭和57・7・19民集36巻6号1229頁，執保百選〈初版〉2事件［梅善夫］）。

執行抗告にも理由書提出強制がある。抗告状ないし抗告理由書において，抗告理由を，違反法令の条項や誤認事実等を摘示して具体的に記載しなければならない（民執10Ⅲ）。

②　抗告状を受理した原裁判所，理由書提出強制がチャンと守られなかったなど所定の場合には，自ら執行抗告を却下しなければならない（民執10Ⅴ①〜④）。この原審却下決定に対しても執行抗告はできるが（民執10Ⅷ），この執行抗告の原審却下はできない（そうでないと無限の繰り返しが生ずる）。

③　執行手続上の裁判で，確定しなければその効力を生じない旨の明文があるもの（民執74Ⅴ・83Ⅴ・159Ⅴなど）については，執行抗

告は確定遮断の効力をもつ。その他の裁判については，抗告裁判所は，申立てによるだけでなく職権でも，原裁判の執行停止等の仮の処分ができる（民執10Ⅵ）。

(b) 執行抗告の審理は，口頭弁論を要せず，決定で裁判する（民執4）。執行抗告の性質や特則に反しない限り，民事訴訟法の抗告に関する規定が準用される（民執20）。抗告裁判所の調査は，抗告人の不服申立ての限度内で，抗告状・抗告理由書に記載された抗告理由に限られるのを原則とする（民執10Ⅶ）。

(c) 抗告裁判所は，(i) 執行抗告が不適法ならば却下，(ii) 適法で理由がなければ棄却，(iii) 理由があるときは原裁判取消しまたは変更の決定をする。原裁判を取り消すさい，原裁判が当事者の申立てに係る場合または裁判事項の性質上なんらかの裁判が必要な場合（売却許否の決定など）には，原裁判の取消しと併せて自判または差戻しをしなければならない（民執20，民訴307～309・331）。

(3) 執行異議の手続

(a) 執行機関の違法な執行処分なりその遅怠により不利益を受け，その是正を求める法的利益がある者は，執行債権者・執行債務者・第三者をとわず，執行異議を申し立てることができる（民執11Ⅰ）。

執行裁判所の執行処分に対する執行異議は，処分をしたその執行裁判所の管轄に専属し，執行官の執行処分に対する執行異議は，その執行官所属の地方裁判所の管轄に専属する（民執3・19）。

(b) 執行異議の申立ては，(i) 異議申立期間の定めはないが，異議の利益が存続する間に申し立てなければならない。(ii) 申立ては，書面により（例外，民執規8Ⅰ），異議理由を明示する（民執規8Ⅱ。違反条項や誤認事実の詳細な摘示は不要）。(iii) 執行異議の申立てがあっても，執行手続の続行を妨げない。しかし，執行裁判所は，申立てまたは職権により，執行停止等の仮の処分ができる（民執11Ⅱ・10

Ⅵ・Ⅸ)。

(c) 執行異議の審理は，口頭弁論を要せず，決定で裁判する（民執4）。審理の範囲は，異議申立てのさいに明示された事由に限らず（民執10Ⅶの準用なし），他の異議事由の追加主張も許される。

(d) 執行裁判所は，執行異議の申立てが不適法ならば却下，理由がないときは棄却の決定をする。異議を理由ありとする場合，(i) 執行裁判所の執行処分に対する異議であればその執行処分を取り消しまたは変更し，(ii) 執行官の執行処分に対する異議であれば，執行を許さない旨あるいは執行処分をすべき旨を宣言し，あるいは執行官に執行処分の取消しを命ずる（民執12Ⅰ後段参照）。執行異議の裁判は，1審限りを原則とし（例外，民執12Ⅰ・167の5Ⅳ），執行抗告も通常抗告もできず（合憲性につき，最決昭和58・7・7判時1093号76頁，執保百選〈初版〉1事件［中野貞一郎］），特別抗告（民執20，民訴336）ができるだけである。

(4) 担保執行での実体異議・実体抗告

(a) 担保執行では，範囲を限定してではあるが，実体上の理由を執行異議・執行抗告によって主張することが認められている（⇨ **3 - 1**(2)(b)）。

① 不動産担保執行の競売開始決定に対する執行異議（民執11）においては，債務者は，手続法規の違背だけでなく，担保権の不存在・消滅を理由とすることができる。債務者が弁済期に債務全額の弁済をしたが，登記記録には抵当権設定の登記が残っており，債権者が登記事項証明書（民執181Ⅰ③）を提出して競売申立てをし，競売開始決定がされたような場合，この競売開始決定は手続上適法であるが，競売の基礎となる抵当権が消滅しているので，債務者は，競売開始決定に対し抵当権の消滅を理由として執行異議を申し立てることができるのである（民執182。担保不動産収益執行の開始決定に

対してなら，同様の理由で執行抗告を申し立てることができる〔民執93
Ｖ・188〕。なお，民執189，民執規175〜177の２）。

②　動産担保権の実行としての競売においては，差押えに対する
執行異議も，担保権の不存在・消滅（または一般先取特権の被担保債
権の一部の消滅）を理由とすることができる（民執191）。

③　債権その他の財産権に対する担保権実行の差押命令に対する
執行抗告でも，担保権の不存在・消滅を理由とすることができる
（民執193Ⅱ・182）。しかし，被差押債権の不存在・消滅を理由とす
ることはできない（抵当権に基づく物上代位権の行使としてされた債権
差押命令につき，最決平成14・６・13民集56巻５号1014頁，平成14年度重
要判解131頁以下〔萩澤達彦〕）。債権差押命令は被差押債権の存否を考
慮することなく発すべきものであるし，被差押債権が存在しなくて
も差押えが空振りになるだけで，第三債務者が不利益を被ることは
ないからである。

④　民事執行法がこれらの明文によって差押処分に対してだけ実
体異議・実体抗告を許したことは，同時に，それ以外の執行処分に
対する執行異議・執行抗告では担保権の不存在・消滅を理由とする
ことができない趣旨を含む。

(b)　担保執行の開始は，申立債権者の提出した手続開始文書等の
法定資料だけに基づいてされるが，執行開始処分に対する執行異
議・執行抗告の審理では，この制限がない。

決定手続としての制約はあるが，当事者双方からの主張・立証が
許され，事実認定が必要な限りでは，証明責任の分配もある。審理
の結果，担保権の不成立，履行期の未到来，承継原因の不存在が認
められた場合だけでなく，これらの成否が不明である場合にも，執
行開始処分を取り消す決定をする。担保権の消滅原因の存在が認め
られる場合も，同様である。

開始処分を取り消された申立債権者としては，担保権存在確認の訴えを提起し，その請求認容判決を得て再び競売を申し立てる余地がある（民執181 I ①）。執行異議・執行抗告を棄却された執行債務者としては，担保権不存在確認の訴え（およびそれを本案とする担保権実行禁止の仮処分）を得て担保執行を阻止する可能性が残されている（民執183 I ① · ⑤）。

9-3 請求異議の訴え

(1) 制度の趣旨

ケース1（⇨ 1-1(2)）において，SがすでにGに対する債務の全額を弁済したのに，Gは，まだ350万円の債務が未済で残っていると言い張って，たびたび支払を請求し，ついに執行証書に執行文の付与を受けてS所有の不動産やSの工場にある機械などを差し押さえた，とする。このような場合に，不当な強制執行の基礎になっている債務名義の執行力を消滅させて強制執行を根こそぎにする救済手段が，請求異議の訴えである。

(a) 請求異議の訴えは，裁判である債務名義と裁判でない債務名義とをとわず，それに表示された請求権の存在・内容についての異議（裁判でない債務名義についてはその成立についての異議でもよい）を主張して，その債務名義での強制執行を許さない旨を宣言する判決による執行力の排除を求める訴えである（民執35 I）。

強制執行は，債務名義を基本とし，その記載に準拠して実施される（⇨ 2-1）。しかし，債務名義は，ある時点における請求権を表示した文書なのである。そこに表示された請求権が実体法上存在しないこともあるし，名義ができた後に請求権が消滅したり，内容が変わることもある。そのような場合でも，債務名義の執行力は変わ

らないから，執行機関がその債務名義に従って行う強制執行は，有効であり適法である。といっても，実体法上の権利状態と一致せず実体法秩序の容認しない強制執行が容認されるわけはない。このような不適合を，債務者のイニシアティブで開始する裁判上の手続において主張させ，その結果としてできた執行不許の反対名義が執行機関に提出されるのをまって強制執行を停止し取り消すことにしたのである（民執39 I ①）。

債務名義によっては，上訴・異議・再審などの不服申立てによってツブせるものもあるが，その手続を申立期間の制限等に遮られて利用できない場合もあり，裁判以外の債務名義では名義自体の取消し・変更の制度をもたないものもある（執行証書・和解調書・調停調書など）。そこで，反対名義形成のための独立の手続を認める必要があり，しかも，そこでは実体権の存否・内容を確定しなければならず，必要的口頭弁論に基づいて判決で裁判がされなければならない。債務名義制度の採用とともに，それと対称的に請求異議訴訟の制度を設けたのは，そのためである。

(b)　請求に関する異議には，3つのタイプがある。

①　**本来型の請求異議**（民執35 I 前段）　債務名義に表示された請求権の存在または内容について異議を主張し，その債務名義の執行力の排除を求めるもので，請求異議の訴えの伝統的な，本来のかたちである。

②　**転用型の請求異議**（民執35 I 後段）　債務名義のうち，執行証書・和解調書・調停調書など，裁判でない債務名義につき，その成立につき錯誤・無権代理などがあったことを異議事由として執行力の排除を求めるものである。旧法にはなく，民事執行法によって新たに認められた。ここでも，債務名義の執行力を排除するために実体上の事由を必要的口頭弁論に基づいて判決で裁判するのを適当

とするので，請求異議の訴えを転用することにしたのである。

③　**拡張型の請求異議**　その債務名義に基づいて強制執行をすることが信義則に反しあるいは権利濫用として許されない場合等にも，判決で執行力を排除する必要があるので，請求異議の訴えによることが解釈上認められている。

(c)　**適用範囲**　債務名義の種類はとわない。しかし，仮執行宣言付判決，仮執行宣言付損害賠償命令および仮執行宣言付支払督促については，上訴等により執行を阻止できるので，その確定後でなければ請求異議の訴えは許されない（民執35Ⅰ前段かっこ書）。また，担保執行や保全執行では，機能的に請求異議の訴えに代わる他の手段があるので（⇨ **9 - 2**(4)，**10 - 1**(4)，**10 - 3**(3)(c)），民事執行法35条の準用はない。

債務名義である単一の文書に数個の請求権が表示されている場合には，その文書のなかに数個の債務名義が含まれているわけなので，一部の債務名義だけについて執行力の排除を求める請求異議の訴えも許される。また，表示された1個の請求権の一部に限って（たとえば，すでに弁済した部分につき）執行力の排除を求めることもできる。

(2)　**訴えの法的性質・訴訟物**

(a)　訴えの種類として挙げられる給付の訴え・確認の訴え・形成の訴えのなかで，請求異議の訴えは，どれに属するのだろうか。

学説には，給付訴訟説・確認訴訟説・形成訴訟説があり，さらに，3類型のどれにも属しない救済訴訟説・命令訴訟説もある（中野＝下村〈改訂版〉229頁以下参照）。

議論の要点は，債務名義に表示された請求権の実体上の存否の確定（本来型）を中心に考えるか，それとも（3型共通に）債権者がすでに保有している債務名義の執行力の排除を直接の課題と考えるか，

あるいは，この両面を総合的にもつ特殊の訴えと考えるか，にある。請求異議の訴えは，特定の債務名義に基づく強制執行が許されないことを宣言して債務名義の執行力を排除する判決を求める訴えであるとする形成訴訟説が，現在の多数説であり，裁判例もこれを採っている。

(b) 請求異議訴訟の訴訟物についても，この訴えの法的性質をめぐる論議と絡んで多様な諸説がある。法的性質についての形成訴訟説によれば，請求異議訴訟の訴訟物は，原告である債務者が特定の債務名義につき執行力の排除を求めうる地位（異議権）を有するとの法的主張である。執行不許を宣言する異議認容判決の確定によって，その債務名義の執行力が永久的あるいは延期的に排除される（形成力）。

議論の要点は，特定の債務名義につき執行力の排除を求めうる地位（異議権）の単複異同にある。確定判決に表示された特定の貸金返還請求権についての請求異議の訴えにおいて，消費貸借契約の無効と貸金債務の弁済を異議事由として主張すれば訴えの併合（民訴136）となるのか，一方を後から主張すれば訴えの変更（民訴143）になるのか，一方だけについて判決した場合の既判力の客観的範囲（民訴114）はどうなるか，などの問題がある。和解調書を債務名義とする強制執行の不許の判決を求めて提起された請求異議の訴えにおいて，請求権についての異議事由と和解調書の成立についての異議事由との間でも訴訟物をどう考えるかが問題となる。学説は，異議権の発生事実の分類により区分して訴訟物を特定する説（異議権分類説）と，訴訟物は，主張される異議の類型や異議事由の種類・内容にかかわらず，特定の債務名義につき執行力の排除を求めうる地位にあるとの法的主張として単一・同一であるとみる説（債務名義説），に大別される。裁判例は，統一されていない。

異議権分類説では，数種の異議権を明確に区別する客観的な基準がなく，多様な実体的要素を訴訟物に取り込んでおり，請求の単複異同を明確に判断できない。すでに述べた請求異議の訴えの性質（⇨ (a)）に対応して，債務名義説を正当と考える。債務名義説に対しては，複数の訴訟物を予定して別訴禁止を明文で定めた同時主張強制（民執35Ⅲ・34Ⅱ）との矛盾ありと批判されるが，明文上，同時主張が強制されているのは「異議の事由」であり，「異議」請求ではない（⇨ (5)(d)）。

(3) 異議と異議事由

(a) 請求異議の訴えにおける「異議」と「異議の事由」（異議事由）とを区別しなければならない。請求異議の訴えにおける「異議」（民執35Ⅰ）は，特定の債務名義につき，それに基づく強制執行を許さずとして執行力の排除を求めうる地位（異議権）の主張（＝請求）であり，その執行力の排除を求める理由となる事実が，「異議（の）事由」（民執35Ⅱ Ⅲ・34Ⅱ）である。

(b) 「本来型の異議」の異議事由 ① 本来型の異議は，債務名義の表示にかかわらず表示どおりの内容の請求権が存在しないという，債務名義と実体状態との不一致を主張して執行力の排除を求める異議であり，この不一致を生じさせる事由が異議事由となる。

異議事由には，内容上，次の4種がある。(i) 請求権の不発生。(ii) 請求権の消滅。(iii) 請求権の効力の停止・制限ないし責任の制限・消滅。(iv) 請求権の主体の変動。それらの具体例については ⇨〔**M17**〕。

② **異議事由の時的制限** 本来型の異議では，債務名義に表示された請求権の存在・内容を争うことになるが，債務名義が既判力を伴う場合には，その基準時前に生じた異議事由の主張は既判力によって遮断される（民執35Ⅱ。債務者がその事由を基準時までに知っていたかあるいは主張できたかどうかをとわない）。確定判決ならば，そ

〔M17〕 請求異議の類型と異議事由

異議の類型	異 議 事 由	
本来型＝請求権の存在・内容についての異議	請求権の不発生	契約の不成立，通謀虚偽表示，公序良俗違反・代理権の欠如など
	請求権の消滅	弁済，相殺，免除，消滅時効の完成，解除条件の成就，意思表示の要素の錯誤・詐欺・強迫による取消し，契約の解除など
	請求権の効力の停止・制限，責任の制限・消滅	弁済期限の猶予，停止条件の付加，法令による支払停止，相続の限定承認，不執行合意の存在，破産免責など
	請求権の主体の変動	債権譲渡，交替的債務引受など
転用型＝債務名義の成立についての異議	執行証書につき，公証人に対する作成嘱託・執行受諾における意思表示の要素の錯誤による取消し，代理権の欠如など	
	和解調書・調停調書につき，和解・調停の合意における代理権の欠如，虚偽表示，意思表示の要素の錯誤・詐欺・強迫による取消しなど	
拡張型の異議	強制執行の信義則違背・権利濫用，債務名義の不当取得など	

の訴訟の事実審の口頭弁論終結後（第一審判決が債務名義である場合でも，それが控訴審・上告審を経て確定したのであれば，控訴審の口頭弁論終結後）に生じた事由でなければ主張できないのである。既判力を伴わない債務名義については，請求権の不成立・無効その他，債務名義成立前に生じた事由も主張できる。

　既判力による遮断の有無が争われる若干の場合がある。(i) 基準時前から成立している相殺適状に基づき基準時後にした相殺の意思表示による債務消滅を請求異議事由として主張できるか（肯定，最判昭和40・4・2民集19巻3号539頁）。(ii) 詐欺などの原因によって取消権を有しながら行使していなかった者が，基準時後に取り消したことを請求異議事由として主張できるか（学説の多くは否定。直接の判例ではないが，最判昭和55・10・23民集34巻5号747頁も同旨）など。

　少し問題のある1例を見ておこう。

> ケース26 Ｘは，Ｙからその所有する土地を賃借し，その地上に建物を建てて住んでいる。Ｙは，Ｘを被告として，期間満了による土地賃貸借契約の終了を理由とする建物収去土地明渡請求の訴えを提起し，勝訴の確定判決を得た。Ｘは，その後に建物買取請求権（借地借家13）を行使したと主張し，Ｙを被告として請求異議の訴えを提起し，Ｙの確定判決による強制執行は許さないとの判決を求めた。

（参考　最判平成７・12・15民集49巻10号3051頁，執保百選〈３版〉16事件［秦公正］）

　Ｘは，前訴の事実審の口頭弁論終結時までにすでに成立していた形成権をこの基準時後に行使し，それによって生じた法律関係の変動を主張していることになるが，請求異議訴訟におけるＸの建物買取請求権行使の主張は許されるのかどうか。ケース26と同様の事例で，最高裁は，既判力による遮断を否定した。「建物買取請求権は，前訴確定判決によって確定された賃貸人の建物収去土地明渡請求権の発生原因に内在する瑕疵に基づく権利とは異なり，これとは別個の制度目的及び原因に基づいて発生する権利であって」，「賃借人が前訴の事実審口頭弁論終結時までに建物買取請求権を行使しなかったとしても，実体法上，その事実は同権利の消滅事由に当たるものではなく，……訴訟法上も，前訴確定判決の既判力によって同権利の主張が遮断されることはない」，というのである（前記最判平成７・12・15）。学説上も，この結論に反対はない。
　請求異議訴訟の判決において建物買取請求権行使の主張が認められた場合，建物収去土地明渡しの債務名義の執行力は，建物収去から建物退去まで減縮する。債権者は改めて建物退去土地明渡請求の訴えを提起する必要はなく，実務および裁判例によって，収去明渡しの債務名義によりそのまま退去明渡しの強制執行をすることが認

められている（東京高判平成 2・10・30判時1379号83頁など）。ただし，執行債権である収去明渡請求権には退去明渡請求権も含まれるのだといっても，収去と退去では執行機関も違ってくるので，執行文で明示するのが本当であろう（⇨ **2 - 5** (2)(b)）。

(c) **「転用型の異議」の異議事由**　法文では「裁判以外の債務名義の成立について異議のある」場合（民執35 I 後段）というが，裁判以外の債務名義の成立過程に存する瑕疵のすべてが請求異議の事由となるわけではない。たとえば，裁判上の和解が成立して調書が作成されたが，債務者のするべき給付の内容が和解調書のうえで明瞭でない場合には，債務名義とはならず，したがって執行力も発生していないから請求異議の事由とはならず，執行文付与に関する異議（民執32）の事由となるにすぎない。これに対し，たとえば，債務者が和解内容を理解できず，重要な事項につきとんでもない誤解をして和解に応じていたというように，和解調書に記載された裁判上の和解における当事者の意思表示に要素の錯誤があった場合などは，債務名義が適式に成立しており，その成立に実体上の瑕疵があって，当事者その他の関係人の実体関係に立ち入って審理・判断することが必要なので，請求異議の事由となる（⇨〔M17〕。なお，**9 - 5** (2)）。

(d) **「拡張型の異議」の異議事由**　特定の債務名義につき，それを利用しての強制執行が信義則に反しあるいは権利の濫用として許されないときは（民 1 II・III），それを債務名義表示の請求権が存在しない場合と異別に取り扱う理由はなく，請求異議の事由となる。これに当たるかどうかは，当事者間の権利関係の性質・内容，執行に至る経緯その他の具体的事情を総合して判断される（最判昭和62・7・16判時1260号10頁）。

自動車事故の被害者が，負傷は予期に反して快癒し堂々と営業を

拡大している境遇にありながら，その者の将来の営業活動を不能と判定して高額の損害賠償を命じた確定判決に基づき，自殺した加害者の父母に対する承継執行文の付与を受けて強制執行に出たのを，信義則違反・権利濫用を理由に請求異議を認容すべきものとした最高裁の裁判例（最判昭和37・5・24民集16巻5号1157頁）がある。

(4) **要件事実**

請求異議訴訟において原告・被告の地位は振り替わっているが，請求権の発生・変更・消滅等に関する事実についての**証明責任**の分配は，その請求権についての給付訴訟におけると同一であり，証明責任を基準として主張責任も決まる（通説）。そこで，請求異議訴訟の要件事実については，現在，次のように説かれている。訴訟物が形成権である執行法上の異議権であるとすれば，請求原因となる異議権の発生原因事実は，〔債務名義の存在〕であり，抗弁事実となるのは，〔債務名義に表示された請求権の発生原因事実〕と〔債務名義の成立を根拠づける事実〕であり，再抗弁事実となるのは〔債務名義に表示された請求権の消滅等の事実〕または〔債務名義の成立過程の無効原因等の事実〕である。しかし，債務名義が確定判決である場合には，判決に表示された請求権の存在が既判力をもって確定されているので，原告は，その請求権の消滅等の事実をも請求原因事実として主張・証明しなければならない，とされる（司研・諸問題115頁以下，要件事実講座Ⅱ190頁以下〔松本明敏〕など参照）。

(5) **訴訟手続**

以下の諸点を除き，おおむね，一般の判決手続の例による。

(a) 管轄は，債務名義の種類に応じて定まる裁判所に専属する（民執35Ⅲ・33Ⅱ・19）。

(b) 当事者として原告適格があるのは，債務名義に債務者として表示された者またはその承継人など債務名義の執行力が自分に対し

て拡張される者（民執23）である。被告適格があるのは，債務名義に債権者として表示された者またはその承継人など債務名義の執行力が自分のために拡張される者（民執23）である。

(c) 訴えの提起は，(i) 債務名義がすでに成立して有効に存在するならば，執行文の付与前または執行開始前でも，できる。その債務名義に基づく強制執行（各個の執行手続ではなく執行債権の満足に至るまで ⇨ **2 - 6**(5)）が完結した後は，訴えの利益がなくなるので，訴えを損害賠償請求なり不当利得返還請求等に変更しない限り，不適法として却下を免れない。(ii) 訴えが提起されても，その債務名義に基づく強制執行の開始・続行を妨げない。そのため異議訴訟の係属中に強制執行が実施・完結されてしまい，提訴の目的が失われることのないように，執行停止等の仮の処分が認められている。提訴に伴う仮の処分（民執36）と終局判決中の仮の処分（民執37）がある。(iii) 同一の債務名義につき数個の異議事由を主張しても，攻撃方法としての主張が重なるだけで請求の併合（民訴136）はない（⇨ (2)(b)）。しかし，債務名義である単一の書面に数個の請求権が表示されていれば，正確には数個の債務名義があるわけで，それらに対する請求異議の訴えは請求の併合であり，訴えの一部取下げや一部判決ができる。

(d) **同時主張強制** 同一の債務名義につき請求「異議の事由が数個あるときは，債務者は，同時に，これを主張しなければならない」（民執35Ⅲ・34Ⅱ）。「同時に」といっても，訴状においてあるいは同じ審級でいっしょに出せという意味ではない。「同一の訴訟」において出せばよく（民訴156参照），違った異議事由を持ち出して別訴を重ねることは許さないという意味である（通説）。

(e) **審理・判決** (i) 具体的な異議事由の主張がない場合には，訴えは，不適法として却下される。(ii) 異議の請求を理由ありと認

めるときは，裁判所は，その債務名義による強制執行を許さない旨を宣言する判決をする。この判決が確定しまたは仮執行宣言が付されたときは，債務名義は執行力を失い，債権者は，その債務名義について執行文の付与を受けることができず，また，債務者は，判決正本を執行機関に提出して，強制執行の開始・続行を阻止し，すでにされた執行処分の取消しを求めることができる（民執39 I ①・40 I。なお，民執40 II に注意）。(iii) 異議の請求を認容あるいは棄却する判決が確定すれば，債務者がその債務名義の執行力の排除を求めうる地位にあるかどうかの判断について，既判力が生じる。(iv) 既判力の効果につき最も問題とされるのは，異議請求を棄却する判決の確定後に原告であった債務者が再び債権者を被告とする訴えを提起して，強制執行によって受けた損害の賠償請求をし，あるいは強制執行によって債権者が得た満足を不当利得として返還請求をすることができるかどうかである。できないとの結論が多数を占めている。前訴と後訴の訴訟物の間に矛盾関係がある場合（中野・民裁入門291頁以下）として既判力が及ぶと解したい。

9–4 執行文付与をめぐる救済

　執行文の付与を申し立てたが拒絶された場合には，申し立てた債権者のために，また，執行文の付与があった場合には，その要件の不備を主張する債務者のために，それぞれ手続上の救済手段が設けられている。

(1) 執行文付与に関する異議

　(a) 執行文付与の申立てに関する執行文付与機関の処分に対しては，裁判所書記官の処分ならばその所属の裁判所に，公証人の処分ならばその役場の所在地を管轄する地方裁判所に，異議を申し立て

ることができる（民執32 I）。執行文付与の申立人（債権者）の側から「執行文の付与拒絶に対する異議」を申し立てる場合と，相手方（債務者）の側から「執行文の付与に対する異議」を申し立てる場合とが区別される。いずれの場合でも，異議の理由は執行文付与の要件（一般要件・特別要件）の存否に限る。強制執行が完結するまでなら，異議申立ての時期に制限はない。

　(b)　執行文付与に対する異議の申立てがあっても，その執行文の付された債務名義の正本に基づく強制執行は，当然には停止されないが，裁判所（急迫の事情があれば裁判長も）は，執行停止等の仮の処分ができる（民執32 II）。この仮の処分は，債務者の申立てをまたず，格別の要件の定めもなく，裁判所の裁量によって発せられる点で，請求異議の訴え等が提起された場合の執行停止の仮の処分（民執36）と異なる。

　(c)　執行文付与に関する異議の裁判（民執32 III）において，執行文の付与拒絶に対する異議を認容する場合には，その付与拒絶処分を取り消す旨を宣言する。執行文の付与に対する異議を認容する場合には，その執行文付与を取り消すとともに，その執行文を付した債務名義の正本による強制執行を許さない旨を宣言する（この裁判の正本が民執39 I ①の文書となる）。いずれの場合でも，裁判は1審限りで，不服申立てを許さない（民執32 IV）。

(2)　執行文付与の訴え

　(a)　特殊執行文（⇨ **2 - 5** (2)(b)）の付与を求める債権者が付与の特別要件である条件成就・承継を証明するに足りる文書を提出することができないときは，執行文付与の訴えを提起できる（民執33 I。かっこ書で債務者不特定執行文の場合を除外）。

　債務名義に表示された請求権につき条件の成就あるいは承継があった場合，そこで新たに給付の訴えを提起することもできるわけだ

が，民事執行法は，債権者がすでに得ている債務名義によって直ちに強制執行ができるように，条件成就・承継の成否だけを速やかに判決で確定する手段を設けたのである。債権者がすでに執行文付与の申立てをして拒絶されたかどうか，付与拒絶に対する異議を申し立てたかどうかをとわない。管轄は，債務名義の種類に応じて決まる（民執33Ⅱ）。

(b) 訴状には，請求の趣旨として，付与を求める特殊執行文の内容を掲げ，請求原因として，付与の特別要件に当たる事実を記載する。審理は，一般の判決手続の例による。特殊執行文も執行文であることに変わりはないから，条件成就や承継が認定できる場合でも，執行文付与の一般要件（⇨ **2 - 5**(3)）の存在を認定できなければ，請求は棄却を免れない。

(c) 請求を認容する判決は，特殊執行文付与の要件が存在することの確認判決であるが，実務上は，裁判所書記官・公証人がその趣旨の執行文を付与しなければならない旨の主文を掲げる。債権者は，確定または仮執行宣言付の認容判決の正本なり謄本を添付して執行文付与の申立てをし，特殊執行文の付与を受けることができる。

(3) 執行文付与に対する異議の訴え

(a) 特殊執行文の付与があった場合に，その要件である条件成就・承継（・交替）について異議のある債務者は，執行文付与に対する異議の訴えを提起して，その特殊執行文の付された債務名義の正本に基づく強制執行は許されない旨の宣言を求めることができる（民執34Ⅰ）。債権者側の執行文付与の訴えに対応する訴訟である。管轄は，債務名義の種類に応じて決まる（民執34Ⅲ・33Ⅱ）。

(b) 訴えの提起は，執行文の付与後，強制執行の完結前であればよく，同じ事由による執行文付与に関する異議の申立てが却下あるいは棄却された後でもよい。この訴えの提起があっても，その執行

文が付された債務名義の正本に基づく強制執行の開始・続行はできるが，請求異議訴訟におけると同様の，執行停止等の仮の処分が認められる（民執36）。

(c) 審理は，一般の判決手続の例による。特殊執行文付与の特別要件の不存在を主張することは本訴提起の適法要件であるが，特殊執行文についても執行文付与の一般要件の存在が前提となるので，本訴において債務者は一般要件が欠けていることを主張できる。特別要件の存否にかかわらず一般要件の存在を認定できないときは，裁判所は，本訴請求を認容し，その特殊執行文の付された債務名義の正本に基づく強制執行を許さない旨の判決をすることができ，この判決の確定または仮執行宣言の発効により執行文は効力を失う。

9-5 救済手段の選択──具体例に即して

執行救済の手段として，請求異議の訴え，執行文付与に関する異議・執行文付与の訴え・執行文付与に対する異議の訴え，執行異議・執行抗告等のいずれによるべきかが問題となる場合が少なくない。

(1) 不執行の合意

特定の債務名義なり執行債権について，当事者間で，「この件については（あるいは，ある時期に至るまでは）強制執行はしません」（任意弁済・相殺によってのみ債権の満足を受ける）とか，「執行申立ては取り下げます」とか，約束することがある。このような「不執行の合意」に反して債権者が強制執行に出たり，あるいは続行しているときに，債務者は，どのような救済手段がとれるか。

(a) 不執行の合意は，約旨に反する執行をしないことを債権者に実体上義務づけるにとどまるから，これに反する執行処分が直ちに

違法となるわけでなく，執行抗告や執行異議は認められない。当事者が執行手続外で行うこのような合意は，強制執行を不当とする実体上の事由であり，請求異議の訴えによって主張すべきである。大審院裁判例の多くは執行法上の異議によらせる立場であったが，最高裁はこれを改め，「強制執行を受けた債務者が，その請求債権につき強制執行を行う権利の放棄または不執行の合意があったことを主張して裁判所に強制執行の排除を求める場合には，執行抗告または執行異議の方法によることはできず，請求異議の訴えによるべきである」とした（最判平成18・9・11民集60巻7号2622頁，執保百選〈3版〉1事件［上田竹志］。ただし，執行証書を債務名義とする事案）。

　(b)　それでは，給付訴訟が行われている段階でも，債務者は不執行の合意の存在を抗弁として主張できるのであろうか。また，主張しないままで無留保の給付判決が確定した場合には，基準時前にされた不執行合意の存在はその後の請求異議訴訟では既判力により遮断されることになるのか。抗弁としての主張も既判力による遮断も，当然に肯定すべきものと考える。

　最高裁も，給付訴訟において不執行の合意が主張された場合の判決主文についてであるが，次のように判示している。「給付訴訟の訴訟物は，直接的には，給付請求権の存在及びその範囲である」が，「給付訴訟において，その給付請求権について不執行の合意があって強制執行をすることができないものであることが主張された場合には，この点も訴訟物に準ずるものとして審判の対象になるというべきであり，裁判所が右主張を認めて右請求権に基づく強制執行をすることができないと判断したときは，執行段階における当事者間の紛争を未然に防止するため，右請求権については強制執行をすることができないことを判決主文において明らかにするのが相当である」（最判平成5・11・11民集47巻9号5255頁，執保百選〈初版〉4事件

［高見進］参照)。

(2) 請求異議と執行文救済

　請求異議の訴えと執行文救済（執行文付与に関する異議・執行文付与の訴え・執行文付与に対する異議の訴え）は，どちらも，個別の執行処分に対する救済ではなく，強制執行自体の可否にかかる。しかし，請求異議の訴えが，債務名義と実体状態の不一致等の異議事由（⇨ **9 - 3**(3)）を主張して債務名義の執行力の排除を求めるものであるのに対して，債務名義自体の不成立・取消し・失効等を主張し，あるいは執行文付与手続の瑕疵を主張するのは，執行文付与に関する異議によらねばならない。また，特殊執行文の付与についての特別要件が欠けていることは，執行文付与に関する異議ないし執行文付与に対する異議の訴えによって主張しなければならない。具体的な事由について，それを請求異議と執行文救済のどちらの手続で主張すべきかが問題となる若干の場合がある。

　(a)　債務者が執行証書の作成嘱託における無権代理や和解調書・調停調書の成立についての錯誤等を執行文付与に関する異議（民執32）で主張できるか。

　それは，できない。これらの実体的事由は，請求異議の訴えにより主張できるし（民執35 I 後段），必要的口頭弁論による実体審理を確保する必要があり，1審限りの異議だけで強制執行を封ずるべきではないからである。

　(b)　執行文付与の訴え（民執33）において，被告である債務者が執行債権の不存在・消滅を抗弁として主張できるか。

　それは，できない。強制執行の実体的要件に関しては，債務名義と執行文という2段階の構成がとられている。執行文付与の訴えは，条件成就や承継が請求権の存否と切り離して争われることを予想して設けられた，請求異議の訴えとは別個の救済方法であり，請求異

議事由の取り込みによる審理対象の肥大は法意に反する。最高裁も，執行文付与訴訟において被告が執行債権の放棄・相殺・一部弁済による消滅を主張した事案につき，「執行文付与の訴えにおいて執行債務者が請求に関する異議の事由を反訴としてではなく単に抗弁として主張することは，両訴をそれぞれ認めた趣旨に反するものであって，許されない」とした（最判昭和52・11・24民集31巻6号943頁，執保百選〈3版〉14事件［川嶋四郎］。学説上は，有力な反対がある）。

(c) 債務者は，執行文付与に対する異議の訴え（民執34）において請求異議の事由を併せて主張できるか。また，請求異議の訴え（民執35）において執行文付与に対する異議事由を併せて主張できるか。

請求異議の訴えは債務名義の執行力の排除を目的とし，執行文付与に対する異議の訴えは執行文の効力の排除を目的とする。ここでも，両訴を別個の訴えとみるべきで，一方の異議事由を他方の訴えで主張することはできない（両方の異議事由を併せて主張するには訴えの併合によることになる）。最高裁も，この立場をとっている（最判昭和55・5・1判時970号156頁，執保百選〈3版〉15事件［堀清史］，最判昭和55・12・9判時992号49頁。学説上は，有力な反対がある）。

(3) **過怠約款と執行文**

過怠約款（失権約款）付の請求権を表示する債務名義における債務者の過怠事実の主張は，どうか。

ケース27　家屋所有者Ｙと賃借人Ｘとの間の家屋明渡請求訴訟において訴訟上の和解が成立した。和解調書によれば，「ＹはＸに対し本件家屋を引き続き賃料1か月15万円で賃貸期間の定めなく賃貸する」が，「Ｘが約定賃料の支払を引き続き2回以上延滞したときは，Ｙは催告を要せず家屋の賃貸借を解除することができ，ＸはＹに家屋を明け渡さなければならない」。その後，Ｘが引き続き2回にわたって賃料の支払を延滞

したので，Ｙは，家屋明渡執行の申立てをしようとしている。

（参考　最判昭和41・12・15民集20巻10号2089頁，執保百選〈３版〉10
事件［坂田宏］）

　この事案のように，債務名義が，賃料支払を引続き２回以上怠る
ときは直ちに建物を明け渡すとか，割賦金の支払を１回でも怠れば
期限の利益を失い，残債務全額を直ちに支払う，というような和解
調書・調停調書である場合には，執行文の付与が問題となる。債務
者が支払を怠ったことを債権者の方が証明し，債務名義に補充（条
件成就）執行文（民執27Ⅰ）を受けて強制執行をすることになるのか，
それとも，債権者は債務名義の内容そのままで単純執行文（民執26）
の付与を受けて差押えをすることができ，債務者がチャンと支払は
しているというのであれば，債務者の方から請求異議の訴えを提起
して執行不許の判決を得なければならないことになるのか。

　弁済は債務者の証明責任に属するから，「債権者の証明すべき事
実」（民執27Ⅰ）ではない。したがって，不払いを証明しての補充執
行文でなく，単純執行文の付与で執行できることになる。そうなる
と，執行文の付与は債務者に通知されないので，債務者にとっては，
いきなり強制執行を受ける事態ともなり，執行官に「私はチャンと
払ってますよ，領収書もこれこの通り」といっても通らない。理論
上はそれが当然なのであり，仕方がないのかもしれない（前記最判
昭和41・12・15もそういう）。債権者にとっても，賃料の不払いの証
明は困難なのである。しかし，債務者の方から請求異議の訴えを提
起し，執行停止のために担保を積まなければならないというような
ことは，一般の人にとっては全く大変な負担であり，実務上の調整
（民執177Ⅲの類推）が望ましい。

⑷ **執行債権に対する差押え**

　債務名義に表示された請求権（執行債権）を，執行債権者の債権者（第三債権者）が差し押さえた場合には，執行債務者は，それを請求権の効力を停止する事由として請求異議の訴えを提起できるか。

　異論はあるが，第三債権者の差押えは，第三債権者の執行債権者に対する執行手続上の事実にすぎず，執行債権者の執行債務者に対する実体上の請求権の効力や債務名義の執行力を失わせるものではないので，請求異議の訴えによらせて必要的口頭弁論に基づき判決で裁判する必要はない。執行債務者としては，執行債権者と第三債権者の双方に対する二重払いの危険を防ぐ必要があるだけなので，執行債権者による執行が換価手続を終了して執行債権の満足を受ける段階まで進むに至った場合に，執行債務者は，第三債権者による差押命令を執行機関に提示して執行を阻止し，執行債権者の執行行為に対して執行抗告・執行異議を申し立てればよいのである（仮差押えの執行につき傍論として同旨，最判昭和48・3・13民集27巻2号344頁，執保百選〈3版〉53事件［我妻学］参照）。

9-6　第三者異議の訴え

⑴　**制度の趣旨**

(a)　ケース1 (⇨ 1-1 ⑵) において，GがSに対する貸金債権の債務名義に基づいて動産執行の申立てをし，執行官がSの自宅に赴いて高価な美術品数点を差し押さえたほか，Sの工場にある機械を差し押さえた，とする。もし，その美術品はSが所有者Aから委託されて保管していたものである場合，あるいは，工場の機械がSの所有でなくB会社からの賃貸ないしリースの物件あるいはB会社に譲渡担保に供した物件であった場合，AあるいはB会社

としては，Gの強制執行を排除しないと，差し押さえられた美術品なり機械は売却されて買受人の所有になってしまう（民192）。このような場合（所有権を失う場合には限らない ⇨ (2)(b)）に，強制執行を排除する手段となるのが，第三者異議の訴えである。

　第三者異議の訴えは，請求異議の訴えや執行文付与に対する異議の訴えとは違って，債務名義の執行力それ自体の存在や執行債権の存否とは直接の関係がない。まさに執行対象についての救済であり，執行関係の外にいる者が「オレのものには手をつけるな」といって強制執行を排除するための手段なのである。

　実体法からみれば，強制執行は債務名義に表示された請求権（執行債権）の行使であり，債権者が差し押さえてその債権の満足に充てることのできる責任財産の範囲も実体法によって決まる。しかし，個々の財産についてそれが債務者の責任財産に属するかどうかを精確に調べてから差し押さえろと執行機関に要求することはできない。それでは，強制執行を迅速・円滑に実施することは不可能となってしまうからである。そこで，執行法は，この要件審査を立体的に構成することにした。まず，第1段階として，執行機関は執行開始のさいに執行対象となる財産が執行債務者の責任財産に属するとみられる外観を具えていれば，それに対する執行を実施してよい。本当はそうでなかったとしても，執行処分は適法である。しかし，その外観が真実の権利関係に背くものであったなら，第2段階として，外観での執行によって害される第三者の側から執行債権者を相手として訴えを提起し，判決を得て強制執行を排除できるものとした。それが，第三者異議の訴え（民執38）である。制度の趣旨は，特定の財産に対して開始された強制執行につき，それを受けた第三者に対する関係における実体的当否を判決手続で確定し，その結果を執行手続に反映させるにある。

(b) **適用範囲**　強制執行の実施によって第三者の財産的利益を害する可能性がある限り，すべての財産執行に適用がある。執行債権や対象財産の種類をとわない。担保執行・形式競売・保全執行にも準用がある（民執194・195，民保46）。

(c) **訴えの法的性質・訴訟物**　第三者異議の訴えについても，その法的性質が古くから争われ，未だに諸説（形成訴訟説・確認訴訟説・給付訴訟説・特殊訴訟説など）が対立する。

伝統的な見解であり多数説でもある形成訴訟説によれば，この訴えは，特定の債務名義につき特定の財産に対して強制執行が許されないことを宣言する判決を求める形成の訴えである。請求認容判決の確定により，債務名義の執行力は執行対象とされた特定の財産に対する限りで排除される（形成力）。この，特定の財産に対する執行不許を宣言する判決が反対名義として執行機関に提出されれば，その財産に対する強制執行は停止され，取り消される（民執39Ⅰ①）。

このような第三者異議訴訟の訴訟物は，原告である第三者が特定の財産につき債務名義の執行力の排除を求めうる地位（異議権）を有するとの法的主張である。第三者の主張する実体権の存在が認められても，それだけで直ちに執行不許となるものでなく，主張される各個の実体権を規準として訴訟物の単複異同を決することはできない。

(2) **異議の事由**

(a) 第三者異議の事由は，第三者が「強制執行の目的物について所有権その他目的物の譲渡又は引渡しを妨げる権利を有する」ことである（民執38Ⅰ）。この法文では，「譲渡」は金銭債権の執行，「引渡し」は物引渡請求権の執行に即して立言（りつげん）されているだけなので，同じ権利，たとえば所有権でも金銭執行に対しては「譲渡を妨げる権利」となり，物引渡執行では「引渡しを妨げる権利」になったり

するし，そのいずれでもない事由が第三者異議の事由になることも
ある。より正確にいえば，第三者異議の事由は，「第三者が特定の
財産を対象とする強制執行により自分の権利圏に侵害を受け，しか
も執行債権者に対し，その債務名義に表示された請求権との関係で
自分がそのような侵害を受忍しなければならない法的な理由がない
こと」である。

(b) 以下に，典型的な事由を取り上げて，問題点をみておこう。

① **所有権**　「強制執行の目的物について所有権を有する第三
者」は，第三者異議の訴えを提起できる（民執38 I）。所有権が代表
的な異議事由であり，最も実例が多い。強制執行による譲渡・引渡
しがあれば第三者が所有権を失うという場合（民192参照）に限らず，
所有者としての権利行使が事実上障害を受ける場合（不動産の真正
な所有者が虚偽登記のせいでその不動産を差し押さえられた場合など）を
広く含む。しかし，建物収去土地明渡しの強制執行に対して第三者
が土地の真実の所有者は自分なのだと主張する場合のように，第三
者に所有権があっても強制執行によって害されない場合には，異議
事由とはならない。また，異議事由とされる第三者の所有権は，執
行債権者に対抗できるものでなければならず，実体関係に応じて対
抗要件の具備が問題となる（通説 ⇨ ⑶）。

所有権が仮登記のままであるときは，どうか。

仮登記には対抗力はないけれども，強制執行でも，仮登記を経て
いるだけの第三者は強制執行を受忍しなければならないのかどうか。
差押債権者としては，仮登記権利者が実体上所有権を取得していれ
ば，その仮登記権利者が本登記承諾請求をしてくれば拒否できず
（不登109），その本登記がされるときは差押登記も抹消されることに
なるので，本登記の欠缺を主張して保護されるべき利益はないので
ある。また，仮登記権利者としては，仮登記だから強制執行を阻止

できないとなると，強制執行の終った後に，執行上の買受人等に対する本登記承諾請求等による追奪をかけなければならない結果となる。仮登記のままの所有権でも第三者異議の事由となると解したい（なお，仮登記担保15Ⅱ）。

② 執行対象が**債権**（その他の財産権）である場合にも，その債権が自分のものであることを主張する第三者は，所有権の場合に準じて第三者異議の訴えを提起できる。

電子資金移動に関連して次のような問題が生じている。

ケース28 Xは，A工業株式会社から印刷用紙等を購入し，M銀行にあるA工業の預金口座に振り込んで代金支払をしていたが，2年前から取引が途絶えている。そのXは，α興業株式会社から会社建物を賃借しており，毎月の賃料をN銀行にあるα興業の預金口座に振り込んでいたところ，平成18年9月分の賃料150万円の支払につき誤ってM銀行にあるA工業の預金口座に振り込んでしまった。その2か月後に，YがA工業に対する貸金債権の執行証書に基づいてA工業のM銀行に対する預金債権を差し押さえ，取立てにかかっている。差し押さえられた預金の残高185万円のうち150万円はXが誤って振り込んだ賃料なのであり，XはYの強制執行を排除したい。

（参考 最判平成8・4・26民集50巻5号1267頁・執保百選〈初版〉22事件［滝沢昌彦］，岩原紳作・電子決済と法〔有斐閣，2003年〕313頁以下）

誤振込み預金の差押えである。争点は，2つある。(ⅰ) 別人の口座に誤って振り込んだ場合，受取人の預金債権に入ってしまうのか。(ⅱ) 誤振込みの依頼人は，振込先の預金債権について「譲渡を妨げる権利」をもつか。

ケース28 と同様の事案につき，前記の最高裁平成8年4月26日判決は，(ⅰ)を肯定（受取人と銀行との間の普通預金取引契約の内容となる「普通預金規定には預金契約の成否を振込みの原因となる法律関係の有

無に懸からせていることをうかがわせる定めは置かれていない」）するとともに，(ii)を否定した（「振込依頼人は，受取人に対する不当利得返還請求権を有することがあるにとどまり，預金債権の譲渡を妨げる権利を取得するわけではない」）。

　誤って振り込まれた金が受取人の預金債権に入ってしまうのは当然だが（錯誤の主張は通らない），受取人の債権者が誤振込みに便乗して「棚ぼた」の満足を受けることを容認してよいのか。

　強制執行の第三者である振込依頼人が強制執行による侵害を受忍しなければならないかどうかが問題であるが，原因関係のない誤振込金による預金債権は，受取人の責任財産として受取人の債権者から期待されるべきものではなく，無関係な振込依頼人の負担で受取人の資力を補充させる理由はない。誤振込みの結果である不当な事態の進展を阻止しておけば，事後の不当利得返還請求等による調整を待つ必要もないのである。考えてみてほしい。

　③　所有権でなく，(i) **占有権**でも，占有者が占有物に対する強制執行を受忍しなければならない理由がない場合には，第三者異議の事由となる。直接占有と間接占有をとわない（通説）。債務者の手元にあった商品が差し押さえられたのに対し，その委託販売契約上の委託者の間接占有権に基づく第三者異議を容認した例がある。(ii) 占有・用益を内容とする制限物権（**地上権・永小作権・留置権・質権**）で差押債権者に対抗できるものは，目的物の占有・収益による強制執行（不動産執行では強制管理・担保収益執行）に対して第三者異議の事由となる。物権ではないが，対抗力のある賃借権も，同じ。

　④　**抵当権・先取特権**は，第三者異議の事由とならない。抵当権者・先取特権者は目的物の占有使用権能を有しないし，当然に執行手続上の満足に与って消滅するからである（民執59 I・87 I④）。

　⑤　**譲渡担保**　場合を分けて考える必要がある。

ⓐ **不動産譲渡担保**では，登記上の所有名義が担保権者に移転しているから，設定者の債権者がこれを設定者の財産として差し押さえることはできない。しかし，担保権者の所有名義になっているのであるから，担保権者の債権者がこれを担保権者の財産として差し押さえることはできる。担保権者の債権者が差し押さえた場合，譲渡担保の設定者は，第三者異議の訴えを提起できるか。

最高裁判例は，譲渡担保の被担保債権の弁済期と差押えの先後によって区別する（最判平成18・10・20民集60巻 8 号3098頁。事案は，弁済期後の差押えに関する）。

譲渡担保の被担保債権の弁済期よりも前に譲渡担保権者の債権者が目的不動産を差し押さえた場合には，設定者は，弁済期までに債務の全額を弁済して目的不動産を受け戻したうえで，第三者異議の訴えにより強制執行の不許を求めることができる。しかし，譲渡担保権者の債権者が被担保債権の弁済期後に目的不動産を差し押さえ，その旨の登記がされたときは，設定者は，差押登記後に債務の全額を弁済しても，もはや目的不動産を受け戻すことができず，したがって，第三者異議の訴えにより強制執行の不許を求めることはできない，というのである。区別の理由は，弁済期前には譲渡担保権者は債権担保の目的を達するのに必要な範囲内で不動産の所有権を有するにすぎず，目的不動産を処分する権能を有しないが，弁済期が到来したら譲渡担保権者は目的不動産を処分する権限を取得するから，設定者は，目的不動産が換価処分されることを受忍する立場にある，とされている。所有権移転の登記原因が「売買」でなく「譲渡担保」であった事例につき，差押えをした債権者と弁済期に遅れた譲渡担保設定者のどちらが保護に値するかを考えてみよう。

ⓑ **動産譲渡担保**では，譲渡担保権者は占有改定によって対抗要件を備え（民178），債務者（設定者）の手元で稼働中の機械などをそ

のままで担保にできるのがメリットとなっており（質権の設定だと目的物を引き渡さなければならない。民344・352），目的物の直接占有・使用は設定者に保留されるのが普通なので，設定者の一般債権者が設定者に対する債務名義に基づいて譲渡担保の目的物を差し押さえる事態は，つねに起こりうる。その場合，譲渡担保権者が第三者異議の訴えにより強制執行を排除できるか。

　設定者の一般債権者による強制執行を譲渡担保権者が第三者異議の訴えをもって排除できるかどうかは，かつて大いに争われた問題である。学説には，肯定に解する第三者異議説が有力となっており，最高裁の判例も，「特段の事情がない限り」という留保付ではあるが，譲渡担保権者たる地位に基づいて第三者異議の訴えにより強制執行の排除を求めることができる，との立場を堅持している（最判昭和56・12・17民集35巻9号1328頁，最判昭和58・2・24判時1078号76頁，執保百選〈2版〉16事件［栗田隆］，集合物譲渡担保につき最判昭和62・11・10民集41巻8号1559頁，執保百選〈3版〉17事件［栗田隆］）。

　譲渡担保は，目的物所有権の移転という形式をとるが，実質は債権担保にほかならず，権利移転の性質と担保の性質が骨がらみに結び付いている。所有権移転のかたちで譲渡担保権者の摑んだ担保価値が（私的実行権，実行時期選択の自由を含む），その範囲では一般の債権者の強制執行に負けないで維持され，その実現が確保されなければならない。この要請に応えるには，譲渡担保権者に第三者異議の訴えを認める必要がある。目的物の価額が被担保債権額を上回っているときは差額分は一般債権者に与えるべきだという議論は正当であるが，動産執行では，譲渡担保権者の配当要求を認めてはいないし（民執133），仮に配当要求が許されるとの解釈をとるとしても，目的物の価額が被担保債権額を下回るときには譲渡担保権者の満足は確保できないのである（民執63との対比）。

目的物の価格が譲渡担保の被担保債権額を大幅に上回る場合には，差押債権者としては，余剰価値からの債権回収を阻まれる不当な結果となる。そのような場合に，どこまでが最高裁判例のいう「特段の事情」に当たるかどうか，あたるとすれば差押債権者はどうすればよいのかなど，なお検討・補正の余地が残されている。

⑥　譲渡担保以外の非典型担保である**仮登記担保・所有権留保**や**ファイナンス・リース**の目的物を一般債権者が差し押さえた場合についても，譲渡担保におけると類似した状況がある（中野＝下村〈改訂版〉299頁以下）。

(3)　要件事実

第三者異議訴訟の要件事実は，現在，次のように説かれている。訴訟物は執行法上の異議権であり，請求原因となる異議権の発生原因事実は，〔具体的な執行手続の開始〕と〔目的物の譲渡・引渡しを妨げる権利の発生原因事実〕であり，抗弁事実となるのは，〔執行手続の終了〕または〔原告の譲渡・引渡しを妨げる権利の発生障害・消滅等の事実〕などであり，再抗弁事実となるのは，〔主張された抗弁事実に基づく法律効果の発生障害・消滅等の事実〕などであるとされる（司研・諸問題215頁以下，要件事実講座Ⅱ197頁以下〔松本明敏〕など参照）。原告の権利の対抗力は被告である債権者の権利抗弁によって争われ，対抗要件の具備が原告の再抗弁事実となる（なお ⇨ (4)(d)②）。

(4)　訴訟手続

(a)　**管　轄**　第三者異議の訴えは，訴訟物の価額に関係なく，執行裁判所（の属する裁判所）の専属管轄である（民執38Ⅲ・3・19。例外，民執167の7）。現に排除されるべき執行処分と関係のある裁判所で訴訟をさせようというのである。

(b)　**当事者**　原告適格があるのは，強制執行の目的物につき譲

渡または引渡しを妨げる法的地位（⇨(1)(c)）を主張する第三者である。執行債務者であっても，限定承認をした相続人が自分の固有財産を差し押さえられたような場合には，責任財産については第三者であり，第三者異議訴訟の原告適格がある。執行債務者が原告となる場合でも，執行債権の存在を争うわけではないから，請求異議の訴えではない。

被告適格があるのは，原告が排除しようとしている強制執行を追行する執行債権者であり，配当要求債権者や配当に与る担保権者を含まない。

原告となる第三者は，被告となる執行債権者に対する損害賠償請求などを第三者異議と併合して訴えを提起することもできるし（民訴136），執行債務者に対しても，第三者異議と同じ執行対象についての訴えであれば，自己の所有権の確認や物引渡し等の訴えを，執行債権者に対する第三者異議と併合して提起することができる（民執38Ⅱ）。

(c) **訴えの提起**　強制執行の開始後，その終了前に提起しなければならない。開始前や終了後に提起された訴えは，排除の対象となる強制執行がなく，訴えの利益なしとして却下される。

訴えが提起されても，強制執行は続行されるが，請求異議の訴え等の場合と同じく，執行停止等の仮の処分が認められる（民執38Ⅳ・36・37）。

(d) **審　理**　①　本案の審理は，原告の主張する「譲渡又は引渡しを妨げる権利」の存否に限られ，執行債権の存否等に及ばない。主張責任・証明責任の分配や，訴えの変更・反訴の許容等についても，一般の判決手続と変わるところはない。

②　被告である執行債権者は，原告の主張する「譲渡又は引渡しを妨げる権利」に対抗できるすべての事由を主張することができる。

問題となるものを挙げておこう。(i) 異議事由の主張が信義則に違背することも，被告の抗弁事由となる。債務者所有の物件に対する差押えの代わりに執行官に自分の所有物件を提出して差押えをさせた第三者が第三者異議の訴えを提起した場合につき，信義則違背を肯定した例（最判昭和41・2・1民集20巻2号179頁）がある。(ii) 法人格否認の抗弁については ⇨ **2 - 2** (4)(b)②。(iii) 第三者異議の事由として主張される所有権の取得原因（売買など）を被告が詐害行為にあたるとして詐害行為取消しの反訴を提起した場合，本訴と反訴はいっしょに審理・判決されるので，詐害行為取消しの要件が認められて原告の所有権を否定すべきことが裁判所に明らかとなれば，第三者異議は請求棄却を免れない（最判昭和40・3・26民集19巻2号508頁，執保百選〈初版〉23事件［松村和德］）。

　(e) **判　決**　①異議事由が認められるかどうかの判断は，執行処分の当時でなく，口頭弁論の終結時を規準とする。

　請求を認容するときは，目的財産に対する被告の強制執行を許さない旨を宣言し（判決での執行停止等の仮の処分につき，民執38Ⅳ・37），その確定判決または仮執行宣言付判決の正本が執行機関に提出されれば，執行機関は，目的財産に対する強制執行を停止し，すでにした執行処分を取り消す（民執39Ⅰ①・40Ⅰ）。

　執行債権者との共同被告とされた執行債務者に対しては，原告である第三者の請求に応じて確認または給付の判決をすることになるが，通常共同訴訟だから合一確定とはならず，執行債務者に対する請求と第三者異議請求とで判決の理由・結論が違うこともありうる。

　②　第三者異議請求につき本案判決が確定すれば，目的財産に対する強制執行の排除を求めうる第三者の法的地位の存否の判断について既判力を生ずる。異議事由として主張された実体権等の存否の判断には既判力がない。そうなると，第三者異議請求の棄却判決が

確定した場合に，敗訴した第三者が勝訴債権者を相手として不当利得返還請求あるいは損害賠償請求の訴えを起こせるのかという問題が出てくるが，請求異議棄却判決の場合（⇨ **9** - **3**(5)(e)）と同様に考えてよい。

10 民事保全の組立て

10 - 1 民 事 保 全

ここから「民事保全」に入るまえに，小さな地図を開いておこう。

まず，ケース1（⇨ **1** - **1** (2)）に戻ってみる。そこでは，債権者 G が貸金の回収のために債務者 S 所有の財産を差し押さえようとしている。しかし，差押えをするには債務名義が必要だ。債務名義を手に入れるために訴訟を起こす。しかし，訴訟をやってる間に，S が自分の財産をなくしたり，隠したりするかもしれない。そのために貸金の回収ができなくなるのを，どうして防ぐか。ケース2（⇨ **1** - **1** (3)）と ケース3（⇨ **1** - **1** (4)）についても，それぞれに，債権者が債務名義を手に入れるのに手間取っている間に事態が変わって強制執行ができなくなるのをどうして防ぐかという，ケース1と同じ問題がある。その解決手段となるのが，民事保全であり，民事保全は，仮差押えと仮処分である。仮差押えと仮処分では債権者の守ろうとする権利と問題状況が違うので，仮差押えの手続と仮処分の手続が分かれるのである。ケース1では仮差押えが働き，ケース2 ケース3 では，仮処分が働く。

仮差押えでも仮処分でも，手続は，命令手続と執行手続に分かれる。それぞれの命令手続で，命令の要件が審理され，命令の執行のための保全名義となる仮差押命令・仮処分命令が発せられ，それに基づいて仮差押えの執行・仮処分の執行がされる。この仮差押えの

手続と仮処分の手続の組立ては，基本的には共通なので，まず先に共通するところを説明し（⇨ **10**），その後で差押えの手続と仮処分（2種ある）の手続についての各論（⇨ **11・12・13**）に移る。

以下では，「民事保全」とあるところは「仮差押え・仮処分」と読み，「保全命令」とあるところは「仮差押命令・仮処分命令」と読み，「保全執行」とあるところは「仮差押えの執行・仮処分の執行」と読んで下さい。

(1) **民事保全とはなにか**

民事保全法は，「仮差押え」・「係争物に関する仮処分」（＝係争物仮処分）・「仮の地位を定める仮処分」（＝仮地位仮処分）の3者を併せて，「**民事保全**」とよぶ（民保1）。

民事保全は，全体として，**民事保全法**（平成元年法律91号）および**民事保全規則**（平成2年最高裁規3号）の規定による。民事保全の手続に関しては，特別の定めがある場合を除き，民事訴訟法の規定が準用される（民保7）。

民事保全のうち，(i) 仮差押えは，金銭債権の強制執行による実現を保全するために，債務者の財産につき債務者の処分を禁止する措置をする（⇨ **11**）。(ii) 係争物仮処分は，金銭債権の執行保全ではなく，物に関する給付請求権（土地・建物等の引渡・明渡請求権，登記手続請求権など）の強制執行による実現を保全するために，目的物の現状を維持する措置をする（⇨ **12**）。(iii) 仮地位仮処分は，将来の強制執行の保全とは関係なく，争いのある権利関係について権利者が現におかれている損害や危険の状態から保護するために，権利関係についての判決の確定までの仮の地位を定める（⇨ **13**）。そのなかには，仮処分によって保全されるべき権利（被保全権利）につきダイレクトに満足を受けさせるところまでいく仮処分（**満足的仮処分あるいは断行仮処分**とよぶ）もある。

〔M18〕 民事保全一覧

民 事 保 全					
	将来の強制執行のための保全				
		金銭債権の保全			
			仮差押え		
		非金銭債権の保全			
			係争物（に関する）仮処分		
				物引渡請求権の保全	
					占有移転禁止仮処分
				登記請求権の保全	
					処分禁止仮処分
	現在の損害・危険に対する保全				
		仮（の）地位（を定める）仮処分			

　民事保全法上の仮差押え・仮処分とは別に，法律は各種の手続において種々の**保全処分**を認めている。仮登記仮処分（不登108），強制執行の停止・取消しなどの「仮の処分」（民訴403・404，民執10Ⅵ・11Ⅱ・36・37・38Ⅳなど），不動産執行の手続における売却等のための保全処分（民執55・55の2・68の2・77・187），破産・民事再生の申立てに伴う保全処分（破24・25・28，民再26・27・30），民事調停・家事調停における調停前の仮の処分（民調12，家事105）など。これらを「**特殊保全処分**」とよぶ。特殊保全処分が認められる範囲では，原則として民事保全法上の保全処分は認められず，また，特殊保全処分には，とくに準用規定がない限り，民事保全法は適用されない。人事訴訟を本案とする保全命令（人訴30）は，通常の民事保全に属する。

(2)　**民事保全手続の構造**

(a)　民事保全の手続は，**保全命令手続**（民保9〜42）と**保全執行手続**（民保43〜57）との2段階に分かれる。

　保全命令手続と保全執行手続との区分は，通常の判決手続と強制執行手続の関係に対応する。保全執行は，保全命令（仮差押命令・

仮処分命令）の正本に基づいて実施される（民保43 I本文。なお，民保43 I ただし書）。保全命令は保全執行の債務名義（保全名義）なのである。

保全命令手続を担当するのは，裁判所である（民保2 I）。保全執行手続を担当するのは，強制執行と同じく，裁判所および執行官である（民保2 II・III）。

民事保全手続は，**略式訴訟**である。通常訴訟の慎重な本格手続に代わる簡易・迅速な略式審理に基づく略式裁判によって仮の救済が与えられる（民事保全手続の性質および保全命令手続の訴訟物・審理対象をめぐる論議については，中野編・概説317頁以下・322頁以下［松浦馨］，瀬木・保全法〈新訂第2版〉57頁以下・153頁以下）。

(b) **民事保全手続の特性**として，次の諸点が挙げられる。

① **附随性** 民事保全手続は，自足的な手続でなく，本案訴訟に対応し付随する（⇨(4)）。

② **暫定性（仮定性）** 保全命令は，本案訴訟を留保した暫定的裁判であって，本案の審理を拘束するものでなく，保全執行も，本執行までの「つなぎ」の処分にすぎないのが普通である。

③ **迅速性（緊急性）** 民事保全手続では，迅速性の要請が適正・公平の要請に優先する。命令手続では口頭弁論の必要性は後退し，被保全権利・保全の必要性の立証も疎明で足り，執行手続でも，執行期間の制限があり，通常の執行文は不要とされる（民保3・13・43）。

④ **密行性** 仮差押えと係争物仮処分は，債務者が財産を隠したり，譲渡したり，あるいは財産の現状を変更してしまったりして本執行が困難あるいは不能となるのに備えるものであるから，債務者に手続の進行を知らせないままで審理・裁判をするのが原則である（民保3・43III）。

(c)　**オール決定主義**　「民事保全の手続に関する裁判は，口頭弁論を経ないですることができる」（民保 3）。民事保全の手続に関する裁判は，すべて，口頭弁論を経ないでもできる裁判の形式（民訴87Ⅰただし書），すなわち「決定」でされるのであり，保全命令手続と保全執行手続を通じて，判決手続によらねばならぬ場合はない。この「オール決定主義」こそ，その採用が民事保全法の最大の眼目となり，民事保全の機能を確保する制度上の基幹とされたものである。

　口頭弁論を経ないですることができるとなれば，どうなるのか。

　裁判官は，当事者が提出した書面だけを調べて審理を終えることもできるが，審尋を行うこともできるし，口頭弁論を開くこともできるし，これらを組み合わせることもできる。どれをどう選ぶかは，事案に応じて裁判所が裁量で決めてよい（例外はある。民保23Ⅳ・29・40Ⅰ・41Ⅳなど）。

　口頭弁論を経ないですることができるというだけであって，口頭弁論を開くことに格別の制限はない。しかし，民事保全手続は決定手続であって，口頭弁論を開いても判決手続となるわけでないから，必要的口頭弁論にプロパーの規定（民訴158・159Ⅲ・249・263など）の適用はない。

(3)　**保全命令の要件**──「被保全権利」と「保全の必要性」

(a)　保全命令の実体的要件として保全命令手続における実体的な審理の対象となるのは，「被保全権利」と「保全の必要性」である（民保13）。

　これらに先立つ形式的要件として，保全命令手続についても訴訟要件を具えることが要求される。訴訟要件は，保全命令申立ての有効のほか，裁判権・管轄権・当事者能力・当事者適格など，基本的には通常の民事訴訟と異なるところはない。

(b)　民事保全手続により保全すべき権利または権利関係を，「**被**

保全権利」とよぶ。被保全権利は，仮差押えおよび係争物仮処分では「保全すべき権利」であるが，仮地位仮処分では，権利といえない法律関係が争われる場合をも含むので，権利と法律関係を併せて「保全すべき権利関係」が被保全権利とされる。この表現上の違いは，民事保全法全体にみられる（民保1・13・38，民保規13）。

(c) 被保全権利が認められても，いま被保全権利を保全するために暫定的な措置を講ずる必要＝「**保全の必要性**」がなければ，保全命令は，発せられない。どういう場合に保全の必要性が認められるかは，被保全権利と保全手続によって異なる（⇨ **11 - 1**(3)，**12 - 1**(2)，**12 - 2**(2)，**13 - 2**(1)）。

(4) **民事保全と本案訴訟**

民事保全は，本案訴訟において被保全権利が終局的に確定され実現されるに至るまでの仮の措置をする。そのため，民事保全の手続では，つねに本案訴訟の存在を予定し，本案の手続との関連を図る種々の方策がとられている。民事保全で「**本案訴訟**」というのは，被保全権利の存否を終局的に確定する通常の訴訟手続をいうのである。

民事保全と本案訴訟の連絡手段として，**起訴命令**がある。本案訴訟が保全命令の申立て当時にすでに係属している場合とそうでない場合があるが，本案訴訟がまだ係属していない場合には，保全命令の発令後に債務者は本案訴訟の起訴命令を申し立てることができ，起訴命令に定められた期間内に債権者が本案訴訟の係属を証する書面を提出しなければ，債務者の申立てにより保全命令は取り消されるのである（民保37 ⇨ **10 - 3**(3)(b)）。しかし，制度としての重要な意義は別として，起訴命令を利用する例は，実際には多くない。

旧法の当時には，仮処分の手続が本来なら本案訴訟を背後に控えた暫定的な処分として迅速に行われなければならないのに，本案訴訟と同じほどの慎重な審理を重ねて長期化する（**仮処分の本案化**）と

いう現象が厳しく批判され，改善策が論議されてきた。しかし，「オール決定主義」を貫いた民事保全法（⇨ (2)(c)）のもとでは，審理は迅速化され，問題の方向に変化が生じている。この動きは，とくに仮地位仮処分に著しい（⇨ **13 - 1** (2)）。

10 - 2　保全命令手続

(1)　保全命令の申立て

保全命令（仮差押命令・仮処分命令）の申立ては，「申立ての趣旨」ならびに「被保全権利」と「保全の必要性」を明らかにして，書面でしなければならない（民保13 I，民保規 1 ①。記載事項・記載方法・添付書類等につき，民保規13〜15・18〜20・23）。

「申立ての趣旨」は，訴状の「請求の趣旨」に当たる部分であって，どういう保全命令を求めるのか，その種類・内容を記載する。「請求の原因」に当たる部分として，「被保全権利」を，他と区別できる程度に原因事実を記載して表示し，さらに，「保全の必要性」を，具体的に理由づける記載によって示さなければならない。

被保全権利と保全の必要性は，即時に取り調べることのできる証拠によって疎明しなければならない（民保13 II，民訴188）。審理は書面審理だけでされることが多いので，疎明資料は，保全命令の申立てと同時に提出する（民保 3 参照）。

申立ての効果は，訴え提起の効果に準ずる。二重申立ての禁止（民訴142の準用），時効の完成猶予（民149）など。

1 つの手続で別々の債権者が，あるいは種類の違う目的物に対して，あるいは仮差押えを求め，あるいは仮処分を求める，ということが認められるだろうか。民事保全の手続にも民事訴訟法の規定が準用されるのが原則なので（民保 7 ），理論上は民事保全の手続でも

共同訴訟や請求の併合は可能ということになる（民訴38・136）。しかし，1つの手続のなかで複数の当事者，種類の違う目的物あるいは仮差押えと仮処分が混じり合うのでは，保全手続の迅速・的確な処理は望めない。実務では，個別の申立てが相当である事件について，申立ての受付の段階等で個別申立てを促すことが行われている。

申立手数料についても，訴えの提起の場合と違って，定額制がとられている（申立て1件につき2,000円。民訴費3Ⅰ別表第一11の2ロ）。

民事保全手続においても，**申立ての取下げ**（全部または一部）をすることができる（処分権主義。方式につき，民保規4）。保全命令の申立ては，保全命令の発令後でも，また，保全異議・保全取消しの申立てがあった後でも取り下げることができ，債務者の同意は要らない（民保18に明文）。保全命令が確定し，あるいは保全執行がすでに終了した場合でも，同様である（民訴261Ⅰとの対比）。保全命令は，暫定的な処分であって，当事者の権利義務を確定するものではないし，債権者が求めていないのに保全命令を存続させる実益は全くないのである。

(2) 管　轄

保全命令事件の管轄裁判所は，本案の管轄裁判所，または，「仮に差し押さえるべき物」もしくは「係争物」の所在地を管轄する地方裁判所である（民保12Ⅰ。民保12Ⅳ～Ⅵに注意）。専属管轄であり（民保6），合意管轄は認められないが，本案について管轄の合意があれば，合意された裁判所も本案の管轄裁判所となる。

管轄権のない裁判所に保全命令の申立てがされた場合には，裁判所は，管轄裁判所に事件を移送しなければならない（民保7，民訴16Ⅰ）。しかし，移送の手続が行われると，保全手続の迅速性・密行性を失う結果となるので，申立人としては，いったん申立てを取り下げて管轄権のある裁判所に申立てをし直すことが多い。

(3) 審　理

(a)　民事保全手続における裁判は，すべて，口頭弁論を経ないで
することができる（民保3。オール決定主義 ⇨ **10‑1**(2)(c)）。

裁判所としては，書面審理・審尋・任意的口頭弁論，という多様
な審理メニューを選択・併用できるが，実際上，口頭弁論は，ほと
んど開かれない。

審尋（民保7，民訴87Ⅱ）は，裁判所が当事者に対して書面または
口頭で意見陳述の機会を与える無方式の手続であり，判決手続の弁
論に当たる。債権者審尋は，普通は「面接」として行われている
（⇨ (c)）。債務者審尋は，ほとんど仮地位仮処分の命令手続でしか行
われていない（⇨ **13‑2**(2)(a)）。

裁判所は，争いに係る「事実関係」に関し，当事者の主張を明瞭
にさせる必要があるときは，口頭弁論または審尋の期日において，
「当事者のため事務を処理し，又は補助する者で，裁判所が相当と
認めるもの」に陳述をさせることができる（民保9）。これは釈明処
分であって，証拠調べではない。専門技術者等の説明を受けなけれ
ば内容を理解できないような文書・図面などの証拠資料の説明にも
利用される。

証拠調べとしての**第三者審尋**ができるのは，当事者の申し出た参
考人について，当事者双方が立ち会える審尋の期日に行う場合に限
られる（民保7，民訴187）。証拠調べであり，当事者の手続保障が必
要なのである。口頭弁論では，第三者を証人または鑑定人として調
べることができる。

(b)　被保全権利および保全の必要性は，「疎明しなければならな
い」（民保13Ⅱ）。負担を課するような規定の表現であるが，要する
に，民事保全手続の迅速性・暫定性のため債権者の立証の負担を軽
減する必要があり，審理に口頭弁論を開くかどうかに関係なく，被

保全権利と保全の必要性の立証は証明でなく疎明で足りるとしたのである。

(c) 「**面接**」 東京地裁保全部では，保全命令の申立てがあると，原則として，全件について（仮差押え・係争物仮処分だけでなく仮地位仮処分をも含めて），申立ての当日，翌日または翌々日に，裁判官が債権者（代理人）の「面接」を行っている。面接のさいには，債権者等に主張の補充を促したり，疎明資料の原本確認をその場で行い，証拠説明を求めたりしたうえ，発令が可能な事案では，その場で担保決定まで進むという（詳細につき，民保実務・上140頁以下，須藤典明ほか・民事保全〔4訂版，青林書院，2019年〕56頁以下）。この「面接」は，性質上は，審尋（民保7，民訴87Ⅱ）にほかならないが，民事保全における迅速な事件処理方式として，実務に定着していくと思われる。

(4) **裁　判**

(a) 保全命令の申立てについての裁判は，決定である。(i) 決定書を作成してしなければならないのが原則だが（民保規9Ⅰ），口頭弁論または審尋の期日において所定の事項（担保の額および担保提供方法，主文，理由または理由の要旨）を口頭で言い渡したうえ，これを調書に記載させてすることができる（調書決定。民保規10）。(ii) 保全命令の要件（⇨ **10 - 1** (3)）を欠く場合には，保全命令の申立てを却下する。

(b) 保全命令の申立てを認容する場合には，保全命令（仮差押命令・仮処分命令）を発する。仮差押命令では，主文で，債務者所有の特定の財産を仮に差し押さえる旨を宣言する（民保21本文。動産の仮差押命令では目的物の特定は不要。民保21ただし書）。必ず仮差押解放金額を定めなければならない（民保22Ⅰ）。仮処分命令では，主文で，仮処分命令の申立ての目的を達するために必要な処分をすることが

できる（民保24）。仮処分命令においても解放金額を定めることができる（民保25）。

(c)　保全命令は，当事者に送達しなければならないが（民保17），保全命令が債務者に送達される前でも保全執行はできる（民保43Ⅲ）。

(5)　立　担　保

(a)　保全命令は，申立債権者に担保を立てさせてから発令する（民保14Ⅰ。相当と認める一定の期間内に担保を立てることを保全執行の実施の条件として，または担保を立てさせないで発令することもできるが，金銭仮払仮処分等〔⇨ **13－1**(1)(d)〕を除き，ほとんど例がない）。

債権者としては，仮差押えなり仮処分をしておけば，訴訟がいくら長引いても，いずれ強制執行はできるからと安心しておれる。しかし，債務者の方は，そうはいかない。自分の財産でありながら自由に処分できず，営業や資金繰り等に損失が出る。疎明だけの迅速な審理手続で違法あるいは不当な仮差押命令や仮処分命令が発せられて保全執行がされ，あるいは保全執行が違法あるいは不当であったような場合には，債務者はそのために生じた損害の賠償を受けることができる（民709。債権者の過失責任につき，最判平成2・1・22判時1340号100頁，執保百選〈3版〉101事件［小粥太郎］。損害の範囲につき，最判平成8・5・28民集50巻6号1301頁，執保百選〈3版〉102事件［下村眞美］）。そのときに債務者が確実に損害賠償が取れるように，債権者に担保を立てさせてから発令するようにしたのである。この制度には，保全命令の濫用的申立てを防止する事実上の機能もある。

(b)　**担保の額**は，保全命令を発する裁判所の裁量で定める（民保実務・下2頁以下）。

個別の事案に応じて，保全命令が違法・不当であった場合に債務者に生ずる可能性のある損害の態様・程度等を考えなければならないが，一般に被保全権利および保全の必要性の疎明の程度が高けれ

ば，債務者に損害が生ずる可能性自体が小さいから担保の額も低めになる。債権者の資力は，原則として問題にならない。

(c) 債権者に担保を立てさせて保全命令を発する場合には，あらかじめ，一定の期間（担保提供期間。裁判所が裁量で定める）内に担保を立てることを命ずる（債権者に告知すれば足り，債務者に告知する必要はない。民保規16Ⅱ）。担保を立てる方法としては，金銭または有価証券を供託する方法（民保4Ⅰ・14Ⅱ）と，いわゆる支払保証委託契約を締結する方法とがある（民保4Ⅰ，民保規2。立担保を命じた裁判所の許可が必要であり，実際には，保証する銀行との関係で担保額に見合う預金や保証料等が負担となる）。

(d) **担保の還付・取戻し**　(i) 供託による担保については，債務者は，供託された金銭・有価証券について直接に還付を受け，他の債権者に先立ち弁済を受ける権利を有する（民保4Ⅱ，民訴77）。手続としては，債務者は，被担保債権の存在（損害賠償請求権の発生・金額）を明らかにする書面（確定判決など）を添付して，供託官に供託物払渡請求書を提出することになる。(ii) 支払保証委託契約の場合には，債務者は，受益の意思表示（民537Ⅲ）をすることにより，金融機関等に対する直接の支払請求権を取得し，損害賠償請求権についての債務名義等により請求権の存在と額を証明して支払を請求することになる。(iii) 担保提供者が担保物の返還を受けるには，保全命令を発した裁判所に担保事由の消滅（被担保債権の不存在）あるいは担保権利者の同意を得たことを証明して担保取消決定（民保4Ⅱ，民訴79）を得る方法のほか，より簡易な担保取戻しの許可（民保規17）を得て担保を取り戻す方法もある。取戻しの許可が得られるのは，保全命令による損害が債務者に生じないことが明らかな場合であって，すでに執行期間（民保43Ⅱ）が経過し，あるいは保全命令の申立てが取り下げられてしまっている，という場合である

（民保規17 I）。

10-3　保全命令に関する救済

　仮差押えでも仮処分でも，手続は迅速に，しかも債務者の気づかないうちに実施される必要があり（迅速性・密行性），保全命令の発令段階では，債務者のための手続保障はきわめて薄く，被保全権利等の立証も疎明に軽減されている。

　債権者にとっては有難いことだが，債務者にとっては，いつ保全命令が飛んでくるか分からず，あらかじめ防御することもできない。しかも，保全命令が出たことによって債務者が受ける痛手は，必ずしも軽いものではないのである。さしあたりは財産が動くわけでない仮差押えの場合でも，仮差押えをされた財産を動かせないということが債務者倒産の引き金になってしまうこともある。債権者の言い分が正しいとは限らないのだから，保全命令を受けた債務者には十分な救済の機会を与える必要がある。

　以下に，民事保全法が債務者のために設けている手続救済のシステムについて，保全手続における債権者の側からの不服申立てをも併せて，見ていくことにする。

(1)　救済の体系

　(a)　保全命令が発せられた場合，債務者は，その保全命令に対して，保全異議（民保26）または保全取消し（民保37〜39）を申し立てることができる。両者は，いずれも上訴でなく同一審級の不服申立てである点では共通しているが，保全異議の申立てが保全命令を発した裁判所に対して再審理，つまり保全命令申立てについての審理の続行を求める申立てであるのに対し，保全取消しの申立ては，すでに発せられた保全命令についての審理による取消し・変更を求め

〔M19〕 **保全命令手続**（かっこ書は民事保全法の条文）

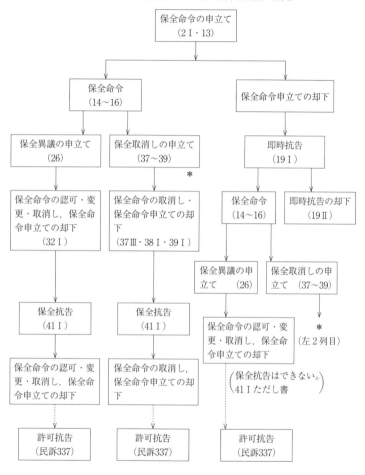

るものであり，両者の性格は違う。

(b)　保全命令の申立てを却下する裁判があった場合，債権者は，告知を受けた日から2週間（不変期間）内に即時抗告をすることができる（民保19Ⅰ）。ここでいう「却下」は，申立てを不適法とする

却下と理由なしとする却下（実務）を含む。即時抗告を却下する裁判に対しては，さらに抗告をすることができない（民保19Ⅱ）。

(c) 保全異議・保全取消しの申立てについての裁判に対しては，保全抗告（民保41）をすることができる。

(2) 保全異議

(a) **保全異議の申立て** 保全命令に対しては，債務者は，発令した裁判所に保全異議を申し立てることができる（民保26）。(i) 申立ては，書面でする（民保規1③・24）。申立期間の制限はない。申立て後，いつでも，債権者の同意なしに取り下げることができる（民保35，民保規4）。(ii) 保全異議は，発令した裁判所の管轄に専属する（民保26・6）。管轄違いによる移送（民保7，民訴16Ⅰ）のほか，著しい遅滞を避け，または当事者間の衡平を図るために必要があるための移送（民保28。民訴17に代わるもの）が認められる。(iii) 保全異議の申立てがされても，その保全命令に基づく執行は当然には停止されない。執行停止等の仮の処分（民保27）が必要である。

(b) **審　理** 決定手続で行われるが，裁判所が保全異議の申立てについての決定をするには，口頭弁論または当事者双方が立ち会うことができる審尋の期日を経ていなければならない（民保29）。

保全命令の申立手続では申立ての趣旨や被保全権利の変更は普通に行われているが，保全異議の手続ではどうか。保全異議は，債務者の不服申立てにより原決定の当否を判断するのであり，債権者がそれに便乗して申立ての拡張等をするのを認めるべきではない。しかし，申立ての趣旨を変更しないままで被保全権利や保全の必要性についての主張を変更するのは，請求の基礎に変更がない限り許されよう（民訴143Ⅰ参照）。

審理を終結するには，裁判所は，相当の猶予期間をおいて，審理を終結する日を決定しなければならない（民保31本文。当事者への告

知につき，民保7，民訴119）。当事者双方に対等の手続保障を与え，不意打ちを防ぐ趣旨である。口頭弁論または当事者双方が立ち会うことができる審尋の期日では，直ちに審理を終結する旨を宣言することができる（民保31ただし書）。

(c) **裁　判**　保全異議の申立てについての決定では，裁判所は，保全命令の認可・変更・取消しのいずれかの判断を示さなければならない（民保32Ⅰ）。決定には，理由を付する必要がある（民保32Ⅳ。民保16本文の準用を定め，民保16ただし書を準用していないので，「理由の要旨」では足りない）。決定は，当事者に送達する（民保32Ⅳ・17）。

(3) **保全取消し**

(a)　保全取消しには，3つの種類がある。(i) 本案不提訴による保全取消し（民保37），(ii) 事情の変更による保全取消し（民保38）および(iii) 特別の事情による保全取消し（民保39）である。(i)と(ii)は仮差押命令と仮処分命令に共通であるのに対して，(iii)は仮処分命令だけに関する。

①　この3種の保全取消しは，それぞれに独自の制度目的をもっている。別々に申し立てることも併合することもできるし，どれかの申立てが却下されても別の取消しの申立てには影響しない。しかし，手続は，ほぼ同一である。取消しの申立てに対しては，決定で裁判し，決定には理由を付し当事者に送達する。いずれも，すでに出ている保全命令をどうにかしてくれという手続なので，保全異議の規定のほとんどが準用される（民保40）。

しかし，保全取消しは，保全異議とは異なり保全命令の発令手続の続行ではなく，保全命令の存在を前提としてその取消し・変更を求める債務者の申立てによって開始される別個の手続である。保全取消しでは，債務者が申立人，債権者が相手方となって，保全手続上の当事者の地位は逆転するのである。

②　すでに出ている保全命令を取り消す方法としては，この3種の取消しのほかにも保全異議（⇨(2)）があるわけなので，相互の関係が問題となる。(i) 保全取消しの手続で債務者が主張できる事由は，すべて保全異議の手続でも主張できるが，(ii) 保全取消しの手続で主張できるのは，本案不提訴・事情変更・特別事情の3種の事由に限られ，保全異議の手続で主張できる事由のすべてに及ぶものではない。取消しの事由は，それぞれに限定されているからである。

(b)　本案不提訴による保全取消し　　保全命令は，被保全権利の最終的な確定を本案訴訟に留保したままで発せられるので，保全命令を得たのに債権者がそのまま本案訴訟を提起しない場合には，債務者の方からその不都合・不安定な状態を打破する手段を行使できる。それが，**起訴命令の申立て**である。

①　保全命令を発した裁判所は，債務者の申立てがあれば，債権者に対し，相当と認める一定の期間（2週間以上であることが必要）内に，本案の訴えを提起するとともにその提起を証する書面を提出し，すでに本案の訴えを提起しているときはその係属を証する書面を提出すべきことを命じなければならない（民保37Ⅰ・Ⅱ）。定められた期間内に債権者が所定の書面を提出しなかったときは，裁判所は，債務者の申立てにより，保全命令を取り消す（民保37Ⅲ〜Ⅷ）。

②　ここでいう「**本案の訴え**」は，(i) 被保全権利の存否が確定される訴訟であればよく，給付の訴えに限らず，確認の訴えでもよいし，被保全権利と本案の訴訟物が一致しなくても請求の基礎が同一であれば足りる。(ii) 訴えでなくても，「本案の訴えの提起」とみなされるものとして，家事調停の申立て，労働審判手続の申立て，仲裁手続の開始の手続等がある（民保37Ⅴ）。支払督促の申立ても，訴え提起の擬制に連なるので（民訴395），本案の訴えの提起に準ずる。離婚訴訟の被告が財産分与請求権を被保全権利として申し立て

た仮差押えについて，離婚訴訟において被告が予備的にした財産分与の申立てに本案としての適格を認めた裁判例（東京高決平成5・10・27判時1480号79頁，執保百選〈3版〉90事件［大橋眞弓］）がある。

　(c)　**事情の変更による保全取消し**　　保全命令は，発令当時に裁判所に顕出されていた「事情」をもとに発せられており，発令後に「事情」が変われば，そのままで維持するのは当をえない。発令後に「事情の変更」があるときは，保全命令を発した裁判所または本案の裁判所は，債務者の申立てにより，保全命令を取り消すことができる（民保38 I）。

　①　「事情の変更」とはなにか。

　「被保全権利または保全の必要性が保全命令の発令後に消滅したこと」を主とし，「その他の事情」を含む。被保全権利が弁済・相殺等によって消滅したり，債務者の財産状態が好転して保全の必要性がなくなったことなどが普通であるが，発令当時すでに生じていても，発令後に債務者がそれを確知したという場合は「事情の変更」に当たる。本案訴訟で被保全権利の存在を否定する内容の判決が確定した場合だけでなく，未確定であっても上訴審で覆される蓋然性が少ないと認められる場合には，「事情の変更」ありとして取り消すことができる（最判昭和27・11・20民集6巻10号1008頁，執保百選〈3版〉91事件［佐野裕志］）。

　「事情の変更」は，疎明しなければならない（民保38 II）。

　②　事情の変更による保全取消しと保全異議は，どちらも保全命令の取消しを求めるものであるため，保全異議の手続において事情の変更を主張することができ，また，すでに保全異議の手続が開始されている場合に事情の変更による取消しを別個に申し立てることもできるし，両手続が同一の裁判所にかかれば併合して審理できる。

　③　仮処分命令が発せられ，その執行があった後に仮処分命令が

事情の変更により取り消された場合，なされた執行までが当然に無効となるわけではない。しかし，処分禁止仮処分決定の執行として「処分禁止に違反した日1日につき金〇万円を支払え」との間接強制決定があり，間接強制決定に執行文の付与を受けて執行した仮処分債権者が強制金〇〇〇万円の交付を受けた後に，当の仮処分命令における被保全権利が本案訴訟の判決において仮処分命令の発令当時から存在しなかったものと判断され，このことが事情の変更に当たるとして仮処分命令を取り消す決定が確定した場合には，間接強制決定を債務名義とする強制執行の結果であるとはいえ，「間接強制決定は，〔それによって〕履行を確保すべき債務が存しないのに発せられたもの」で，仮処分債権者に交付された間接強制金は法律上の原因を欠いており，仮処分債務者は仮処分債権者に対して不当利得返還請求をすることができる（最判平成21・4・24民集63巻4号765頁，執保百選〈3版〉89事件［間渕清史］）。

(d) **特別の事情による保全取消し**　仮処分命令についてだけの救済である。仮処分命令により償うことができない損害を生ずるおそれがあることその他の「特別の事情」があるときは，仮処分命令を発した裁判所または本案の裁判所は，債務者の申立てにより，担保を立てることを条件として仮処分命令を取り消すことができる（民保39Ⅰ。特別事情の疎明が必要。民保39Ⅱ）。

① 「特別の事情」とはなにか。

条文が例示する「仮処分命令により償うことができない損害を生ずるおそれがある」場合としては，主要商品の販売禁止の仮処分を受け，そのために債務者の事業の継続が不可能あるいは著しく困難になる場合や，価格変動が激しくて，時機を外せば債務者に多大の損害が生じかねない物品に対して処分禁止仮処分が発令されているような場合などが挙げられる。

② 「その他の特別の事情がある」場合としては，被保全権利の実現のために金銭補償で足りるような場合が挙げられるのを常としてきた（最判昭和26・2・6民集5巻3号21頁，執保百選〈3版〉92事件[村上正子]参照）。たしかに，詐害行為取消権（民424）を被保全権利とする仮処分のように，命令取消しの担保により金銭補償が受けられるなら被保全権利自体を行使したのと同じ経済的効果が得られる，という場合であれば，特別事情ありと認めてよい。しかし，それ以外の場合には，仮処分の存続・取消しにより債務者・債権者が被る利害など，諸般の事情を総合的に考慮して判断する必要がある。

③ 仮処分命令において仮処分解放金（民保25）が定められている場合には，債務者は，解放金を供託することによって仮処分執行の停止・取消しが得られるから，おおむね，特別事情による取消しを必要としないであろう。

(4) **保全抗告**

保全異議または保全取消しの申立てについての裁判に対して不服のある債権者・債務者は，裁判の送達を受けた日から2週間（不変期間）内に，保全抗告をすることができる（民保41Ⅰ本文。なお，本文かっこ書に注意）。

(a) 保全抗告は，申立書を原裁判所に提出してする。原裁判所は，保全抗告の理由の有無につき判断しないで，事件を抗告裁判所に送付しなければならない（民保41Ⅱ。再度の考案の禁止）。審理手続は，おおむね保全異議の手続に準ずる（民保41Ⅳ・Ⅴ）。

保全抗告がされても，すでに認可されている保全命令による保全執行が当然に停止されたり，保全命令を取り消した決定の効力が当然に停止されるわけではない。申立人は，保全執行の停止または取消決定の効力の停止を申し立てることができる（民保41Ⅳ・27Ⅰ・Ⅳ・Ⅴ・42）。

(b) 保全抗告についての裁判に対しては，抗告裁判所が地裁であった場合でも（裁7②参照），再抗告はできない（民保41Ⅲ）。しかし，特別抗告（民訴336）のほか，高裁のした保全抗告についての決定に対しての許可抗告（民訴337）を妨げない（最決平成11・3・12民集53巻3号505頁，執保百選〈3版〉93事件［水元宏典］）。

10-4　保全執行手続

(1)　手続の特則

保全執行（仮差押え・仮処分の執行）の手続は，おおむね，民事執行法による強制執行に準ずる（民保46）。

民事保全手続の特質（⇨ 10-1 (2)(b)）に対応する特則は，以下のとおりである。(i) 保全執行は，保全命令の正本に基づいて実施する（民保43Ⅰ本文）。保全承継執行を除き，一般に執行文の付与は要らない（民保43Ⅰただし書）。(ii) 保全執行は，保全命令が債務者に送達される前でも実施できる（民保43Ⅲ）。(iii) 執行には，保全命令の申立てとは別に，保全執行の申立て（書面による）が必要である（民保2Ⅰ・Ⅱ，民保規1⑥）。しかし，保全命令の発令裁判所が保全執行裁判所である場合（民保47Ⅱ・50Ⅱなど）のうち，仮差押えの登記の方法による不動産仮差押えや第三債務者への送達の方法による債権仮差押えなどでは，仮差押命令を発した裁判所が保全執行裁判所となり，執行方法は一義的に決まっているため（⇨ 11-2 (1)(a)），命令申立てと同時にそれが発令されることを条件に執行申立てがされているものとされ，仮差押命令の申立書のほかに仮差押執行の申立書を提出する必要はない（民保規31ただし書）。

(2)　執行期間

保全命令には執行期間の制限がある。保全執行は，債権者に対し

て保全命令が送達された日から2週間が経過したときは，してはならない（民保43Ⅱ）。

（a）保全命令は，迅速に保全する必要に基づいて発せられる暫定的（仮定的）な裁判であって，本来，直ちに執行されるべきものであるし，保全命令後に時間が経過する間に保全を必要とした事情が変化して不当に保全執行が行われる惧れもある。そのために，国の保全執行権の行使期間を限定したのである。(i)債権者が執行期間内に執行申立てをすれば足り，期間内の執行完結は必要でない。(ii)保全命令に対して保全異議が申し立てられた場合にも，執行期間の進行は停止しないが，異議についての裁判で保全命令が認可されたときは，その裁判が債権者に送達された日から新たに全執行期間が進行する。(iii)保全執行がいったん取り消された後に保全抗告に基づく決定で実施可能となったときも，その決定が債権者に送達された日から新たに全執行期間が進行する。

「毎月〇日に金〇〇万円を仮に支払え」というような定期金の給付を命ずる仮処分では，執行期間の起算日が問題となるが，「民事保全法43条2項は，定期金の給付を命ずる仮処分の執行についても適用され，仮処分命令の送達の日より後に支払期限が到来するものについては，送達の日からではなく，当該定期金の支払期限から同項の期間を起算するものと解するのが相当である」（最決平成17・1・20判時1888号91頁，執保百選〈3版〉94事件［安達栄司］）。

（b）保全執行を開始せずに執行期間が経過しても，保全命令自体が失効するわけではないが，執行期間の経過は保全異議，事情変更による保全取消しの事由となり，期間経過後の執行は執行抗告・執行異議の事由となる（民保46，民執10・11）。執行期間の経過後に債権者が保全命令の申立てをやり直すことは，妨げない。

11 仮差押え

仮差押えは，金銭債権についての将来の強制執行が妨げなく行われるように，債務者がその財産を処分するのを仮に禁止しておく保全処分である。

11-1 仮差押命令手続

(1) 仮差押命令の申立てと審理

(a) 仮差押命令の申立て（申立書の記載事項および添付書類につき，民保規13・18～20）では，仮差押えの目的物（＝目的財産）を**特定**して表示しなければならず，仮差押命令は目的物を特定して発しなければならない（民保21本文。執行の現場に行かないと対象が決まらない動産の仮差押えの場合は，特定しなくてよい。民保21ただし書，民保規19Ⅰただし書）。

この点は，当たり前と思われるかもしれないが，そうでない。保全命令手続と保全執行手続との区分は通常の判決手続と強制執行手続の区分に対応するものである（⇨ **10-1**(2)(a)）とすれば，被保全権利が金銭債権である仮差押えの場合には金銭支払請求訴訟と同じように，執行の目的財産の特定は執行申立てのときにすればよく，仮差押命令の申立てとしては不要，ということになりそうだ（旧民事保全法当時には通説であっただけでなく，同旨の最高裁判例もあった）。しかし，これでは執行の目的財産の種類等によって債務者のこうむる損害の程度が異なるため，債権者の提供する担保の額を決定でき

ない等の実務的難点が重く，民事保全法は旧法当時からの実務を認知して，仮差押命令の目的物の特定を要求することにしたのである。仮差押命令の申立てにおいて目的物の特定がないと不適法な申立てとなり，裁判長は補正を命じ，補正がなければ申立てを却下することになる（民保7，民訴137）。

(b) 審理の中心は，「被保全権利」と「保全の必要性」の疎明にある。審理にさいしては，口頭弁論や審尋の期日を経る必要はない（⇨ **10 - 2** (3)）。

(2) **被保全権利**

(a) 仮差押えの被保全権利は，金銭債権（金銭の支払を目的とする債権）である（民保20Ⅰ）。

いずれ強制執行になれば民事執行法の金銭執行の手続によって実現される債権であるといってもよい。しかし，その範囲は同じでない。(i) 条件未成就・期限未到来の債権でも被保全権利となる（民保20Ⅱ）。(ii) まだ成立していない権利でも，その成立の基礎となる法律関係が現存していればよい（退職金債権，保証人の主債務者に対する求償権など）。しかし，成立の時期の見通しも立たないというような場合には，「保全の必要性」が問題となりうる。

(b) 被保全権利となる金銭債権は，仮差押命令の申立てにおいて特定しなければならない（申立書の記載につき，民保規13Ⅰ②・Ⅱ）。

このような被保全債権の特定は，仮処分命令の申立てについての審理手続において，その疎明の有無が審理の対象となるだけではない。後に，本案訴訟が提起されたかどうか，本執行への移行があったか，担保の事由が消滅したかどうかなど，仮処分命令の被保全債権と本案の訴訟物の同一を判断する場面において問題となる。特定には，債権の種類・数額のほか，その発生原因事実を他と区別できる程度にまで具体的に記載する（実務では，被保全債権を特定するため

の請求債権目録を別紙として作成し，申立書に引用）。

(c) 1個の債権の一部を被保全債権とすることもできる。仮差押目的物の価額や必要な立担保の額などの関係でそれが実際上必要となる場面は少なくない。

(3) 保全の必要性

(a) 仮差押えでは，金銭債権について強制執行ができなくなるおそれ，あるいは著しく困難となるおそれがあれば，保全の必要性がある（民保20Ⅰ）。この2つの「おそれ」は，厳密に区別できるようなものでない。要するに，現時点で仮差押えをせずに放置すると，債務者の責任財産が減少あるいは散逸して本執行の段階で執行ができなくなってしまうおそれがある，ということである。しかし，もちろん，期限がきているのに債務者が正当な理由もなく弁済を拒否しているというような事情だけでは十分でなく，債権者が普通に調査できる範囲での債務者の資産状況，負債状況，あるいは営業の状況，債権者の請求をめぐる経緯などによって具体的に裏付けなければならない。また，仮差押えが求められる特定の不動産や債権については，それの仮差押えによって債務者が受けることになる損害の大小・程度に対応する必要性の判断がされることになる。

(b) 仮差押えの必要性と被保全権利や目的物との関連を考えさせる事例がある。

ケース29 Xは，Aに3,000万円を貸し付け，連帯保証人となったYに対する同額の連帯保証債務履行請求権を被保全権利としてY所有の甲地とその地上建物（時価合計3,500万円）について仮差押命令の申立てをし，仮差押命令を得て執行した。その後になって，Xは，甲地に隣接する乙地もYの所有であることを知り，乙地を目的とする仮差押命令の申立てをした。

（参考　最決平成15・1・31民集57巻1号74頁，執保百選〈3版〉82事件［山本和彦］，判リマ28号142頁以下［下村眞美］）

① 連帯保証人を仮差押債務者とする仮差押えの場合に，保全の必要性の判断につき主債務者（ケース29では A）による弁済の期待を考慮する必要はないのか。

連帯保証債務だから主債務に対する補充性はないが（民454），主債務者に十分な資力があってスムースな弁済が予測されるときにまで連帯保証人の財産を仮差押えで拘束する必要は，必ずしもない。将来の本執行の時点で保証債務だけでなく主債務の強制執行も困難になるかどうかを考慮するのが適当な場合がありうる。

② すでに仮差押命令を得て執行しているのに，同一の被保全権利に基づいてさらに他の財産に対する仮差押えをすることができるか。

強制執行ならば，「被告は原告に対し金100万円を支払え」というような債務名義があって，それに基づいてどの不動産，どの債権と目的財産を特定して別々に執行申立てをし，別々の執行手続を併行して進めることが許されるので，重ねて債務名義を求める必要はない。これに対し，保全名義である仮差押命令は，特定の物について発しなければならない（民保21本文）とともに，保全の必要性がなければならない（民保20Ⅰ）。その保全の必要性を，仮差押えの対象とされる「特定の物」だけについて判断するわけにはいかない。保全の必要性は，被保全権利についての保全の必要性だからである。

同一の被保全権利のための追加仮差押えの許否につき，学説は対立し実務も分かれたが，最高裁（前記最決平成15・1・31）は，ケース29と同様の事案において，追加仮差押えを肯定する立場を宣明した（破棄自判）。「特定の目的物について既に仮差押命令を得た債権者は，

これと異なる目的物について更に仮差押えをしなければ，金銭債権の完全な弁済を受けるに足りる強制執行をすることができなくなるおそれがあるとき，又はその強制執行をするのに著しい困難を生ずるおそれがあるときには，既に発せられた仮差押命令と同一の被保全権利に基づき，異なる目的物に対し，更に仮差押命令の申立てをすることができる」。その理由として，ある被保全権利に基づく仮差押命令が発せられた後であっても，異なる目的物についての強制執行を保全しないと完全な弁済が得られないとして仮差押命令の必要性が認められるときは，「既に発せられた仮差押命令の必要性とは異なる必要性」が存在する，としている。

　追加仮差押えを認めると，同一の被保全権利につき二重の仮差押解放金が債務者にかぶさることになるが，追加の仮差押命令を発するさいに，裁判所が仮差押解放金の額を定めたうえ，その供託は先行仮差押命令における仮差押解放金の供託によってもすることができる旨を付記すれば，二重に支払うことはなくなり，問題はない（北川裁判官の補足意見。法務局は，すでに，対応する供託上の取扱いを認めている）。

（4）　**仮差押命令**

（a）　仮差押命令は，決定でされる（⇨ **10 - 2**（4））。

（b）　**仮差押解放金**　　仮差押命令では，仮差押解放金の額を定めなければならない（民保22Ⅰ）。

①　仮差押解放金は，仮差押えの執行の停止を得るため，またはすでにした仮差押えの執行の取消しを得るために，債務者が供託すべき金銭である。被保全権利は金銭債権なので，仮差押えの目的物の代わりに債権者の満足に充てる金銭が供託されれば，仮差押物を解放して債務者の利益との調整を図るのである。

　解放金額の算定は，解放金の制度目的からすれば，被保全債権額

仮 差 押 決 定

　　当事者　　　別紙当事者目録記載のとおり

　　請求債権　　別紙請求債権目録記載のとおり

　上記当事者間の令和〇年(ヨ)第〇〇〇号不動産仮差押命令申立事件について，当裁判所は，債権者の申立てを相当と認め，債務者に
〇〇〇〇〇〇〇〇〇〇〇
の担保を立てさせて，次のとおり決定する。

　　　　　　　　　　　主　　　文

　債権者の債務者に対する上記債権の執行を保全するため，別紙物件目録記載の債務者所有の不動産は，仮に差し押さえる。

　債務者は，金〇〇〇〇円を供託するときは，この決定の執行の停止又はその執行処分の取消しを求めることができる。

　　令和〇年〇月〇〇日
　　　　　〇〇地方裁判所民事第〇部

　　　　　　　　　裁判官　　　　氏　　名　　　印

を基準とすべきであるが，解放金が仮差押目的物に代わるものであるならその価額を基準としてよい。不動産の仮差押えでは，目的物価額が被保全債権額を下回る場合には目的物価格を基準とし，目的物価格が被保全債権額を上回る場合には被保全債権額が基準とされ，債権の仮差押えでは仮差押債権額が基準とされるのが実際であろう（詳細につき，民保実務・上247頁以下）。

　② **手　続**　(i) 供託は，金銭に限る。有価証券や支払保証委託契約で代えることはできない（供託場所につき，民保22Ⅱ）。(ii) 解

放金を供託したことの証明があれば，保全執行裁判所は，執行着手前でも，仮差押えの執行を取り消す（民保51Ⅰ）。取消決定があった後に執行申立てがあった場合には，執行申立ては却下され，すでに仮差押えの執行が開始された後に執行取消決定があった場合には，執行が取り消されることになる。

③　仮差押えの効力は，解放金の供託後は債務者の供託金取戻請求権の上に移行する。

仮差押債権者は，本案の債務名義を得たうえで，この供託金取戻請求権に対する債権執行の差押えをすることができるが，二重差押えや配当要求で入ってくる一般債権者に対する優先弁済権はない。当初の仮差押目的物の上に仮差押えの執行がされていた状態と変わらないのである。仮差押命令の申立ての取下げや仮差押命令の取消し等により仮差押えが失効すれば，仮差押債務者は，保全執行裁判所の許可を得て，供託された解放金を取り戻すことができる。

④　**仮差押えによる消滅時効の完成猶予効**　仮差押えは，仮処分と同じく消滅時効の完成猶予の事由である（民149）。被保全権利の消滅時効の完成が仮差押命令の申立てによって猶予される。時効の更新の効力は認められない。平成29年債権法改正前の民法において，仮差押えによる時効の中断効は保全執行ないしこれに続く本執行の手続終了時まで継続すると解され，仮差押解放金の供託により仮差押執行が取り消された場合でもなお継続し（最判平成6・6・21民集48巻4号1101頁），仮差押えの被保全権利につき本案の勝訴判決が確定したときでも，仮差押えの保全執行の効力が存続する間は時効中断の効力は継続する（最判平成10・11・24民集52巻8号1737頁，執保百選〈3版〉95事件［松久三四彦］），というのが判例であった。改正後もこの解釈が維持されるとすれば，仮差押執行の取消しなどによりその効力が失われた時から6か月を経過するまで，時効の完成

猶予の効力が存続することになる。

11 - 2　仮差押えの執行

(1)　仮差押執行の方法

(a)　不動産仮差押えの執行には，(i) 仮差押えの登記をする方法，(ii) 強制管理をする方法，および(iii) この2つを併用する方法がある（民保47Ⅰ）。

仮差押えの登記をする方法によるのが普通であり，仮差押命令を発した裁判所が執行裁判所になる（民保47Ⅱ）。仮差押命令が発せられた場合には，裁判所書記官は，保全執行の申立て（申立書は不要。民保規31ただし書参照）がされたものとして，直ちに仮差押えの登記嘱託をし（民保47Ⅲ），仮差押えの登記に至る。

(b)　動産に対する仮差押えの執行は，執行官が目的物を占有する方法による（民保49Ⅰ）。

(c)　債権仮差押えの執行は，仮差押命令を発した裁判所が保全執行裁判所となり，第三債務者に対し債務者への弁済を禁止する命令を発する方法による（民保50Ⅰ・Ⅱ）。仮差押執行の申立ても仮差押命令の申立てに含まれるので（⇨ 10 - 4 (1)），債権仮差押命令の主文では，仮差押えの宣言とともに第三債務者に対する弁済禁止命令をも掲げるのが普通であり，仮差押命令が第三債務者に送達されたときに仮差押えの効力が生ずる（民保50Ⅴ，民執145Ⅲ・Ⅴ）。債権仮差押命令には，債務者に対する処分禁止の文言（民執145Ⅰとの対比）は入っていないが，仮差押えの効力には当然に債務者に対する処分禁止の効力も含まれ，第三債務者に対する陳述催告などの本執行規定も準用される（民保50Ⅴ）。

(2) 仮差押執行の効力

仮差押えの執行により，債務者は，目的財産についての処分を禁止され，これに違反してされた債務者の処分行為（譲渡，担保権・用益権の設定など）は，その当事者間では有効だが，仮差押債権者に対抗できず，この処分制限効は，仮差押えに基づく本執行の手続に参加したすべての債権者に及ぶ（手続相対効 ⇨ **4 - 3** (3)，**4 - 8** (2)(a)④ⓑ）。

(a) 債権者 G_1 の仮差押えの登記後に債務者 S が目的不動産に債権者 H のために抵当権を設定した場合，H の抵当権取得は，G_1 には対抗できない。しかし，H と S の間では，抵当権の設定は有効であるから，H は，S に対する抵当権の実行としての競売申立てをすることができ，競売開始決定があれば，G_1 の仮差押えにかかわらず競売手続は進行する（民執87 I ③参照）。

H の申立てによる競売手続の進行中に G_1 の仮差押えが本執行に移行しても（⇨ (3)），H の抵当権が直ちに消滅するわけではないので（民執59 II 参照），二重開始決定があったものとして，その処理（民執47）に従い，次のようになる。H の申立てによる競売手続で不動産が売却された場合，H が抵当権者として配当をうけることができるかどうかは，G_1 の仮差押えがどうなるかによる。G_1 が本案訴訟で敗訴しまたは G_1 の仮差押えが失効したとなれば，H は優先配当を受けることができるが，G_1 が本案訴訟で勝訴すれば，H は，配当に与ることができないのである（民執87 II・91 I ⑥）。

(b) 債権者 G_1 の仮差押えの執行があった後に M の借地権が設定され，その後に別の債権者 G_2 の競売申立てによる競売手続が進行し不動産が売却された場合，M の借地権は，どうなるか。

見解は分かれるが，売却のとき（売却許可決定確定時）までに G_1 の仮差押えの執行が取り消されない限り，M の借地権取得は売却

により確定的に効力を失うものと解するのが正当であり（中野＝下村〈改訂版〉411頁以下），実務の取扱いにもなっている。

　(c)　債権仮差押えの場合，仮差押債務者は，被仮差押債権につき取立て・譲渡等の処分はできないが，第三債務者に対して給付の訴えを提起・追行する権限を失うものではなく，無条件の給付判決を受けることもできる（最判昭和48・3・13民集27巻2号344頁，執保百選〈3版〉53事件［我妻学］。そうでないと，仮差押債務者は時効完成を阻止するための提訴もできないし，仮差押えが取り消されたときに仮差押債務者は再訴の負担を負うことになる，という）。

(3)　本執行への移行（移執行）

　(a)　仮差押えの執行後に仮差押債権者が債務名義を得て本執行（強制執行）をするとなれば，仮差押えの効力は本執行に引き継がれる。また，仮差押執行の結果をそのまま利用できるときには，それを利用して本執行が実施される。これが，移執行＝「本執行への移行」である。

　仮差押執行が音もなく自然に本執行に移るわけではない。債権者は，本執行の申立てをして，不動産執行ならば強制競売開始決定（民執45）を，債権執行なら債権差押命令（民執145）を得なければならない。動産執行では，仮差押執行のさいの執行官占有をそのまま本執行に利用できるけれども，実務では本執行の差押えであることを明確にするための標示が行われる。

　(b)　仮差押執行から本執行へ移行すれば，もとの仮差押えの効力はどうなるのか。

　基本的には，次の2つの考え方がある。仮差押えの効力は本執行の開始と同時に消滅する，との考え方（消滅説）と，仮差押えの効力は本執行の開始後においても存続する，との考え方（併存説）が対立する。学説上は，かつて支配的であった消滅説から，併存説へ

の顕著な推移がみられる。両説の差異を，次の事例により検討して
みてほしい。

ケース30 Gは，Sに対する貸金債権を被保全権利として，SがDに
対して有する売買代金債権の仮差押命令を申し立て，仮差押命令がD
に送達された。やがて，Gは，その貸金債権について債務名義を取得
したので，仮差押えの執行をしてあったSの売買代金債権の差押えを
申し立て，差押命令がDに送達された。仮差押えの執行が本執行に移
行したわけであり，これで仮差押えは済んだと思ったGは，仮差押命
令を得るときに立てた担保の取消決定を得るために，仮差押命令の申立
ておよびその執行申立てを取り下げた。ところが，Dは，Gの仮差押
えの執行から本執行までの間に，Sに対して負担していた売買代金債
務の全額を弁済してしまっていたのである。その売買代金債権について
GがDを被告として提起した取立訴訟において，Dは，この弁済の事
実を抗弁として主張している。

（参考　最判平成14・6・7判時1795号108頁，執保百選〈3版〉96事件
［杉本和士］，判評534号23頁［山本和彦］以下）

ケース30 と同様の事案につき，最高裁は，併存説をとり，次のよ
うに明確な判示を与えた。仮差押命令の送達を受けた第三債務者に
対する弁済禁止効は，「仮差押命令およびその執行により生ずるも
のであって，仮差押えが存続する限り存続し，仮差押えが消滅すれ
ば消滅する。そして，このことは本執行が開始された後も変わらな
い」。「したがって，債権の仮差押え後，本執行による差押えの効力
が生ずるまでの間に第三債務者が被差押債権を弁済した場合におい
て，債権者が仮差押えを取り下げたときは，仮差押えによって第三
債務者につき生じていた弁済禁止の効力はさかのぼって消滅し（民
保7，民訴262 I），第三債務者は，被差押債権の弁済をもって債権
者に対抗することができることになる」（前記最判平成14・6・7）。

これにより，本執行に移行した後に仮差押えの申立てを取り下げようとする債権者は，仮差押えの執行をした後で本執行に移行する前に被差押債権の弁済等の処分がされていないかどうかを事前に確認しておかなければならないことになる。

　なお，ケース30のような事例で，債権者が本執行への移行後に仮差押えの申立てを取り下げるのは，仮差押えのために担保として積んだ資金を本執行の完結まで寝かせておくのが惜しいためであり，担保の取消し（⇨ **10** ‐ **2**(5)(d)）が目的なのである。本執行移行後の仮差押えの申立ての取下げが許されないとする理由は特にない。

12 係争物仮処分

係争物に関する仮処分（係争物仮処分）は，非金銭債権についての将来の強制執行が妨げなく行われるように，仮に係争物の占有状態や権利状態の変更を禁止しておく仮処分である。占有移転禁止仮処分と処分禁止仮処分とがある。

12 - 1 占有移転禁止仮処分

⑴　どんな仮処分か

⒜　占有移転禁止仮処分は，物の引渡・明渡請求権についての将来の強制執行が妨げなく行われるように目的物の占有状態を維持する保全処分である。

　Xの所有する賃貸マンションに居住するYが賃貸借の終了後も居座って動かない。そのような場合に，XはYを被告として明渡請求の訴えを提起し，明渡しの判決あるいは訴訟上の和解を得れば，その債務名義に基づいて強制執行によりYを追い出すことができる（⇨ **8 - 2**⑴⒞）。しかし，訴訟をやってる間（口頭弁論の終結前）に居住者がYからZに入れ替わると，Xは，Zに訴訟引受け（民訴50）をさせるなどしてZに対する債務名義を得ないかぎり，明渡しは実現できず，かといってYからの承継をいつも見張っているわけにはいかない。そこで，XがYに対する占有移転禁止仮処分をしておけば，その効果は大きい。居住者がYからZに入れ替わっても，Xは，そのままYを相手に訴訟を続けることができ，Yに

対する債務名義を得れば，Y に対する債務名義に Z に対する承継執行文の付与を受けて，それをもって，Z に対する債務名義を新たに取得することなしに明渡執行ができる（⇨ (3)(b)②）。

　このような当事者の入替りを防ぐための係争物に関する「**当事者の恒定**」が，占有移転禁止仮処分の目的なのである。

　(b)　**類　型**　　占有移転禁止仮処分には，仮処分命令が指示する占有保管の態様に応じて，次の 3 類型がある。

　①　**基本型＝債務者使用型**　　債務者に対して目的物件の占有状態の変更を禁止し，執行官への引渡しを命ずるとともに，執行官に対して，同物件を保管し，債務者に目的物件の使用を許すよう命じ，占有移転の禁止および執行官の保管中であることを公示する。執行官保管により強制執行の邪魔になる第三者の出現を防ぐとともに債務者の使用継続を許して，当事者双方の利益を調整しているわけである。

〔M21〕　占有移転禁止仮処分命令（基本型）の主文例

　債務者は，別紙物件目録記載の物件に対する占有を他人に移転し，又は占有名義を変更してはならない。
　債務者は，上記物件の占有を解いて，これを執行官に引き渡さなければならない。
　執行官は，上記物件を保管しなければならない。
　執行官は，債務者に上記物件の使用を許さなければならない。
　執行官は，債務者が上記物件の占有の移転又は占有名義の変更を禁止されていること及び執行官が上記物件を保管していることを公示しなければならない。

　この主文例では，債務者は物件を「執行官に引き渡さなければならない」とあるが，債務者の使用が許されているので，実際に執行官が行うのは「占有移転禁止・執行官保管の公示」である。その公

示としては，次のような記載をした木製またはプラスチック製の公示板をパウチフィルムで密封したものを木杭や外壁等に固定するというような方法がとられる（民保規44。条解民保規226頁以下参照）。

　「標記の事件について，△△地方裁判所がした仮処分決定に基づき，次の通り公示する。
　1　債務者は，下記の不動産の占有を他人に移転し，又は占有名義を変更することを禁止されている。
　2　当職は，令和○年○月○○日下記の不動産の債務者の占有を解いて，これを保管中である。
　ただし，債務者に限り，使用を許した。
　（注意）　下記の不動産の処分，公示書の損壊等をした者は，刑罰に処せられる。
　　令和○年○月○○日
　　　　　　　　　　　　　　　　　△△地方裁判所執行官　　S　　」

　② **執行官保管型**　　目的物件が美術品や貴金属などの動産であれば，債務者の手元にそのまま置いておくと，債務者からの売却・引渡しによって第三者が即時取得（民192）する可能性もあるので，仮処分の内容も，債務者から引渡しを受けた執行官が現実に保管する型による。執行官は専門の保管業者などに委託することになる。
　③ **債権者使用型**　　目的物件が自動車などであれば，ただ保管しているだけだと，時間の経過により価値が大幅に下がったり，保管の費用も相当にかかってくる。所有権留保付ローン販売の車で高額のローンが残っているような場合もある。そのような場合には，債務者に使用させるのではなく，執行官が債務者から引渡しを受けて保管する「目的物件の使用を債権者に許さなければならない」と命ずるかたちで発令する。命令を公示させることは同じである。実質的には満足的仮処分（⇨ **13－1**(1)(a)）に近い効果をもつので，き

わめて例外的なものであり，要件の厳格な疎明が必要とされる。

(2)　保全要件と保全手続

(a)　被保全権利　　物の引渡し・明渡しを請求する権利でなければならないが，それで足りる。物権的請求権であると債権的請求権であるとをとわない（所有権・占有権・地上権等に基づく引渡請求権，賃借権による引渡請求権，賃貸借の終了による原状回復としての引渡請求権など）。抵当権に基づく妨害排除のための明渡請求権も被保全権利となりうるが（最判平成17・3・10民集59巻2号356頁参照），実際上は，抵当権実行のための競売における売却保全処分（民執55・55の2・187）のほうがより簡便かつ適切として利用されよう。

(b)　保全の必要性　　占有移転禁止仮処分は，(i) 係争物の現状の変更により，債権者が権利を実行できなくなるおそれがあるとき，または，(ii) 係争物の現状の変更により，債権者が権利を実行するのに著しい困難を生ずるおそれがあるときに限り，発令できる（民保23 I）。いずれも「おそれがある」だけで十分なのであるが，主観的な危惧では足らず，客観的な事情によって基礎づけられなければならない。

(c)　仮処分命令　　保全命令手続については，すでに述べた（⇨ **10 - 2**）。以下の特則を付け加えておこう。

①　仮処分解放金　　仮処分でも，仮処分命令において解放金を定めることができる。

しかし，仮差押解放金（⇨ **11 - 1** (4)(b)）と異なり，場合が限られる（民保25）。(i) 仮処分解放金を定めることができるのは，「保全すべき権利」が「金銭の支払を受けることをもってその行使の目的を達することができるもの」であるときに限る（民保25 I）。(ii) 仮処分の被保全権利となっているのは非金銭債権であるが，その基礎に金銭債権があって，その金銭の支払を受ければ被保全権利を行使し

たのと同じ結果が得られる，という場合でなければならない。自動車を所有権留保付きで売却したが割賦代金の不払いにより売買契約を解除した売主がその自動車引渡請求権を保全するために申し立てた占有移転禁止仮処分，あるいは，悪意の受益者に対し詐害行為の取消しと譲渡不動産の返還を請求する債権者が申し立てた処分禁止仮処分（民保65に注意）などが，その例である。

解放金の性質・供託・権利行使の方法等については，おおむね，仮差押解放金（⇨ **11 - 1** (4)(b)）に準ずる。

② **占有者未特定仮処分**　仮処分命令は債務者を特定して発しなければならず，占有移転禁止仮処分では，係争物の直接占有者を債務者としなければならない。これが原則である。しかし，債権者にとっては，調査しても係争物の占有状態を確認できない場合が少なくなく，延々と時日を費やして保全の機を失し，徒らに不法占有者を利することにもなる。そこで，平成15年の民事保全法改正により，占有者未特定のままの発令が認められた。係争物が不動産である場合には，「その執行前に債務者を特定することを困難とする特別の事情があるとき」は，裁判所は債務者を特定しないままで所定の占有移転禁止仮処分を発することができる（民保25の2Ⅰ）。

この仮処分命令は，その不動産の占有を解くさいに至っても占有者を特定できない場合には執行できず（民保54の2），執行がされたときは，その執行によって占有を解かれた者が，債務者に決まる（民保25の2Ⅱ）。債務者として不服申立ての機会が与えられるので，当初から債務者を特定して発令した場合と同様の手続保障が確保されるわけである。

(d) **仮処分の執行**　占有移転禁止仮処分の執行は，強制執行の例による（民保52Ⅰ）。基本型（⇨〔M21〕）の主文第2項「債務者は，上記物件の占有を解いて，これを執行官に引き渡さなければならな

い」については，それが債務名義とみなされ（民保52Ⅱ），強制執行
の規定（民執168・169）を準用して執行することになる。基本型で
は債務者に使用を許すので，執行は観念的なものとなるが，それは，
執行官が債務者の占有を解いて引渡しを受けた物を再び債務者に渡
して使用させるという手続を省略しているにすぎず，執行が行われ
ていないわけではない。

(3) 占有移転禁止仮処分の効力

(a) 効力は，係争物に関する手続上の当事者恒定に尽きる。係争
物の客観的な現状変更を禁止する効力はない（⇨(c)）。

当事者恒定のもつ意味は，２つある。

① 仮処分債務者を被告とする本案訴訟において，占有移転禁止
仮処分の執行後に目的物の占有が第三者に移転された事実が明らか
になった場合でも，仮処分債権者は，被告を変えないままで訴訟を
追行し，請求認容の判決が受けられる。

「占有移転禁止の仮処分決定は，仮処分債務者が不動産の占有を
他に移転することを禁止し，もって本案訴訟の確定判決に基づく当
該不動産の引渡または明渡の執行を保全するものであるから，右仮
処分決定に基づく執行を受けた仮処分債務者が，右決定に違反して
第三者に当該不動産の占有を移転しても，仮処分債務者は，仮処分
債権者に対してその占有喪失を主張することは許されないものとい
うべく，したがって，仮処分債権者は，仮処分債務者の占有喪失に
つきなんら顧慮することなく，右仮処分債務者を被告としたままで，
本案訴訟を追行することができる」のである（最判昭和46・1・21民
集25巻1号25頁，執保百選〈3版〉100事件［畑瑞穂］）。

② 占有移転禁止仮処分の執行後に係争物を占有した者（その範
囲につき ⇨(b)①）に対しては，仮処分債権者は，仮処分債務者に対
する本案の債務名義に基づいて，係争物の引渡し・明渡しの強制執

行ができる（民保62 I）。

　(b)　占有移転禁止仮処分の執行後に係争物を占有するに至った第三者に対して，本案の債務名義に基づく強制執行は，どのように行うのか。

　①　仮処分債権者が仮処分債務者に対して得た本案の債務名義の執行力は，(i) 占有移転禁止仮処分の執行がされたことを知って係争物を占有した者（民保62 I ①），および，(ii) 占有移転禁止仮処分の執行後にその執行がされたことを知らないで仮処分債務者から係争物の占有を承継した者（民保62 I ②）に及ぶ。つまり，仮処分債務者から占有を承継した者であれば仮処分の執行につき善意・悪意をとわず執行力が及び，非承継の占有者であれば悪意で入った者だけに執行力が及ぶわけである。(iii) 仮処分の執行後にそれを知らないで，仮処分債務者からの承継でなしに係争物を占有した者には，執行力は及ばない。しかし，仮処分の執行につき執行官占有の公示もあるのに知らなかったとは簡単にはいわせない。法律上，仮処分の執行がされたことを知って占有したものと推定される（民保62 II。証明責任の転換）。

　仮処分の執行後に入ったのなら，だいたい，仮処分債権者は本案の債務名義に承継執行文の付与を受けて追い出せるはず，という寸法である。

　上に述べたところは，次の図ではどうなるか，自分で確認しておこう。

| X→Y | X→Y | Y→Z₁ | Z₂ | X-Y | X→Z₁・Z₂ |
| 明渡請求の訴え | 占有移転禁止
仮処分の執行 | 占有承継 | 悪意立入占有 | X勝訴判決確定 | 明渡執行 |

　②　仮処分債権者は，仮処分債務者に対して得た本案の債務名義

に，これらの占有者に対する承継執行文の付与（民執26・27Ⅱ）を受けることができ，強制執行は承継執行文の付された債務名義の正本（執行正本）に基づいて実施される（民執25本文）。

占有者のための手続保障につき，明文がある。これらの占有者に対する執行文が付与されたときは，その占有者は，執行文付与に対する異議の申立て（民保46，民執32）において，債権者に対抗できる権原により占有していること，または，仮処分の執行がされたことを知らず，かつ，債務者の占有の承継人でもないことを理由とすることができる（民保63）。これらの理由は執行文付与に対する異議の訴え（民執34）でも主張できるが，より簡便な執行文付与に関する異議の申立て（民執32）によって迅速な救済を与える趣旨である。

(c) 占有移転禁止の仮処分命令には，係争物の客観的な現状変更の禁止を含まない。

占有移転禁止仮処分の執行後に仮処分債務者が係争物である建物に増改築を加えあるいは損壊する等の現状変更があっても，被保全権利である物の引渡・明渡請求権については，その執行が妨げられるわけでなく，仮処分命令としても，そのような現状変更を禁止する内容をもっていない。もし，その必要があるという場合には，債権者としては，新たに増改築禁止・工事続行禁止・損壊禁止等の仮地位仮処分を申し立てるべきである。

12‑2 処分禁止仮処分

(1) どんな仮処分か

(a) 処分禁止仮処分は，特定物に関する給付請求権についての将来の強制執行が妨げなく行われるように債務者の処分を禁止する保全処分である。

Ｘ が Ｙ の所有する建物を買い受けて代金を支払い，引渡しも受けたが，Ｙ は所有権移転登記の手続をしてくれない。そのような場合には，Ｘ は，Ｙ を被告として移転登記手続請求の訴えを提起し，勝訴の確定判決を得れば，判決確定時に Ｙ がその登記申請をしたものとみなされ（民執177Ⅰ本文），Ｘ は，この確定判決の正本なり謄本をもって登記所へ行き，単独で Ｙ から Ｘ への所有権移転登記をすることができる（不登63 ⇨ **8 - 6**(1)(a)）。しかし，訴訟をやってる間に Ｙ が Ｚ にその建物を譲渡して Ｙ から Ｚ への所有権移転登記がされると，Ｘ は，その所有権取得を Ｚ に対抗することができない（民177）。Ｙ に対する勝訴の確定判決を得ても，Ｚ の承諾（不登68）を得るか，あるいは Ｚ に対する抹消登記手続請求の訴えを提起して勝訴の確定判決を得ないと，Ｚ の登記を抹消することはできないのである。

　ところが，Ｚ の登記がされる前に Ｘ が Ｙ に対してその建物の処分を禁止する仮処分をしておけば，Ｙ に対する勝訴の確定判決を得た Ｘ は，それに基づく登記を申請するさいに，仮処分による処分禁止登記に後れる Ｚ の登記の抹消を単独で申請することができ（民保58Ⅰ・Ⅱ，不登111），自分の所有権を確保できる。

　処分禁止仮処分は，不動産の登記請求権の執行保全を主とする。

　(b) **類　型**　処分禁止仮処分には，３つのタイプがある。

　① **基本型**　「不動産」に関する「登記請求権」を保全するために債務者の処分を禁止する仮処分であり，その執行は「処分禁止の登記」だけによるもの（民保53Ⅰ）が，基本型である（主文例および登記として ⇨〔M22〕Ａ，〔M23〕）。

　「不動産」は，未登記の不動産を含むが，「登記請求権」は，仮登記請求権を含まない（⇨ (2)(a)②）。

　「不動産に関する権利以外の権利」でその処分の制限につき登

記・登録を対抗要件または効力発生要件とするもの（自動車・建設機械の所有権・抵当権，特許権・商標権・著作権など）についての登記・登録を請求する権利を保全するための処分禁止仮処分にも，同じ規定が準用される（民保54・61）。

② **仮登記併用型**　不動産に関する，所有権以外の権利の「保存・設定・変更」についての登記請求権の保全のために債務者の処分を禁止する仮処分で（主文例として ⇨〔M22〕B），その執行が「処分禁止の登記」プラス「保全仮登記」によるもの（民保53Ⅱ）である。

　債務者の所有不動産を一番抵当にとって金を貸したが抵当権設定の登記手続に応じてくれないというような場合には，登記手続請求の訴えを提起して判決が確定するまでの間に債務者がその不動産を手放しても抵当権設定登記ができるようにしておく必要があり，他の債権者が優先順位の抵当権設定登記をとってしまわないようにしておく必要がある。そんな場合に，この併用型が利用される。(i) 抵当権の設定登記請求権保全の仮処分であれば，登記記録の権利部の甲区欄に処分禁止登記をするとともに，乙区欄に抵当権設定の仮登記をしておいて，その登記順位を保全することになる。(ii) この仮処分債権者が抵当権の設定登記を命ずる本案判決を得た場合には，仮処分の処分禁止登記に後れてされた第三者の抵当権設定登記を抹消しないままで，保全仮登記に基づいて先順位で抵当権設定の本登記をすることができる（民保58Ⅲ）。要するに，(i)の処分禁止登記により当事者恒定を確保し，(ii)の保全仮登記によって順位保全を確保する，という組合せなのである。

③ **収去保全型**　建物収去土地明渡請求権の保全のために，収去されるべき地上建物の処分を禁止する仮処分であり（主文例として ⇨〔M22〕C），その執行は「処分禁止の登記」による（民保55Ⅰ）。

　この仮処分は，機能的には土地の占有移転禁止仮処分の1つの形

[M22] 処分禁止仮処分命令の主文例

A 基本型

債務者は，別紙物件目録記載の不動産について，譲渡並びに質権，抵当権及び賃借権の設定その他一切の処分をしてはならない。

B 仮登記併用型

（「別紙物件目録記載の不動産について，債権者の債務者に対する別紙登記目録記載の登記の請求権を保全するため，次のとおり決定する」との前文（民保規22Ⅰ参照）に続く主文として）

債務者は，上記不動産について，譲渡並びに質権，抵当権及び賃借権の設定その他一切の処分をしてはならない。

C 収去保全型

（「債権者の債務者に対する別紙物件目録記載の建物の収去及びその敷地の明渡しの請求権を保全するため，次のとおり決定する」との前文（民保規22Ⅲ参照）に続く主文として）

債務者は，上記建物について，譲渡並びに質権，抵当権及び賃借権の設定その他一切の処分をしてはならない。

債務者は，上記建物に対する占有を他人に移転し，又は占有名義を変更してはならない。

債務者は，上記建物の占有を解いて，これを執行官に引き渡さなければならない。

執行官は，上記建物を保管しなければならない。

執行官は，債務者に上記建物の使用を許さなければならない。

執行官は，債務者が上記物件の占有の移転又は占有名義の変更を禁止されていること及び執行官が上記物件を保管していることを公示しなければならない。

[M23] 処分禁止仮処分（基本型）の登記

権利部（甲区）（所有権に関する事項）			
順位番号	登記の目的	受付年月日・受付番号	権利者その他の事項
1	所有権保存	平成○年○月○日第○○○号	所有者　住所　　　　　A
2	処分禁止仮処分	令和○年○月○日第○○○号	原因　令和○年○月○日東京地方裁判所仮処分命令債権者　住所　　　　　甲銀行

態といってよい。土地の所有者がその土地に建物を建てて土地を占有している者を被告として建物収去土地明渡請求の訴えを提起する場合に、債務者が地上の建物を処分して建物所有による土地占有者が変わると収去明渡執行ができなくなってしまうので、土地占有者を恒定するために、収去する建物の処分禁止が必要となる。この目的のために認められているのが収去保全型の仮処分である。

仮処分債権者が本案の債務名義を得た場合には、処分禁止登記がされた後に建物を譲り受けた者に対しても、建物の収去およびその敷地の明渡しの強制執行をすることができる（民保64）。

なお、収去する建物を賃借人等の第三者が占有している場合には、その占有者に対する建物退去土地明渡請求権を被保全権利として占有移転禁止仮処分をしておく必要があることを付け加えておこう。

(2) 保全要件と保全手続

(a) **被保全権利**　処分禁止仮処分一般としては、被保全権利は特定物に関する給付請求権であり、物権的請求権でも債権的請求権でもよく、必ずしも第三者に対して対抗力を有するものでなくてもよい。被保全権利とされる主要な権利として、所有権に基づく抹消登記請求権、売買等の契約に基づく債権的請求権としての移転登記請求権、共有物分割請求権、財産分与請求権、詐害行為取消権、賃借権に基づく引渡請求権等が挙げられる。

①　基本型の被保全権利である「登記請求権」（民保53 I）は、不動産登記法2条1号・3条に定める範囲に及ぶが、本登記請求権に限られる。仮登記請求権は含まれない（民保53 I かっこ書。なお、不登108・109参照）。

②　仮登記併用型の処分禁止仮処分では、被保全権利は、権利の「保存、設定、変更」に関する登記請求権だけであって、権利の「移転、処分の制限、消滅」に関する登記請求権は、含まれない。

抵当権設定登記請求権の保全のための仮処分では，権利の順位を保全しておけば足りるので仮登記併用型によるが，抵当権移転登記請求権の保全のための仮処分では，権利の処分自体を禁止しておかなければならないので，基本型によらなければならない。

③　収去保全型の処分禁止仮処分では，被保全権利は，建物収去土地明渡請求権である。

(b)　**保全の必要性**　　債権者の権利の実現が，債務者による譲渡，他物権の設定等の行為によって不能あるいは著しく困難となる「おそれ」があれば足りる（民保23Ⅰ）。登記請求権の保全であれば，債権者の側では義務の全部または大部分を履行しているのに債務者がなかなか登記義務を履行してくれないとか，債務者が目的物件の売却を不動産業者に依頼しているという事情がある場合が，その例である。また，建物収去土地明渡請求権を保全するための処分禁止の仮処分であれば，建物の所有の移転のおそれがある場合に認められる。

(c)　仮処分命令の手続については ⇨ **10‐2**，**12‐1**(2)(c)。

(d)　処分禁止仮処分の執行方法は，被保全権利の種類によって異なるが，特則のあるもの（被保全権利が登記請求権である場合の執行につき ⇨ (1)(b)）のほかは，仮差押えの執行または強制執行の例による（民保52Ⅰ）。物の給付その他の作為・不作為を命ずる仮処分の執行については，仮処分命令が債務名義とみなされる（民保52Ⅱ）。しかし，仮処分命令に対する請求異議の訴え（民執35）が許されるわけではない（民保46参照）。被保全権利の存在につき異議があれば債務者は保全異議（民保26）を申し立てることができ，請求異議の訴えの利益がないからである。

(3)　処分禁止仮処分の効力

登記請求権を保全するための処分禁止仮処分の登記後にされた登

記に係る権利の取得または処分の制限は，この「仮処分の債権者が保全すべき登記請求権に係る登記をする場合」には，その登記と「抵触する限度において」，その債権者に対抗できない（民保58 I）。

いくつかの問題がある。次の事例を踏まえながら考えてみよう。

> **ケース31** Xは，Yが所有する土地を買い受けたが，所有権移転登記をしていなかった。数年を経過した後，Xは，Yを相手方として，本件土地につきこの売買契約を理由として所有権移転登記請求権を保全するため処分禁止の仮処分決定を得て，その旨の登記を了した。ところが，その後，YがZに本件土地を売却して，YからZへの所有権移転登記がされた。Xは，YおよびZを被告として訴えを提起し，Yに対しては前記売買を原因とする所有権移転登記手続を求め，Zに対してはその得た登記の抹消登記手続を求めた。

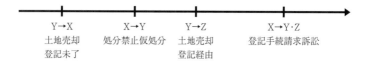

Y→X	X→Y	Y→Z	X→Y・Z
土地売却	処分禁止仮処分	土地売却	登記手続請求訴訟
登記未了		登記経由	

（a）　被保全権利には，対抗要件の具備は要らないのか。

仮処分債権者Xの得た処分禁止仮処分の被保全権利は，売買によって取得した所有権または売買契約に基づくYに対する所有権移転登記請求権である。実体法上は，Xは，まだ所有権移転登記を得ていないので，その所有権をZに対抗できない。しかし，処分禁止仮処分は，その処分禁止にかかわらず目的不動産に権利を取得した第三者が，その権利取得をもって仮処分債権者の被保全権利の実現に対抗することを禁ずるものであり，その仮処分の執行方法として処分禁止の登記による公示がされているのである。処分禁止仮処分の効力として処分禁止登記後に登記された抵触処分の対抗力を否定することができる。それは，処分禁止の相対効と矛盾するも

のではない。

(b) 仮処分債権者が「保全すべき登記請求権に係る登記をする場合」とは，被保全権利とされた登記請求権がそのまま実現される場合に限るのか。

本案訴訟の訴訟物が仮処分命令手続において被保全権利とされた権利と必ずしも同一である必要はなく，請求の基礎が同一であればよい，というのが保全異議や起訴命令等に関して一般に説かれるところである（⇨**10‑3**(2)(b)・(3)(b)）。仮処分の効力にについても，同じように，請求の基礎が同一ならば，被保全権利の「流用」が認められるのであろうか。

ケース31 の事例で，X・Y 間の土地売買契約は無効であるが，Y から Z への転売前に X の所有権取得時効が完成していたと認められる場合につき，仮処分は「売買に基づく所有権移転登記手続請求権を被保全権利とする処分禁止の効力を有しない」が「取得時効の完成時以降は，時効取得に基づく所有権移転登記手続請求権を被保全権利とする処分禁止の効力を有する」と判示した旧法当時の最高裁判例がある（最判昭和59・9・20民集38巻9号1073頁，執保百選〈3版〉99事件［三木浩一］。学説上の議論につき，高橋宏志「処分禁止仮処分の効力の客観的範囲」竹下守夫先生古稀祝賀・権利実現過程の基本構造〔有斐閣，2002年〕451頁以下参照）。

(c) 「抵触する限度において」仮処分債権者に対抗できないというのは，どういう意味か。

処分禁止登記に後れてされた登記でも，処分禁止登記に係る権利の取得・消滅と「抵触」しなければ仮処分債権者に対抗できる，ということである。処分禁止仮処分の効力を適正・妥当な範囲に留め，過大な効力を与えない趣旨にほかならない。

① 所有権移転登記請求権を被保全権利とする処分禁止仮処分の

登記後にされた所有権移転登記・抵当権設定登記は，処分禁止登記と抵触する。しかし，これらの登記が，仮処分の登記より前にされていた仮登記に基づく本登記である場合には，その本登記は処分禁止登記と抵触しない。

②　所有権移転登記請求権を被保全権利とする処分禁止仮処分の登記前にされた抵当権設定登記がある場合，その抵当権の移転登記や抵当権に基づく差押えの登記が処分禁止仮処分の登記後にされても，処分禁止登記と抵触しない。

(d)　抵触登記の抹消　　仮処分債権者（基本型）が保全された登記請求権に係る登記をする場合には，処分禁止登記に後れてされた抵触登記を抹消することができる（民保58Ⅱ，不登111Ⅰ）。抵触登記を抹消するさいには，仮処分債権者は，あらかじめ，その登記の権利者に対して，抹消する旨を通知しなければならない（民保59）。この通知の義務づけは，不当に登記を抹消された者が速やかに登記の回復を図ることができるようにしたのである。

13 仮地位仮処分

13‑1 どんな仮処分か

　仮地位仮処分（仮の地位を定める仮処分）は，権利関係に争いがあって現在すでに債権者に著しい損害や危険が生じており，やがて将来に本案訴訟で勝っても債権者の権利が満足されなくなってしまう事態を防ぐために，その間の暫定的な状態を形成・維持しておく仮処分である。

⑴　いくつかの**類型**

　「仮の地位を定める仮処分命令は，争いがある権利関係について債権者に生ずる著しい損害又は急迫の危険を避けるためにこれを必要とするときに発することができる」（民保23Ⅱ）。

　仮地位仮処分は，仮差押えや係争物仮処分とは違って将来の強制執行の保全を目的とするのではなく，現在迫りつつある損害・危険に対する保全を目的とする。

　仮地位仮処分は，定型的でない。仮差押えは金銭債権の保全，係争物仮処分は特定の係争物の処分禁止として，いずれも定型的な内容をもっているのに対して，仮地位仮処分では，「争いがある権利関係」について債権者に迫りつつある損害や危険には種々さまざまな場合があるので，債権者の必要に応じて発令される仮処分命令の内容も多様であり，それに応じて執行方法も違ってくる。仮地位仮処分には，被保全権利につきダイレクトに満足を受けさせるところ

までいく仮処分（満足的仮処分あるいは断行仮処分とよぶ）もある。

　よく利用されるいくつかの類型を掲げておこう（なお ⇨ **13-2**
(2)(b)）。

　(a)　**不動産明渡断行の仮処分**　　所有不動産を何の権限もなく占
有されて返還を受けることができず，その不動産を占有・使用でき
ないために著しい損害が生じている場合などに利用される仮処分で
ある。仮処分命令の主文例は，「債務者は，債権者に対し，この決
定送達の日から○○日以内に別紙物件目録記載の建物を仮に明け渡
せ」等となる。その執行については，仮処分命令を債務名義として，
執行官が債務者の不動産に対する占有を解いて債権者に占有を得さ
せるが，間接強制の方法によることもできる（民保52Ⅱ，民執173・
168・168の2）。

　(b)　**建築禁止の仮処分**　　隣接地に日照保護の規定（建築基準法
56の2）に著しく違反する建築物が建築されようとしており，建築
が進むとその撤去を求めるにも多大の困難が生ずるような場合など
に利用される。仮処分命令の主文例は，「債務者は，別紙物件目録
第1記載の土地に同目録第2記載のの建物を建築（あるいは「建築工
事を続行」）してはならない」等となる。不作為を命ずる仮処分であ
り，その執行については，仮処分命令を債務名義として不作為の強
制執行の例により代替執行または間接強制の手続によることができ
る（民保52Ⅱ，民執171～173）。

　(c)　**出版等禁止の仮処分**　　名誉やプライバシー等を侵害するよ
うな書籍や文書の出版・頒布がされてしまうと回復できない重大な
損害が生ずる場合などに利用される。仮処分命令の主文例は，「債
務者は，別紙物件目録記載の書籍を出版，販売，頒布してはならな
い」，「債務者らが占有する前項記載の書籍に対する占有を解き，○
○地方裁判所の執行官に保管を命ずる」等となる。禁止の執行につ

いては，仮処分命令を債務名義として強制執行の例により間接強制の手続によることができる（民保52Ⅱ，民執172）。

(d) **賃金等の仮払仮処分**　解雇を告知された労働者が解雇の無効等を主張して給与相当の金員の支払を求める場合や交通事故によって収入の途を絶たれ生活に困窮する被害者が加害者に対して損害金の支払を求める場合などに利用される。仮処分命令の主文例は，「債務者は，債権者に対し，金○○万円を仮に支払え」等となり，この仮処分の執行については仮処分命令を債務名義として金銭執行の手続によることができる（民保52Ⅱ，民執43〜167）。

(e) **競売手続停止の仮処分**　不動産に対する抵当権の実行として競売申立てがされ，またはされようとしているのに対し，その不動産の所有者が抵当権または被担保債権の不存在等を主張して抵当権実行の禁止あるいは競売手続の停止を求める場合などに利用される。仮処分命令の主文例は，「債務者は別紙物件目録記載の不動産について別紙抵当権目録記載の抵当権の実行をしてはならない」，あるいは，「債務者の申立てによる別紙物件目録記載の不動産に対する○○地方裁判所令和○年（ケ）第○○号不動産競売手続は停止する」等となる。強制執行ならば請求異議の訴えを提起して執行停止等の仮の処分（民執36）をとるところを，債務名義がない担保執行では，仮地位仮処分によるわけである（民執183Ⅰ⑥⑦）。

(2) **本案代替化**

旧法当時には，保全手続に口頭弁論や判決が入り込んでいたため「仮処分の本案化」を生じ，民事保全法は，オール決定主義をとって保全手続の迅速化を図り，終局的な解決は本案訴訟にまつという方策をとった（⇨ **10-1**(2)(c)・(4)）。このような改正が行われた現在でも，仮地位仮処分，とくに満足的仮処分については，仮の措置にとどまるはずの保全手続であるにもかかわらず，事実上，終局的

な解決に至るという現象が見られる。そこでは，本案訴訟において勝訴判決が得られたのと同様の結果が仮処分債権者に与えられ，それでも仮処分命令に対して不服（保全異議・保全抗告）が申し立てられることは実際には少なく，また本案訴訟が提起されることもないまま，保全手続の終結とともに紛争は一件落着となって終わる場合が多い（**仮処分の本案代替化**）。

この現象をどう受けとめるか。

この現象にはそれなりの必然性と合理性があると認め，それに対応する手続処理を実務的・理論的に育てあげていこうとする動きがめざましい（瀬木・保全法〈新訂第2版〉39頁以下参照）。紛争の類型や性質・内容によっては，本案訴訟では十分な救済が与えられない場合があり，あるいは切迫した救済の必要があって仮処分による迅速な解決が求められている場合がある。そのような場合に，満足的仮処分の命令手続において，その審理が行われている間に紛争解決の素地が形成され，仮処分命令に示された裁判所の法的判断が当事者間の紛争処理に決定的な影響を及ぼし，そのまま本案訴訟の提起あるいは確定判決に至らなくても紛争が終息に向かう結果となるならば，そこでは，満足的仮処分が本案訴訟に代わって現実に紛争解決機能を果たしているのである。もちろん，本案代替化に対応する手続処理の方式には，その適用範囲の限定や債務者のための手続保障等の問題があるけれども，いずれにせよ，「主張の交換と証拠調べを行い紛争を解決する最初の場所が必ず通常の民事訴訟でなければならない必然性はない」（瀬木・保全法〈新訂第2版〉46頁）のである。今後の展開に期待したい。

13‑2　保全要件と保全手続

⑴　保全要件

⑶　仮地位仮処分の**被保全権利**は，「争いがある権利関係」（民保
23Ⅱ）である。

　係争物仮処分の被保全権利が「権利」（民保23Ⅰ）とされるのと区
別して，権利といえない法律関係をも広く含めて「権利関係」と規
定したのである。財産関係・身分関係をとわず，物権・債権をとわ
ず，条件付・期限付債権（民保23Ⅲ・20Ⅱ）でもよい。争いがある権
利関係というのは，権利関係について争いがあり，その争いがまだ
確定判決等によって確定されていない状態にあることをいう。多様
な被保全権利の内容に応じて，本案訴訟は，給付訴訟・確認訴訟・
形成訴訟のいずれでもありうる。

⑷　**保全の必要性**は，争いがある権利関係について債権者に生ず
る「著しい損害又は急迫の危険」を避けるために仮地位仮処分を必
要とすること（民保23Ⅱ），である。将来の強制執行が不能あるいは
困難になるというのではない。

　今の現状のまま本案判決の確定まで待たせるのでは，債権者に甚
だ酷な不利益や苦痛を与え，重大な損害（直接・間接の財産的損害に
限らず，名誉・信用その他精神上のものでもよい）が生じ，あるいは，
取り返しのつかない結果を生じかねない危険が切迫しているため，
仮にその権利関係の内容に沿う法的状態を定めて収拾を図る必要が
ある，ということである。

　保全の必要性の判断に当たっては，債権者の損害や不利益の程度
だけでなく，仮処分により債務者の受ける損害・不利益等を総合的
に考慮しなければならない（超大型ビジネス紛争における仮地位仮処分

での具体例として，最決平成16・8・30民集58巻6号1763頁，執保百選〈3版〉83事件［林昭一］参照）。

(2) 保全手続

（a）仮地位仮処分の特質に応じ，保全命令の手続は他と異なるところがある。

① **必要的審尋**　仮処分命令を発するには，口頭弁論または債務者が立ち会うことができる審尋の期日を経なければならない（民保23Ⅳ本文）。電話や書面による意見陳述の機会を与えるだけでは足りない。

仮地位仮処分は，仮差押えや係争物仮処分と違って将来の強制執行の保全ではなく，密行性を要しない場合が多いし，仮地位仮処分の執行により債権者が満足的利益を与えられる一方で債務者には重大な不利益を与えることにもなるので，事前に債権者・債務者双方の言い分を公平に聴取したうえで発令の可否を検討する手続保障が必要とされるのである。

例外として，口頭弁論や審尋期日を経ることにより「仮処分命令の申立ての目的を達することができない事情」があるときは，口頭弁論等の審尋を経ないで発令できる（民保23Ⅳただし書）。債務者審尋を行うことによって安易な執行妨害のチャンスを与えることになったり（たとえば自動車引渡断行の仮処分），債務者の行動によって現に債権者の生活や事業が切迫した危険にさらされているような場合に，手続保障が手続目的を阻害するのを避ける趣旨である。運用上の適切な配慮が要請されよう。

② 仮地位仮処分では，仮処分命令に解放金を定めることができない（民保25Ⅰの文理を参照 ⇨ (1)(a)）。

③ **和　解**　仮差押えや係争物仮処分の命令手続では，迅速・密行の要請が強く債務者の審尋も行われないから，裁判上の和解も

みられない。しかし，仮地位仮処分の発令や保全命令発令後の保全異議・保全取消しの段階では，口頭弁論または当事者双方の審尋が必要とされ（民保23Ⅳ・29・40），当事者双方に対して裁判所が和解を勧試し，仮処分命令手続が和解によって終結する場合も多い（民事保全における和解につき，民保講座Ⅱ308頁以下［草野芳郎］）。保全請求についての和解としては，(i) 本案判決の確定等までの間の現状維持なり暫定的な安定状態を合意して保全命令手続を終了させるものと，(ii) 被保全権利（本案の訴訟物）について，双方の主張を譲り合い紛争の最終的解決を合意するものとがある。(i)(ii)のいずれでも，和解調書が作成された時に保全事件は終了するが，(ii)の和解が成立しても本案訴訟が係属しておれば，訴えの取下げ等の措置が必要である。

(b) 仮地位仮処分の執行も，特則（民保56）のあるもののほか，仮差押えの執行または強制執行の例による（民保52Ⅰ）。物の給付その他の作為・不作為を命ずる仮処分の執行については，仮処分命令が債務名義とみなされる（民保52Ⅱ）。仮地位仮処分のいくつかの類型については，その執行方法をすでに述べた（⇨ **13 - 1** (1)）。

株主総会における取締役の選任決議等について無効確認・取消しの訴えが提起されたような場合，そのまま職務執行を継続させると，会社に不測の損害を生じ，あるいは法律関係を複雑化させるおそれがあり，**職務執行停止・代行者選任の仮処分**がされる。そのような仮処分は，仮処分命令自体によって，その債務者（上の例ではその取締役と会社）に送達されれば効力が生じ，本来の意味の執行は要らないのだが，民事保全法は，特則を設けて，登記の嘱託を執行方法としている（民保56）。法人を代表する者その他法人の役員として登記された者について職務執行停止・代行者選任の仮処分命令がされた場合には，裁判所書記官は，その登記を所定の登記所に嘱託しな

ければならない。この仮処分命令を変更しまたは取り消す決定がされた場合も，同様である（なお，例外として民保56ただし書）。この登記が第三者に対しての対抗要件ともなるわけである。

(3) 満足的仮処分の執行後はどうなるか

不動産明渡断行の仮処分や賃金仮払仮処分など（⇨ **13 - 1**(1)(a)(d)）によって債権者がすでに建物の明渡しや賃金の仮払い等を受けた場合には，債権者としては文句はない。しかし，これらの満足的仮処分も暫定的な仮の処分であることに変わりはなく，債務者としては，仮処分命令の適否・当否を争って保全手続上の救済を求め，あるいは本案訴訟での決着を求めて争いを続けることになる。そこで，満足的仮処分の執行後にどのような手続処理が行われるかを見ておこう。

(a) 満足的仮処分の執行がされた後にその仮処分命令が取り消された場合，その仮処分命令の失効だけで執行前の元の状態に戻るわけはないから，原状回復が必要となる。本案訴訟での決着がまだついていなくても，仮処分命令が取り消された以上は，元の状態に戻してやる必要があり，仮の満足を受けた債権者がそれに応じないときは債務者が強制執行によって復元できるために債務名義が必要である。この必要に応えるのが，民事保全法33条の規定する「**原状回復の裁判**」である。

① 仮処分命令（満足的仮処分に限らない）に基づき，債権者が物の引渡し・明渡し・金銭の支払を受け，または物の使用・保管をしているときは，裁判所は，債務者の申立てにより，保全異議により仮処分命令を取り消す決定において，債権者に対し，債務者が引き渡し・明け渡した物の返還，支払った金銭の返還または債権者が使用もしくは保管している物の返還を命ずることができる（民保33。保全取消しおよび保全抗告による仮処分命令の取消しに準用。民保40Ⅰ・41Ⅳ）。返還を命ずることができるだけで，損害賠償の支払を命ず

ることはできない（民訴260Ⅱとの対比）。(i) この裁判における仮処分債務者の返還請求権は，実体上の権利の存否とは関係なく，手続法上の原状回復請求権である。(ii) 原状回復の裁判ができるのは，仮処分命令を取り消しまたは変更する場合に限る。取消し・変更に伴う付随的裁判としてされるのである。(iii) 原状回復の裁判は，債務者の申立てに基づいてされるが，裁判所は，仮処分命令を取り消しまたは変更する場合に，その理由等から原状回復を相当でないと認めるときは，原状回復の全部または一部を命じないことができる。(iv) 原状回復の裁判は，返還請求権についての強制執行の債務名義となる（民執22③）。執行期間の制限（民保43Ⅱ）はない。

　②　賃金仮払仮処分については，債務者が賃金の仮払いをした後に仮処分が取り消された場合，もし債権者である労働者がその間債務者のもとで就労していたのであれば，仮払いされた賃金はどうなるのか。

　議論はあるが，仮払いを受けた債権者が仮払金と対価的関係に立つ現実の就労をした（債務者である使用者が就労を拒絶しなかった）のであれば，仮処分命令が取り消されても返還義務はないと解される（明文規定のなかった旧法当時の判例であるが，最判昭和63・3・15民集42巻3号170頁，執保百選〈3版〉88事件［山田文］参照）。

　(b)　**本案訴訟との関係**　満足的仮処分の執行があれば，その被保全権利は満足を得たことになる。それでも，その被保全権利についての本案訴訟は消滅するわけでなく，続いている。満足的仮処分が被保全権利に与えた変動は本案訴訟の審理・判決にどのような影響を与えるのだろうか。

　次の事例で考えてみよう。

［ケース32］　公益法人Ｘが設営してきた寄宿用の学生会館に不法な手続

で入り込んだＹら数名が居住している。Ｘは，Ｙらを被告として建物明渡請求の訴えを提起し，その訴訟係属中に，会館建物の所有権に基づく明渡請求権を被保全権利として明渡しを求める仮処分を申し立て，その旨の仮処分決定を得て，その執行として建物の明渡しを受けたが，その後，建物を取り壊した。第一審では，請求を認容し「ＹらはＸに対し建物を明け渡せ」との判決があったが，Ｙらは控訴し，明け渡すべき建物はすでに取り壊され，Ｘの明渡請求権は消滅したと争っている。

（参考　最判昭和54・4・17民集33巻3号366頁，執保百選〈3版〉87事件［加藤哲夫］）

　仮処分の暫定性（⇨ **10-1**⑵⒝②）からすると，満足的仮処分の執行によって被保全権利の満足があったとしても，それは，仮の状態なのであって，それが正当かどうかの確定的な判断は本案訴訟に持ち越されている。その本案訴訟において請求の当否を判断するさいに，満足的仮処分による被保全権利の満足をしん酌しないのは当然である。これが，現在における通説・判例の立場（請求維持説）である。

　ここで，「仮処分の執行」と「仮執行」との違い，および，「仮処分の執行による変更」と「仮処分の執行後に生じた変動」との違いに注意してほしい。

　給付判決で，主文に「この判決は仮に執行することができる」という仮執行宣言（民訴259）が付くと，債権者（原告）は，この仮執行宣言付判決に執行文の付与を受けて強制執行ができる（民執25）。これが仮執行である。仮執行は，仮という字がついていても，執行債権を本当に満足させる本執行（満足執行）であって，仮処分の執行のような保全執行ではない。仮執行は，下級審で負けた債務者（被告）の上訴によって勝った債権者（原告）の満足が先送りされる不利益を救うために，本来ならば判決の確定後にならないとできな

い本執行を前倒しするのである。したがって，訴訟手続のほうは上級審でも仮執行前の下級審の手続をそのまま引き継いで行われるが，そこでは，前倒しされた本執行である仮執行により生じた状態をしん酌して判決することはできず，その状態がさらに変更されて生じた新たな状態をしん酌することもできない。「牛を引き渡せ」という仮執行宣言付判決による仮執行によって債権者に引き渡された牛が，その後に畜殺されてしまって，その事実が上訴審の口頭弁論で明らかになっても，上訴審の判決は，「牛は死んだ」といってはならず，「牛を引き渡せ」（控訴棄却）と判決しなければならないのである（大判昭和13・12・20民集17巻23号2502頁）。

ところが，仮処分の執行となれば，満足的仮処分の執行であっても，それは保全執行であり満足執行ではないので，満足的仮処分の執行によって生じた状態が変更されて新たな状態が生じたら，本案訴訟では，それを無視することができないのである。

ケース32 と同様の事例において，最高裁は，控訴審でXの請求を棄却した原判決を支持し，次のように判示した（前記最判昭和54・4・17）。満足的仮処分の執行によって被保全権利が実現されたと同様の状態が事実上達成されているとしても，それはあくまで仮の状態に過ぎず，この仮の履行状態の実現は，本来，本案訴訟でしん酌されるべき筋合いのものではない。しかし，「仮処分の執行後に被保全権利の目的物の滅失等被保全権利に関して生じた事実状態の変動については，本案に関する審理においてこれを斟酌しなければならない」。

なお，この判決は，傍論としてではあるが，例外の場合があることも認めている。それは，「仮処分債権者においてその事実状態の変動を生じさせることが仮処分の必要性を根拠づけるものであり，実際上も仮処分執行に引き続いて右事実状態の変動を生じさせたた

め，その変動が実質において当該仮処分執行の一部とみられるなどの特別事情がある場合」には，それを本案訴訟においてしん酌すべきでない，というのである（ダムの敷地の一部として買収された係争地上の建物収去・土地明渡しを命ずる満足的仮処分の執行後に土地を水没させた事例に関する最判昭和35・2・4民集14巻1号56頁を例示）。

事 項 索 引

判例索引

民事執行・保全入門〔補訂第2版〕

Introduction to Civil Execution and Preservation.

2010年4月10日	初　版第1刷発行
2013年4月10日	補訂版第1刷発行
2022年9月20日	補訂第2版第1刷発行
2024年2月10日	補訂第2版第2刷発行

著　者　　中　野　貞一郎

補訂者　　青　木　　哲

発行者　　江　草　貞　治

発行所　　株式会社　有　斐　閣

郵便番号 101-0051
東京都千代田区神田神保町2-17
https://www.yuhikaku.co.jp/

印刷・製本　共同印刷工業株式会社

ISBN 978-4-641-13897-1